不动产统一登记实务

——连云港市不动产统一登记实施一周年论文集

孔令泰　主编

中国矿业大学出版社

内 容 提 要

本书以连云港市实施不动产统一登记的工作经验为基础，对不动产统一登记相关问题进行探讨。

全书共分为四部分，内容包含不动产登记操作实务、权籍调查、平台建设、档案管理等，是不动产登记理论研究和实践操作的有效结合，能够满足不同读者的多种需求。

本书内容广泛、丰富、实用，不仅有理论研究成果，也有来自不动产登记一线工作人员的实践经验，能够帮助不动产登记人员和社会大众了解不动产统一登记的相关政策。

图书在版编目(CIP)数据

不动产统一登记实务：连云港市不动产统一登记实施一周年论文集 / 孔令泰主编. —徐州：中国矿业大学出版社，2017.5

ISBN 978-7-5646-3542-8

Ⅰ.①不… Ⅱ.①孔… Ⅲ.①不动产－产权登记－连云港－文集 Ⅳ.①D927.533.324-53

中国版本图书馆 CIP 数据核字(2017)第 109002 号

书　　名 不动产统一登记实务——连云港市不动产统一登记实施一周年论文集
主　　编 孔令泰
责任编辑 史凤萍
出版发行 中国矿业大学出版社有限责任公司
（江苏省徐州市解放南路　邮编 221008）
营销热线 (0516)83885307　83884995
出版服务 (0516)83884895　83884920
网　　址 http://www.cumtp.com　**E-mail**:cumtpvip@cumtp.com
印　　刷 徐州中矿大印发科技有限公司
开　　本 787×1092　1/16　**印张** 12.5　**字数** 312 千字
版次印次 2017 年 5 月第 1 版　2017 年 5 月第 1 次印刷
定　　价 40.00 元

前　言

2013年11月20日国务院常务会议明确提出建立不动产统一登记制度，由国土资源部负责指导监督全国土地、房屋、草原、林地、海域等不动产统一登记职责。2014年11月24日《不动产登记暂行条例》正式发布，自2015年3月1日起施行。各地在中央统一监督指导下，结合本地实际，理顺部门职责关系，将分散在多个部门的不动产登记职责整合由一个部门承担。

2016年，在江苏省国土资源厅和连云港市委、市政府的关心下，连云港市不动产统一登记在全省取得了“三个率先”的佳绩。2017年是创建连云港市不动产登记服务品牌的关键一年，为加强学术交流、提升工作效能，值连云港市不动产统一登记实施一周年之际，特面向全市相关领域工作者征集“不动产统一登记”主题学术论文，汇编成册。

本次论文征集得到了全市不动产统一登记部门工作者的积极投稿，也得到了来自高校、科研机构、企事业单位的热烈响应，共征集到47篇论文，内容覆盖了“制度实务”“权籍调查”“平台建设”“档案管理”等不动产统一登记工作的重点领域。因篇幅有限，还有许多优秀论文未及收录，是为遗憾。

谨向所有参与投稿的论文作者表示衷心的感谢，特别致谢陈亚菁、张晶、焦明连、高祥伟、王履华等五位专家在论文评审方面做出的指导。由于时间仓促，内容上难免有所遗漏，敬请读者批评指正。

编　者

2017年5月

目　录

制度实务

权籍调查

平台建设

档案管理

制度实务

连云港市不动产统一登记模式实施研究

左恩云

（连云港市国土资源局）

摘 要 为了加快简政放权和职能转变，积极维护不动产权利人的合法利益，保证不动产市场交易安全，在这样背景下，政府提出了对分散在不同部门的土地、房屋、林地、海域、草原等不动产进行统一登记。本文先介绍了连云港市不动产登记的现状，然后探索了连云港市不动产统一登记模式的实施路径、特色及意义等。

关键词 统一登记；一站式服务；落地深根

一、连云港市不动产登记现状研究

（一）连云港市不动产登记现状

（1）土地登记。1987 年 7 月，成立市土地管理局，1988 年相继成立灌云县、赣榆县、灌南县、东海县土地管理局，在市区新浦、海州、云台等区成立了工作站，全市土地登记实现多头分散转为集中管理。“十五”后，市国土资源局加大对地籍管理软硬件信息化、数字化的投入，截至目前，全市累计发放国有土地使用证 251 758 本，土地登记实现“对内以图管地，对外以证管地”。

（2）房屋登记。全市房屋测绘权属登记由市房产管理局负责。截至 2015 年，全市累计发放各类房屋使用证书约 40 万本，其中集体土地房屋登记发证普遍较少，2015 年全市农民住房确权登记试点发证共计 476 户，登记面积 99 114 平方米。

（3）承包经营权登记。20 世纪 80 年代初全市完成第一轮农村土地承包政策，签订了较为完善的承包合同。1998 年实施二轮土地延包，延长 30 年承包期政策。2010 年全市在灌云县伊山镇启动第三轮土地承包权发证试点，2014 年全面铺开，2015 年底基本完成，历经“先行试点、扩大范围、面上推开”三个阶段。

（4）林权登记。2009 年，市林业局开展了集体林权制度改革，对国有和集体林场进行野外测绘，登记发证；后期从生态保护与经济效益双重角度出发，以均林到户来确权。截至 2014 年，全市林地实有面积 186 634.89 公顷，共计发放 4 953 份林权证书，面积 53 348.89 公顷，占林地总面积比例 28.58%。

（5）海域登记。目前市海域部门负责 400～700 公顷养殖用海的审批和登记，县区负责 400 公顷以下养殖用海审批和登记。全市海域拥有面积 7 516 平方千米，拥有海岛 20 个，有 9 个为全省最大基岩海岛，其中还拥有 40 千米长基岩港湾海岸和 30 千米砂质海岸，在全省独一无二。2011 年国家海洋局正式将连云港市秦山岛、竹岛纳入国家首批 176 个可开发利用无居民海岛名录。2015 年，全市新增确权用海面积 8 249 公顷，征收海域使用金 1 029 万元。

（二）连云港市实施不动产统一登记有利条件

（1）不动产登记工作规范。以土地登记为例，连云港市出台了《连云港市市区地籍管理工作实施细则》和《市政府关于农村集体土地确权登记发证的若干意见》等文件，建立了登记制度。

（2）登记发证基础较好。登记发证率高，积累了丰富实践经验和厚实技术资源。特别是土地和房产登记，经过多年投入，全市在基础数据与档案技术、业务管理、信息化建设、人员素质等方面都具备良好基础条件。以集体土地三证发放为例，截至 2014 年底，全市集体土地所有权确权登记 18 163 宗，发证率 97.23%，涉及 95 个乡镇，共 1 470 个村，面积 5 368 平方公里；使用权发证 6 134 宗，发证率 93.8%；宅基地发证数 792 134 宗，发证率 94.9%。在全省“三证”发放中排名靠前。

（3）不动产市场活跃。2015 年全市完成房地产投资 205.4 亿元，同比增长 8.53%；全市商品房销售面积 509.36 万平方米，其中市区 252.38 万平方米，同比增长 52.9%。

（三）连云港市实施不动产统一登记不利条件

（1）机构整合难度大。首先，现有登记机构人员结构复杂，编制多样，含公务员、事业编制、企业人员和人事代理等多重身份。其次，混岗现象严重，由于普遍混用人员，造成在编不在岗或者编岗不一致现象，例如市房产登记编制 68 人，实际 200 多人，除了完成登记工作，还需承担房屋预售许可、房地产市场管理等工作。

（2）各类历史登记数据与档案的整合复杂。因确权方法不同，数据标准不一，导致历史房屋与土地档案纸质数量巨大。如林权登记以林班为单元，忽视土地权属，造成登记的宗地与土地宗地界址范围互相交叉。同时，统一登记需对房屋与土地进行匹配落宗，由于市房产测绘未建立坐标系，与市国土资源局“一张图”工程差距甚远，将历史海量房屋土地登记图形数据融合成一张图，难度较大。

二、连云港市不动产统一登记模式实施路径探索

（一）统一登记机构

落实不动产统一登记制度，登记机构的统一尤为关键。2015 年 8 月，市政府印发《不动产统一登记工作方案》，将土地、房屋、林地和海域等登记职责整合到国土部门，承包经营权 5 年后过渡。2015 年 9 月，成立市不动产登记局，与地籍处合署办公。2015 年 10 月成立市不动产登记中心，正科级全额拨款事业单位，承担市区不动产登记和权属调处、信息平台建设具体事务性和技术性工作，编制 36 名，从国土部门划转 12 名，住房部门划转 22 名，海洋和林业部门各划转 1 名。各县区加快整合，2015 年 9 月，东海县、灌云县、灌南县、赣榆区国土局挂县不动产登记局牌子，成立县不动产登记中心，副科级建制，其中东海县划转编制 19 人，灌云县核定编制 24 人，灌南县核定编制 30 人，赣榆区核定编制 38 人，共计 111 人。全市登记机构人财物统一整合归口国土部门，为理顺不动产登记职责迈出重要步伐。

（二）统一登记簿册

登记簿册是实现不动产统一登记的重要抓手。2016 年 4 月，市政府印发《市区实施不动产统一登记公告》，自 5 月 3 日起，由市国土资源局统一受理市区土地、房产、海洋、林业的产权登记，依法颁发《不动产权证书》和《不动产登记证明》，范围包括国有和集体土地上房屋建筑物和构筑物的所有权和使用权，海域使用权、林木所有权、抵押权、地役权等。

为了保证平稳有序过渡，规定老百姓持有的土地证、房产证、林权证、海域使用证等有效。坚持“不变不换”原则，不得借统一登记强制换证，增加权利人负担。2016 年 5 月出台《关于市区不动产权籍调查工作规范》，将权籍调查和不动产登记分开，由国土分局和国土所负责辖区权籍调查，在新的权籍调查规范未出台之前，继续沿用现行《地籍调查规程》、《海籍调查规范》、《房产测量规范》等标准，便民利民，保持稳定。

（三）统一登记依据

登记依据是统一登记的基础。不动产登记程序复杂，市国土资源局借鉴吸收了现行土地登记、房屋登记成熟做法，认真提炼并制定全市不动产登记流程、申请材料、审查要点以及相关文书格式，确保业务规范化、标准化。具体举措有：

(1) 清晰业务分类。认真梳理再造转移、预告、变更、注销、更正、异议、查封等 10 个登记类型。设置 50 余种分类。每登记类型设置分类，层次分明，明确申请材料，备注审查要点，对办理频繁遗失补证、换发证书、商品房预告登记和预告抵押登记合并，期转现抵押与正式抵押合并等，简化流程便于查询和统计汇总。

(2) 优化登记流程。将登记业务划为受理、核准、登簿、缮证、收费、归档几个步骤，将登记审批权力下放，全部前置窗口办理，全流程网上申请、实名审批，明确各节点权限、办结时限，对超时标准件进行特殊颜色警示，提醒工作人员尽快办结。

(3) 统一登记标准。根据办理业务类型，明确提交材料，规范窗口人员行为，实现每个窗口都统一受理、审批、办证一站式服务，节约时间，运用“互联网＋”不动产实现登簿后权利人自动收到短信提示，以及微信二维码扫描查询等功能。让办事的群众和企业放心，杜绝“人情证”和“关系证”，为不动产在阳光下规范运行保驾护航。

（四）统一信息平台

信息平台建设是不动产统一登记的核心。系统建设有两种模式，一是全国搭建统一服务平台，各省、市县通过在线输入账户密码登录使用；另一种模式是地方自建，通过数据接口规范标准，接入国家统一登记系统。为避免软件标准、接口不统一产生困扰，连云港市选择第二种接入模式，并采购同一家技术支撑单位开发系统，确保各级系统规范化建设和相互衔接。任务设置前置，让房屋、林业、海域审批交易系统与不动产登记系统实时交换数据互通共享，然后通过登记窗口和信息平台，受理新增各类不动产登记业务事项，进而实现业务办结和对外公众查询服务。

全市不动产登记管理系统分权籍调查管理、业务管理和档案管理三部分。在历史登记数据整合后，基于统一数据基础、统一软件平台和统一审核环节，即“一套数据、一个系统、一本证书”，全面启用不动产登记信息管理系统。三个子系统功能：① 权籍调查管理子系统对各类不动产登记数据进行整合，形成一张网，实现数据在线加工、处理编辑和应用等功能；② 业务管理子系统针对各种登记业务类型，实现各业务全流程办理，并将登记信息传输到数据库，保证动态更新；③ 档案管理子系统针对不动产档案维护和管理使用功能，实现检索查询、数据录入、查阅管理、销毁管理模块等基本功能。

三、连云港市不动产统一登记模式特色及意义

全市于 2015 年底在全省率先完成各级不动产登记机构整合，2015 年 12 月灌云县率先发放第一本证书。2016 年 5 月 16 日，实现全省首家全市域发证全覆盖，标志着不动产登记

制度改革顺利落地。

（一）连云港市不动产登记制度模式特色

（1）政府重视是关键，主动作为是基础，部门配合是保障。全市开展不动产登记制度改革以来，政府多次牵头研究会办，统一思想、提高认识、科学制定方案、整合部门职能，为推进全市不动产改革提供保障。此外，不动产统一登记民生关注度高，针对有房无地或有地无房如何办证，房屋已预售土地被查封如何办证，历史房改房、公有住房上市交易如何补办出让手续等，政策性强，一旦处理失当，极易造成社会影响。市国土资源局作为牵头单位，杜绝“等、靠、要”思想，跟踪推进，深入调研，制定政策，妥善化解，减少外部阻力。同时加强与编办、财政、住建、海洋、林业等部门联动，建立有效的沟通机制，确保机构整合、人员划转、办公经费、档案移交、数据交互等方面给予支持，减少改革内部阻力。

（2）建设高素质登记队伍是根本，着力健全规章制度。任何一项事业都要靠人去完成，不动产登记作为新生事物，建设一支高素质登记队伍势在必行。由于不动产登记对业务要求高，针对划转人员来源多样、业务单一的问题，我局组织多次培训学习和操作演练，取长补短。窗口建设坚持便民，将住房、税务、公证全部进驻登记大厅集中办公，让交易、纳税、登记业务“一个窗口进，一个窗口出”一站式服务，合理设置分点，就近方便群众办件。窗口设咨询台，叫号机、电子显示屏、办事指南、报刊栏等多项便民设施，并提供饮水、老花镜和雨伞等人性化服务。优化服务质量，提高办事效率。落实首问负责、一次性告知、限时办结等制度，设立“党员工作日”“志愿服务日”。对集团批量件，开辟绿色通道，实行全程协助跟踪，提供“保姆”式服务。全面优化办事流程，将 30 个工作日压缩，首次登记、转移登记压缩到 7～10 天内办结，抵押登记 3 天内办结，查封、注销等业务实现立等可取。同时让利于民，规范收费。将房屋登记费 80 元和土地登记费 18 元合并，收取 80 元。办理遗失公告在网站公示，不强求登报作废，减轻当事人负担。强化统一标识，提升形象。窗口工作人员统一着装和标识、对仪容举止、礼貌用语、服务态度都做了明确规定，打造群众满意的服务窗口。

（3）强化宣传引导，为统一登记营造良好的舆论环境。不动产统一登记涉及千家万户，与百姓息息相关，为使这项惠民便民政策能够家喻户晓，人人皆知，我市注重宣传政策和舆论引导，利用《连云港日报》、《苍梧晚报》等当地报纸杂志及市电视、广播电台等传统媒体，唱响不动产统一登记主旋律；利用网络、微博、微信、手机报等新媒体广泛宣传，做好法律法规普及，针对社会关注业务办理，主动回应，正面宣传，答疑解惑，提升不动产统一登记在群众中的认知度，争取社会各界理解和支持，营造了良好舆论氛围。

（二）连云港市不动产统一登记模式意义

自实行不动产统一登记制度以来，截至 2017 年 4 月 5 日，全市累计发放不动产权证书 115 455 本，不动产登记证明 119 873 份，“连云港登记模式”得到了各方认可。目前全省不动产登记主要有三种模式，呈多样性。第一种是以常州模式为代表。常州不动产登记中心以原有框架齐全的房屋登记中心为基础，整合土地、林业和海洋等单位登记职能，脱离国土和住建两家单位的直管，直接隶属于常州市政府副处级单位，而常州市不动产登记局还属于市国土资源局正科级部门。这种模式虽然登记职能整合较全，适合登记水平较发达地区，但也面临一些实际问题，比如不动产登记局与登记中心两个不相隶属单位业务如何衔接，职能如何界定，因不动产而引起的行政复议和诉讼主体不明确等。第二种是以盐城模式为代表，在国土局成立副处级市不动产登记中心，整合现有土地、房屋、海域等不动产登记职能基础上，将房屋和土地的交易、抵押和房产测绘等职能整建制划转，真正实现不动产交易和登记一站式服务。这种模式对不动产软硬件平台投入少，业务衔接和人员划转变动少，能够快速完成不动产机构的整合，实现国家下达不动产证书发放时间要求。这种过渡模式虽然与国家顶层设计不相吻合，但是易于市县基层部门接受便于操作。第三种是在国土局成立正科级和副处级不动产登记中心两种形式。将土地、房屋、林权和海域等不动产登记职能、人员和登记档案划转国土，房屋和海域等测绘、交易审批等职能还在原单位，不动产登记机构与原职能单位通过前置机实现数据实时交互与共享。这种机构模式将房屋登记与交易产权管理剥离，导致职能边界定位不清晰，登记剥离后与各部门如何衔接，如何建立沟通协调机制等，没有成功转型的经验，各地方只有根据自身实际，自行探索解决。

为了稳妥推进不动产统一登记制度改革，按照国家顶层设计，连云港市采用第三种模式将交易和登记职能进行剥离，主要基于减少改革内外部压力。同时在灌云县采用第二种模式将不动产交易和登记统一合并，整建制划转到县国土部门进行试点，减少部门间不同系统间对接，总体运行情况良好，提高政府服务效率，降低服务成本，起到示范带动作用。其他县区与市本级同步，从长远来看，连云港登记机构模式并非科学也非最终归宿，但在国家顶层设计框架内作为各方都能接受的过渡模式也有它的积极意义，为全国其他城市不动产登记制度改革提供经验和借鉴。

四、结语

虽然连云港市不动产统一登记制度已经初步建立，但距离制度体系的完善还有很长过程，中间还需经历一个适应期，因此我们将做好过渡期各项准备，逐步完善不动产统一登记制度，保证此项制度的顺利实施，推动不动产统一登记工作在连云港市生根发芽。本文以连云港市不动产统一登记实务为研究对象，在梳理我市不动产登记的历史变迁，客观考察登记现状基础上，认真分析了不动产统一登记的有利和不利条件，从登记机构、登记簿册、登记依据和信息平台“四统一”的实施路径作为突破口进行大胆探索，开创了国内市级操作层面相关领域研究的先河，也为不动产深入改革提供理论借鉴和决策参考。

试论不动产登记抵押权人的主体资格

顾媛媛

（连云港市国土资源局）

摘　要　研究目的：应允许合法的借款人作为不动产抵押权人以便于企业公民更好地开展融资。研究方法：理论分析。研究结果：没有法律法规对不动产的抵押权人作出禁止性规定。研究结论：公民和企业与非金融机构之间、自然人之间的合法借贷行为属合法的民事行为，且双方可以依法为其债权债务设定不动产抵押担保。

关键词　不动产登记；抵押权人；主体资格

不动产统一登记实施后，基层不动产登记人在具体实践时会遇到自然人或者非金融机构能否成为抵押权人的困扰，笔者认为部分地区登记部门根据《城市房地产抵押管理办法》《关于规范土地登记的意见》（国土资发〔2012〕134号）等部门规章及规范性文件做出的拒绝为贷款银行或者经金融机构批准的小额担保公司之外的其他主体包括依法设立的企业和公民等办理抵押登记的做法，均无法律依据。

一、基于合法借贷基础的抵押权应受法律保护，基于合法借贷基础的抵押权人应不受限制

《中华人民共和国物权法》第一百七十九条指出："为担保债务的履行，债务人或者第三人不转移财产的占有，将该财产抵押给债权人的，债务人不履行到期债务或者发生当事人约定的实现抵押权的情形，债权人有权就该财产优先受偿。前款规定的债务人或者第三人为抵押人，债权人为抵押权人，提供担保的财产为抵押财产。"《中华人民共和国担保法》第三十三条："本法所称抵押，是指债务人或者第三人不转移对本法第三十四条所列财产的占有，将该财产作为债权的担保。债务人不履行债务时，债权人有权依照本法规定以该财产折价或者以拍卖、变卖该财产的价款优先受偿。前款规定的债务人或者第三人为抵押人，债权人为抵押权人，提供担保的财产为抵押物。"而根据《中华人民共和国合同法》第一百九十八条订立借款合同，贷款人可以要求借款人提供担保。担保依照《中华人民共和国担保法》的规定。上述相关法律中对抵押权人范围并未做出限制性规定。

因此，根据相关法律，合法的借贷关系受到法律保护，债权人需要以担保方式保障其债权实现的，可以依法设定担保物权；第三人为债务人向债权人提供担保时，可以要求债务人提供反担保。由此我们可以推断出：不动产抵押权人可以是合法借贷关系中的债权人或第三人，即可以是合法借贷关系中的法人、其他组织或者自然人。

二、对抵押权人做出限制性规定的主要原因

经过一些调研，笔者发现一些不动产登记机构拒绝贷款银行或者经金融机构批准的小

额担保公司之外的其他主体包括依法设立的企业和公民等成为抵押权人的主要原因是现行的部门规章及规范性文件对抵押权人的类型做出了限制性规定。而笔者认为这些对抵押权人的限制性规定的部门规章与规范性文件皆与上位法相冲突。

住建部《城市房地产抵押管理办法》第三条第三款指出本办法所称抵押权人，是指接受房地产抵押作为债务人履行债务担保的自然人、法人或者其他组织。第三条第五款规定"本办法所称在建工程抵押，是指抵押人为取得在建工程继续建造资金的贷款，以其合法方式取得的土地使用权连同在建工程的投入资产，以不转移占有的方式抵押给贷款银行作为偿还贷款履行担保的行为。"这一规定将"在建工程抵押"进行了几个方面的限制：① 抵押目的，是为了取得该在建工程继续建造所需的资金；② 抵押方式，以土地使用权和在建工程一并提供抵押；③ 抵押权人，是为该在建工程提供贷款资金的"贷款银行"。国土资源部《关于规范土地登记的意见》第五条第一款规定："依据相关法律、法规规定，经中国银行业监督管理委员会批准取得《金融许可证》的金融机构、经省级人民政府主管部门批准设立的小额贷款公司等可以作为放贷人申请土地抵押登记。"

根据《最高人民法院关于适用〈中华人民共和国担保法〉若干问题的解释》第四十七条规定"以依法获准尚未建造的或者正在建造中的房屋或者其他建筑物抵押的，当事人办理了抵押物登记，人民法院可以认定抵押有效"，对抵押所担保的债权性质、债权人资格等并无特别限制，而此后的物权法相关条文的规定亦更加开放。显然，根据物权法、担保法解释不动产登记条例的规定，对在建工程抵押担保的债权人主体资格并无特别限制。在山东省聊城东昌府区人民法院在审理邯郸市邯三建筑工程有限公司诉聊城市住房和城乡建设委员会在建工程抵押行政登记一案中，即出现对担保法解释与城市房地产抵押管理办法之间出现冲突如何适用法律的问题，基层法院层报山东高院向最高人民法院请示。在该案中，房地产开发商将在建工程向其他自然人提供抵押担保并办理了登记手续，原告认为在建工程抵押的抵押权人应为银行，不是企业或自然人，登记部门为该自然人办理登记违法，提起行政诉讼，请求法院撤销。从相关规定上看，该案涉及的问题应是最高人民法院司法解释与部门规章冲突的问题，但最高人民法院另辟蹊径，并不直接否定建设部规章内容的合法性，而以《城市房地产抵押管理办法》的规定"针对贷款银行作为抵押权人时的特别规定，但并不限制贷款银行以外的主体成为在建工程的抵押权人"为由，实际上是以物权法和担保法解释的规定，确认了在建工程向贷款银行之外的其他人办理抵押的合法性。

《中华人民共和国民法通则》第九十条规定："合法的借贷关系受法律保护。"《中华人民共和国合同法》第一百九十七条规定："借款合同采用书面形式，但自然人之间借款另有约定的除外。"《中华人民共和国物权法》第一百七十二条规定："设立担保物权，应当依照本法和其他法律的规定订立担保合同。担保合同是主债权债务合同的从合同。主债权债务合同无效，担保合同无效，但法律另有规定的除外。担保合同被确认无效后，债务人、担保人、债权人有过错的，应当根据其过错各自承担相应的民事责任。"《中华人民共和国担保法》第五条规定："担保合同是主合同的从合同，主合同无效，担保合同无效。担保合同另有约定的，按照约定。"实际上，在物权法、担保法等相关法律并未对抵押权人主体作出限制性规定的情况下，抵押权人的主体资格问题就可以归诸到对主债权合同贷款人主体资格的认定问题上来。《最高人民法院关于对企业借贷合同借款方逾期不归还借款的应如何处理问题的批复》(1996 年 9 月 23 日，最高人民法院)中答复四川省高级人民法院认为“企业借贷合同违反有关金融法规，属无效合同。”《贷款通则》第二条，本通则所称贷款人，系指在中国境内依法设立的经营贷款业务的中资金融机构。第六十一条，各级行政部门和企事业单位、供销合作社等合作经济组织、农村合作基金会和其他基金会，不得经营存贷款等金融业务。企业之间不得违反国家规定办理借贷或者变相借贷融资业务。银监会的部门规章《贷款通则》对借贷主体做出了限制性的规定。《中华人民共和国合同法》第五十二条的内容是，有下列情形之一的合同无效：一方以欺诈、胁迫的手段订立合同，损害国家利益；恶意串通，损害国家、集体或者第三人利益；以合法形式掩盖非法目的；损害社会公共利益；违反法律、行政法规的强制性规定。应当特别注意的是本项的规定只限于法律和行政法规，不能任意扩大范围。这里的法律是指全国人大及其常委会颁布的法律，如当事人订立的合同违反了刑事法律或者行政管理法律；行政法规是指由国务院颁布的法规，如我国税收征管、外汇管理的法规。因此，笔者认为实践中存在的将违反行政管理规定的合同都认定为无效是不妥当的。这在《最高人民法院关于如何确认公民与企业之间借贷行为效力问题的批复》（法释〔1999〕3 号）和《最高人民法院关于审理民间借贷案件适用法律若干问题的规定》第十一条得到了印证。结合《最高人民法院关于审理民间借贷案件适用法律若干问题的规定》，笔者认为公民和企业与非金融机构之间、自然人之间的合法借贷行为属合法的民事行为，且双方可以依法为其债权债务设定抵押担保，此类行为应适用民法通则、合同法、物权法、担保法等法律法规的规定。

当然，法人、其他组织或者自然人相互之间以不动产进行抵押担保的前提是主合同必须合法。按照合同法和最高人民法院司法解释的相关规定，借款合同的内容一般应包括借款种类、币种、用途、数额、利率、期限和还款方式等条款；借贷利率等条款应该不得超过《最高人民法院关于审理民间借贷案件适用法律若干问题的规定》中对利率认定的标准。

三、建议

为了规范各类非金融机构包括公民不动产申请办理抵押登记，笔者建议在办理此类不动产抵押登记时应作出以下审核要求：

（1）抵押权人为担保机构时，应提交的合同文书一般有借款合同（债务人与金融机构或融资租赁公司签订）、保证合同（担保机构与金融机构或融资租赁公司签订）、抵押反担保合同（债务人或第三人与担保机构签订）和委托保证合同等。

（2）抵押权人为典当公司时，应提交的抵押权人身份证明除企业法人营业执照（注册资本最低限额为 500 万元）和组织机构代码证以外，还应提交商务部颁发的典当经营许可证和公安机关颁发的特种行业许可证。提交的合同文书有典当行业主管部门统一监制的当票（主合同）、典当抵押合同等。典当行只能经营本省辖区内的房地产（未取得商品房预售许可证的在建工程除外）抵押典当业务；抵押典当期限最长不得超过 6 个月，续当一次的期限最长不超过 6 个月。根据《典当管理办法》（商务部、公安部 2005 年第 8 号令）的有关规定，典当行对同一债务人的典当余额不得超过其注册资本的 25％；典当行房地产抵押典当余额不得超过注册资本；注册资本不足 1 000 万元的，房地产抵押典当单笔当金数额不得超过 100 万元；注册资本在 1 000 万元以上的，房地产抵押典当单笔当金数额不得超过注册资本的 10％。

(3) 根据《江苏省小额贷款公司管理办法(试行)》的有关规定，抵押权人为小额贷款公司时，其主合同是办理小额贷款公司注册地县域内的小额贷款，并且同一借款人的贷款月不得超过小额贷款公司资本净额的5%，最高贷款额度不得超过500万元。确有需要，贷款超过最高额度和在县域范围外发放贷款的，应提交省政府金融办或有权批准机关审查同意的证明。

浅析不动产登记机构中政策法规科室建设的重要性

尹克诚

（连云港市不动产登记中心）

摘　要　文章针对不动产登记机构中政策法规科室设立的背景，明晰政策法规科室应有的职责，提出了政策法规科室的建设措施。

关键词　不动产登记；政策法规科室；职能

一、不动产登记机构中政策法规科室设立的背景

不动产登记机构的政策法规工作，是一个关乎不动产登记机构登记质量和交易安全的根本问题。不动产登记业务流程（受理、审核、登簿、发证）每一个节点的运作都离不开政策法规的支持。每一个登记节点的登记人员都要依法运作，否则，不仅登记质量难以保证，还会存在交易安全隐患。为了保障不动产登记工作的正常运行，登记人员应该具备良好的法律素养。

不动产登记是《中华人民共和国物权法》确立的一项物权制度，是指经权利人或利害关系人申请，由国家专职部门将有关不动产物权及其变动事项记载于不动产登记簿的事实。2015 年 2 月 15 日，中央编办、财政部、住建部等八家不动产登记工作部际联席会议成员单位，在国土部就不动产统一登记工作推进事项展开集中办公，包括研讨不动产登记暂行条例实施细则。2015 年 3 月 1 日《不动产登记暂行条例》落地实施。2016 年 1 月 1 日，国土资源部公布《不动产登记暂行条例实施细则》，对集体土地所有权登记、国有建设用地使用权及房屋所有权登记、宅基地使用权及房屋所有权登记等各种不动产权利的登记都做出了更为细致的规定。截至 2016 年 12 月 15 日，全国 335 个地市 2801 个县区，全面实施不动产统一登记制度，并严格执行“发新停旧”要求，颁发新版不动产权证书。

依据《不动产登记暂行条例实施细则》，不动产统一登记的范围包括集体土地所有权、房屋等建筑物、构筑物所有权、宅基地使用权、建设用地使用权以及抵押权等十个大类。这些以往在海洋、国土、房产等多部门分散登记的权利，现在统一合并至不动产登记机构进行登记，不仅对登记机构业务能力提出挑战，更对登记部门政策法规科室提出了更高的要求。

二、不动产登记部门政策法规科室应具有的职责

一般来说，可以将政策法规科室的职责划分为对内和对外两种类型。

（一）对内的职责

（1）研究关于不动产登记的各项法律法规，学习各地不动产登记先进经验，并将成果汇总报领导审阅后，将新的法律法规和先进经验在不动产登记机构内普及，以提高不动产登记机构中其他各部门工作人员依法办事、依规办事的能力，并提高不动产登记机构的工作效

率。在政策法规研究及经验学习总结方面，政策法规部门比其他部门应具备更专业、更系统的专业知识，对政策理解更为准确和深入。因此，政策法规部门在这一过程中要发挥纽带作用，将本部门不动产登记的前台工作和国家政策以及其他地区不动产登记工作联系起来，相互学习，共同进步，提高不动产登记效率和法律合规性。

(2) 研究拟订业务操作规程以及办件质量、标准，协调业务科室的技术口径衔接。合理的操作规程有助于不动产登记效率的提高，有利于规避登记过程中的各类风险，有助于不动产登记机构内部各部门的有效衔接。因此，不动产登记的操作规程需由政策法规科室、业务科室等多部门共同拟订。在这一过程中，不动产登记部门中的政策法规部门需要保障整个登记流程合乎法律规范，且不存在登记职责的越位或缺位情况。

(二) 对外的职责

不动产登记部门中的政策法规科室是不动产登记机构政策宣传、群众投诉信访、法律事务等业务的“桥头堡”，是上述业务的负责部门和主要执行部门。

(1) 政策宣传。不动产统一登记涉及集体土地所有权、建设用地使用权、宅基地使用等十种不动产权利的登记。实施以来，权利人及利害关系人对登记规则的变化不了解、不熟悉，很多权利人甚至担心因统一登记会造成损害自身权利的情况。因此，不动产登记政策法规部门需要承担起对外宣传不动产统一登记的任务。尤其是面对数量庞大的城镇住宅用地、房屋所有权人群体，要采取多种手段进行不动产统一登记政策宣传。

(2) 负责相关热线电话、投诉平台反映的诉求件办理；负责各类涉及不动产登记业务的议案和建议等答复工作；负责中介机构的管理；受理群众业务投诉信访业务；协助处理涉及不动产权的行政复议、行政诉讼等工作。不动产登记机构作为服务对象范围大、人群复杂、容易产生纠纷的登记服务窗口，需要在日常工作中处理来自办事群众、政府、媒体等相关部门的反馈，包括对不动产登记部门日常工作的批评、投诉，甚至是法律诉讼。处理这些事务不仅需要熟练的业务技能，更需要系统的法律业务知识的培训。

(3) 负责各类不动产异议、查封、解封登记业务。日常工作中，不动产登记机构需要协助法院对被执行人的不动产进行查封和解封。这是维护不动产权利人及利害关系人权益、维护司法权威的体现。对于法院提供的相关法律文书，需要有不动产登记机构政策法规部门进行审核，并协助执行法院裁定。

三、不动产登记部门政策法规科室的建设

(一) 政策法规研究工作要上台阶

法律是为了救济，管理是为了保护，可以组建政策法规研究组，保障不动产登记机构更好地宣传贯彻不动产登记管理的政策法规。该研究组主要负责不动产登记政策法规收集和汇编以及相关案例研究。另外，还要研究拟订业务操作规程以及办件质量标准，协调业务科室的技术口径衔接。通过发挥政策法规方面人才的群体智慧，形成合力，创造高水平的政策法规理论研究成果。

(二) 逐步实现诉求处理稳妥化

不动产登记机构中的政策法规部门还应负责相关热线电话、投诉平台反映的诉求件办理以及受理群众业务投诉、信访工作。这就需要专业、专职的人才来稳妥处理此项工作，对这项工作的人才要求一是要有工作经验，二是要有一定的应变能力，三是要有相当的专业水

准。这对于解决群众困难和矛盾，提高群众满意度具有重要意义。

（三）打造法律专业性服务窗口

首先，对查封查询、异议登记及公告类登记类业务设立专窗，主要对接公检法等有权查封的机关。其次，专设继承遗赠登记等窗口，这个窗口的业务承接原来属于公证处的业务，司法部关于废止《司法部、建设部关于房产登记管理中加强公证的联合通知》的通知下发后，实施了25年的房产继承强制公证被废止，公证前置取消公之于众，这给不动产登记工作中的继承件带来前所未有的压力，加之继承关系本身的复杂性，街道、居委会、派出所取消一系列证明的出具，亲属关系的证明更加难以操作。除此之外，联合法律服务团队或公证业务人员，由他们负责把关，实现继承遗赠等业务处理专业化。最后是中介管理窗口，主要负责对中介代理机构的政策法规业务指导、业务诉求和行为的规范化约束。

（四）促进行政法人才库建设

不动产登记机构中政策法规科室负责各类涉及不动产登记业务的议案和建议等答复工作以及协助处理涉及不动产权的行政复议、行政诉讼等工作。而不动产登记属于行政确认，不动产登记工作应依法行政，这就需要专业的行政复议方面的人才，以便能够妥善地处理行政争议等方面的案件和诉讼工作。要实现行政复议应诉人员专业化，不动产登记机构应该组建行政复议人才库，库中所有人员应获得行政复议应诉人员资格证，以便从中抽取行政复议人才，从而应对此项工作，提高我们的依法行政水平。

（五）创办行政诉讼模拟法庭

在不动产登记中，难免会出现登记错误，引发行政复议或诉讼。参照法院行政庭创办模拟法庭很有必要。第一，营造法律氛围，提高干部职工的法律意识。第二，凡有重大异议问题，可以在模拟法庭辩论，促进理论的创新。第三，对于新来的工作人员可以在这里做政策法规训练，促进专业人才的锻炼，使其有力应对、正确处理相关法律事务和法律问题。不动产登记鲜明的法律属性，要求从业人员既要具备强烈的法律意识、正确的法治观念、科学的法治思维，又要能严格依照法定权限和程序履行不动产登记职责，特别是在不动产登记初期各项业务法规及技术规程尚待完善的情况下，更要树立信仰和敬畏，知法学法，守法用法，确保不动产登记工作的法律权威性，切实维护产权人的法律权益。

（六）构建不动产登记政策法规创新体系

不动产登记机构的从业人员在把握法规、执行政策、坚持原则的基础上，进行科学灵活的业务创新，在实际工作中发现、分析、解决问题，在实践中不断提升不动产登记业务政策法规工作水平。所以政策法规科室应该聚焦业务难点、服务焦点，结合法律法规和业务运行实际，制定业务方案和技术规程，将创新成果固化为严谨的制度。同时，应大力开展法律知识竞赛和相关课题研究，并通过与公证处、律师事务所、名牌大学法学院合作，借力借智，进一步构建不动产登记政策法规创新体系。

不动产登记机构审查模式探究

刘圣海　唐　华　谭媛媛
（连云港市不动产登记中心）

摘　要　本文通过对不动产登记审查标准的研讨，并对不动产登记审查现状进行调研，提出了不动产登记审查工作应该注意的主要问题和今后的努力方向建议，倡导建立业务质量监管制度和相关措施，进一步提高不动产登记的质量和服务水平。

关键词　实质审查；形式审查；质量监管

一、不动产登记审查标准

登记审查不仅是登记机构的权力，也是登记机构的义务，通过登记审查制度以实现用国家公权力方法完成不动产物权变动的充分公示，维护不动产交易的安全和秩序。采用不同的登记审查标准，对登记的公信力、登记的效率和准确性以及登记错误的责任承担都有重要的影响。

（一）审查工作的能力要求

不动产登记审查工作是一项对法律等各种专门知识水平要求极高的工作，非有很高的专业知识水平无法胜任。具体来说，不动产登记审查工作人员在办理业务的过程中，往往会涉及法律、行政管理、经济、科学等方方面面的问题，仅以民法而言，即便是办理当事人申请的登记事项，至少会涉及民法总则、物权法、合同法、土地法、婚姻法、继承法等。如果是办理嘱托登记，还会涉及民事诉讼法、仲裁法、刑法、刑事诉讼法、税收征收管理法等。另外，不动产登记审查工作中还涉及建设工程、城乡规划、测绘、档案管理等其他专门性知识。倘若登记机构的审查工作人员对于这些专门知识不了解、不熟悉，那么在登记中就会出现错误，造成各种虚假登记、错误登记，从而损害当事人的合法权益，危害交易安全。此外，不动产登记工作本身数量巨大，且极为复杂繁琐，因此需要登记机构审查工作人员具有很高的素质，能够做到严谨、认真、细致。

（二）审查模式的选择

形式审查与实质审查的区别关键在于是否直接采取一定的方式（如调查、询问等）确保登记内容的真实性与合法性。不管采用形式审查还是实质审查，涉及整个登记制度时都不可能忽视登记的效率或者准确性的任何一个方面。

1．形式审查

一般认为，形式审查是指登记机构仅对申请人提交的材料是否齐备、合法等方面作审查，而对登记申请背后的实体法律关系不加以审查，又叫“窗口审查”。例如，不动产权属证明文件、物权变动意思表示一致的证明文件等材料是否齐备，相关签名印鉴是否齐全、是否符合规范要求，进行程序法上的审查，而无须对申请材料的内容是否真实、是否与实体法上的权利义务关系一致进行审查。也就是说，当事人申请登记的材料只要符合形式要件，就应当认为是合格的。

2. 实质审查

实质审查是指登记机构不仅要对登记申请的材料是否齐备、合法进行审查，还要审查其是否与实体法律关系一致，又叫"裁判审查"。物权变动的公信力是不动产交易稳定的重要前提，而登记的公信力依赖于登记信息的真实性，实行实质审查制度是检验登记信息的必要基础。例如，审查合同关系的真实性、合法性，是不是在公平、自愿、平等的基础上签订的，有没有欺诈，权利取得的方式和权利变动的原因是否与事实相符等情况，即登记机关对于登记之申请，除须审查登记书件是否在形式上完备外，对于不动产物权变动之原因与事实是否相符、有无瑕疵，也须详细审查，经确定后方可予以登记。

3. 形式审查和实质审查比较

实质审查有利于保障不动产物权的依法流转，实现当事人真实的意思表示，也有利于有效解决不动产交易活动主体间的不平等问题，制止欺诈、侵权行为的发生。但从成本角度来说，审查极为繁琐且费用居高不下，使登记制度陷于瘫痪，不如形式审查。二者比较见表 1。

表 1　　形式审查与实质审查的比较

	登记效率	安全性	准确性	登记成本
形式审查	高	低	低	低
实质审查	低	高	高	高

固然，实质审查可以大大降低登记错误的发生率，但会降低登记效率，故在效率、成本等现实条件下，必须与形式审查相结合。

二、不动产登记审查现状

理论上，应该采用实质审查与形式审查相结合的审查模式，而结合不动产登记审查工作现状，不妨从政策法规、司法实践、交易市场和统一登记几个角度来考究。

（一）政策法规视角

物权法颁布之前，相关立法对不动产登记倾向于实质审查模式，如 1995 年《土地登记规则》第六条、第十三条、第十四条规定了土地管理部门应当进行全面审核。物权法颁布之后，其第十二条规定了"在必要时可以实地查看"。可见，当事人因继承申请不动产登记时，只要登记机关尽到了形式审查义务，即使遗嘱、死亡证明等材料不真实，也不能归责于登记机关。而现在的继承登记不强制公证了，如何审查申请人提交的材料，权属证明、签字盖章是否真实等关系到交易安全，实质审查显然必要。根据《不动产登记暂行条例》第十九条第一款及《不动产登记暂行条例实施细则》第十六条，对于房屋所有权首次登记、在建建筑物抵押权登记、不动产灭失的注销登记等情形，登记机构可实地查看。根据《不动产登记暂行条例》第十九条，登记申请可能存在权属争议或涉及他人利益的，登记机构可调查申请人等相关人员。通过明确这些例外审查事项，申请人等相关人员能预先知道自己是否需要配合，从而做好相应的准备。

（二）司法实践视角

从登记机构受理的不动产更正登记案件和法院审理的不动产登记类诉讼案件来看，不动产交易安全问题相当严重。在交易当中有些人利用法律的漏洞，导致权利人利益受损。司法实践中，由于认识不一，做出的判决不尽相同，有时甚至矛盾。更正登记缺乏监督机制，内部对于有瑕疵的证明文书的核实，涉及登记机关的相关人员时，没有实行回避制度，有时甚至一个人负责整个环节，不能做到互相监督，这也极容易产生不正确的登记。外部各级监督部门对不动产登记的监督检查工作也未深入细致展开。

（三）交易市场视角

现实中，还存在"一房二卖"、"多重抵押"、"虚假登记"等有碍于不动产市场健康发展的问题。物权法作为规范基本的财产归属关系，保护权利人合法权益的基本民事法律，在对待审查制度不健全的问题时，采取了比较宽泛的规定，解释空间很大，难以适应实务操作。一般情况下，登记人员根据申请人提供的资料进行登记，而不会去调查。不同地区、不同部门登记机构对申请采取不同审查模式，掌握的尺度宽严不一，局面混乱。登记机构通常采用窗口审查，自身对登记申请审查并不彻底。在这种情况下，对登记权利状态与真实权利状态的一致性难以保证，容易引发纠纷。

（四）统一登记视角

实践中，登记机关由于工作量大、专业人手短缺，难以做到面面俱到的实质审查。以连云港市市区为例，自不动产统一登记以来，近一年的时间市区共受理涉土登记 683 件、房地一体登记 7.48 万件、林权登记 3 件、海域登记件 5 件，发放不动产登记证明 6.67 万份、不动产权证书 5.37 万本，平均每天受理 450 个登记申请，根据日常统计审核登簿情况，可以列出 2016 年 6 月至 2017 年 4 月的平均每月审核登簿量表（表 2）。目前，注销、查封和公告等业务办理即办即结，抵押登记办结时限为 1 个工作日，转移登记、集团报件等类型业务办结时限为一般 5 个工作日，而审核部门只有 7 个人，流动性也比较大，其中 2 个人还要兼顾缮证发证管理和政策法规方面的具体业务。不难看出，如需对提交的每份材料进行实质审查，显然不具有可操作性，然而若全部只采用形式审查，这将为恶意造假大开方便之门，不少不法分子乘虚而入，向登记部门提供虚假、错误材料，登记部门又未对申请材料进行详细核查，这就构成了安全隐患。因此，登记机关应以形式审查为一般准则，相机实施实质审查。若登记机关在登记审查的过程中，或登记完成后，发现登记的相关事项或材料内容与法律规定的实体要件不相符合的，可拒绝登记或撤销已生效之登记。同时，对恶意造成虚假登记的当事人，或以行政手段（如罚款），或以民事手段（如损害赔偿）对其加大惩罚力度，以引导良好的社会自律机制的形成。

表 2　　连云港市审核登簿量统计

年份	2016 年							2017 年			
月份	6 月	7 月	8 月	9 月	10 月	11 月	12 月	1 月	2 月	3 月	4 月
审核日平均量/件	238	295	317	396	331	337	406	431	389	424	390

三、不动产登记审查时应注意几个问题

通过对不动产登记现状的考察以及不动产登记审查标准的研究，笔者认为不动产登记审查时应该注意以下几个方面的问题：

（一）利用好公告审查

除了一般审查外，要增加公告程序作为保障，以便能在登记确权时唤起广大民众的注意，及时提出异议。这实际上是用群众的智慧和监督，来进行登记审查，以克服登记机关自我审查的局限。特别是，首次登记时的细致调查和公告审查之后，错误率被大大降低了，除非有证据表明登记错误，登记机关一般来说要信赖已登记的内容。这样，在后期的变更登记或转移登记时，就可以采用以形式审查为主的模式。

（二）明确审查重点

参照《不动产登记操作规范》（试行），并结合不动产登记审查的一般程序（图1），明确审查重点。

申请……→受理……→审核……→登簿……→发证

↓（受理） ↓（登簿）

（调查、实地查看、公告）登记完成

图1　不动产登记审查程序

明确审查人员应当着重审查哪些登记事项，以转移登记为例，对于包括委托书在内的身份资料、权属证书、交易当事人和交易标的物等关键资料的真实性应当重点谨慎审查，其他事项一般审查即可。首次登记和在建工程抵押等集团报件业务重点现场核查，宅基地和独立宗等类型业务重点做好权籍调查和现场踏勘。总之，根据不同的登记业务类型，明确审查重点，合理地选择实质审查模式和形式审查模式，确保审查的效率和质量。

（三）强化审查手段

为了提高登记机关辨别证明文件的真伪能力，登记机关宜采用与公安机关联网、文件留底等手段，还需要通过大数据分析，将不动产登记管理信息纳入地方政府“智慧城市”、“云计算”、“互联网＋”等城市公共资源管理，利用既有网络、技术和数据成果实现交易、登记信息交互和共享。不动产登记机关应当加强与公安、民政、司法、税务、统计以及银行等部门的沟通，建立信息共享机制，从而确保登记信息的及时和准确。

（四）把握好实质审查的度

登记申请存在违法、存在尚未解决的权属争议或不动产权利超过规定期限等情形的，登记机构应当不予登记，并书面告知申请人。通过书面告知登记申请存在瑕疵，能使申请人既知道问题之所在，又知道能否或如何采用其他补救措施，从而可安排进一步的行为。登记审查必须考虑审查的难度、成本、时间的限制等问题，而且审查方式必须具有科学性和可操作性，考虑到审查期限以及审查程序的限制，面对某些复杂的个案，审查人员不可能在一个十分宽容的期限内充分、全面、深入地探究真实情况。因此，实质审查有一个度的问题。

四、不动产登记审查工作的建议方向

（一）培养好专业的不动产登记审查工作人员

“徒法不足以自行”。任何规则和制度都必须依靠人去执行、贯彻、落实。同时，登记审查人员的素质关乎登记工作的质量。在做好不动产登记审查职责和机构整合、人员业务划转、工作流程再造以及技术管理的衔接后，人员配置上应选取专业人员进行业务上的操作，这样对于不动产登记进行实质审查便不会存在人员不足和业务水平有限的问题。专业化的操作，同时也会提高不动产登记的效率，使不动产登记的效率价值和安全价值之间的冲突降至最低，从而提高人民群众的满意度。

（二）发挥好不动产登记审查的自由裁量权

对于登记实践来说，具体的审查标准更为重要。《不动产登记暂行条例》及《不动产登记暂行条例实施细则》对登记机构的审查职责进行了详细规定，登记机构要根据实际情况灵活判断，可见自由裁量权很大，登记机构要在书面材料的基础上自主判断，直接登记或不予登记，还是需要实地查看或者调查。对清楚明晰的材料，形式审查即可。对于不甚清楚的材料则需要更严格的审查。对可能存在权属争议，或者可能涉及他人利害关系的登记申请，不动产登记机构可以向申请人、利害关系人或者有关单位进行调查。实地查看时，实地查看主体不得少于两人，并且存在利益冲突的查看人员还应当回避。另外，查看记录还应当由申请人或者代理人核对。

（三）建立好不动产登记外业核查专门机构

借助平台优势，挖掘实用、可用、能用的人才，成立不动产登记外业核查专门机构，隶属于不动产登记中心。这样一来可以把登记中大量的实质审查交由专门机构来承担，通过对专门机构的规范管理，并对资料进行实质审查，保证真实性。对登记错误造成的损失，登记机关承担责任，对由专门机构造成的登记错误，可向其追偿。

（四）制定好不动产登记质量监管的系列措施

首先，从不动产登记业务流程的各个环节上层层把关，分工合作，严格检查，并建立完善登记质量监管制度及配套办法。然后，基于不动产登记审查工作的专业性、复杂性等特点，确立不动产登记工作中的专业门槛，以保证登记审查工作人员达到相应的专业水准。倡导建立良性的纠错机制，必要时还要引进 ISO 9001 质量管理体系，做到受理人初审，审核人复审，核定人登簿。也就是说要在保证效率的前提下，实现“三级审查”的质量保证措施。之后，建立不动产登记质检督查制度，保证“三级审查”更好地履行各自的登记审查职责，确立清晰的登记行为规范，明确登记审核工作的职责分工，强化登记审核人员责任心。

五、结语

不动产登记机构无论采取何种审查模式，都应当在其职权范围内，充分履行职责，尽可能保证如实、准确、及时地登记不动产权利及有关事项，避免登记错误。实际上，审查职责中既包含形式审查的要求，也包含实质审查的要求，对于不同的不动产登记类型和不同材料，审查职责和要求不同，但最终目的都是为了维护不动产权人权利、维护不动产市场交易秩序。

关于灌南县不动产登记职责整合的思考

王　华

（连云港市灌南县不动产登记中心）

摘　要　灌南县不动产登记工作开展近一年以来，各项工作正在稳步推进，不动产登记取得了长足发展，但是在日常运转过程中，也暴露出了一些面临的实际问题，本文对实际工作中所遇到的部分问题进行了解析，提出了一些想法和建议。

关键词　不动产登记；职责整合

一、不动产统一登记开展情况

根据国家及省市相关文件精神，灌南县于 2015 年 9 月组建了不动产登记机构。2015 年 9 月，县编办下发文件，同意在灌南县国土资源局设立不动产登记局，增加副局长编制一名，登记局下设登记中心，单位性质为全额拨款事业单位，核定编制 30 人。实有在编人员 65 人。按照“事随人走”原则，除林业部门调入 2 人为财政拨款人员，其余人员身份仍为自收自支编制。目前登记中心在岗人员 29 人，其余人员在灌南县国土资源局其他岗位工作。不动产登记中心负责承担全县不动产登记事务性和技术性工作，为副科级单位。

（1）下发了不动产登记文件。2016 年 5 月 9 日，灌南县人民政府下发了《关于实施不动产统一登记的公告》，明确了不动产登记区域；不动产登记的业务类型；原房产证、土地证的截止时间；不动产证书正式颁发时间；不动产统一登记的办理地点。

（2）制定了不动产登记办事指南。不动产登记中心进一步完善了办事指南、权属纠纷调处办法等规范，并明确了不动产各类登记所提交资料及要求；办理程序、收费标准、办理时限。不动产登记办事指南统一制成宣传册，并在市民广场公示，让办事群众看得见、看得懂、搞得清。

（3）颁发了全县第一本不动产登记证。通过大半年努力，灌南县完成了不动产登记职责整合、机构设置、窗口建设、人员划转、业务流程梳理、系统测试、人员培训等不动产统一登记工作。2016 年 5 月 13 日，县委常委、常务副县长吕洁为灌南县宋成军、王永丽夫妇颁发了全县第一本不动产权证。

目前，灌南县已累计办理不动产各类登记 26 845 件，发放不动产权证书 11 440 本，不动产登记证明 13 746 份。完成了灌南县不动产登记软硬件及系统平台建设项目市级验收，成为全省首家完成县级不动产登记信息管理平台建设验收单位。2016 年 9 月底作为全省第一批单位，顺利与国家不动产登记信息管理基础平台完成了对接，目前数据上报工作运行正常。在江苏省市县简政放权创业创新环境“不动产交易登记”环节评价中，全省共 109 个区县参加评比，灌南县获得全省第 18 名连云港市第 1 名的好成绩。目前业务办结短信提醒、微信自主查询等工作已正式上线调试，短信提醒 4 月中旬正式运行，实现业务办结实时告知;微信自主查询已和省级平台进行初步对接,待省厅分配接入次序后即可上网运行,正式运行后将实现省内异地自主进度查询和网上预约。窗口叫号系统已经制定了初步方案,并参考了其他兄弟单位具体情况,下一步将结合灌南县实际提出具体措施。

二、存在的主要问题

(1) 不动产信息难以统一整合。不动产信息涉及多部门管理,信息相对封闭,房屋权属登记是不动产登记核心之一,不动产房屋所有权登记围绕商品房网签、商品房合同备案、存量房合同备案、房屋租赁、房屋测量、面积管理等主要工作开展,如果单独只授予不动产登记中心房屋权属登记职能,那么不动产登记将成为无源之水、无本之木。不动产登记最终便民、利民、物权的意义终将成为一句口号。在办理不动产登记过程中,办事群众需要先到多个部门查询资料,不动产登记部门无法获得该不动产的准确信息情况,增加了办事群众负担,降低了物权的权威性和登记部门的公信力。

(2) 目前部分业务因职责的原因与房管部门衔接不彻底,手续不够简化,导致群众在登记中心和房管部门来回跑腿,重复提交材料。前期房管部门发证不够规范,发证存在一定随意性,出现一房两号和部分不符合发证条件的房屋所有权人持有了合法的房产证,楼房楼盘表前后提供数据不一致,户室、房号、坐落、面积、合同不一致等,使土地信息无法匹配落宗。

(3) 不动产登记档案资料管理问题。不动产登记发证档案管理工作涵盖房产、国土、林业等原始资料。目前档案移交工作一直没有进展,灌南县登记中心实行的是电子介质与纸质介质并行的档案管理模式,并具有比较完善的管理机制,如果其他部门档案还不完成移交,将来转换到统一的平台上时,将会出现数据格式不一,数据关联不一致,数据导入难以统一,数据准确性难以保证,易造成数据遗漏,存在着较大的安全隐患。

(4) 商品房网签、商品房合同备案、存量房合同备案、房屋租赁、房屋测量、面积管理、房屋交易、抵押等业务与不动产统一登记分离,不利于不动产登工作的开展。根据物权法、不动产登记条例等文件精神,不动产登记应该统一到一个部门办理。灌南县把不动产统一登记与商品房网签、商品房合同备案、存量房合同备案、房屋租赁、房屋测量、面积管理、房屋交易、抵押登记剥离,部门之间信息不对称,资源无法互通共享,不动产统一登记工作难以进一步深入推进,有违国家建立不动产统一登记制度的初衷。商品房网签、商品房合同备案、存量房合同备案、房屋租赁、房屋测量、面积管理、房屋交易、抵押管理一旦出现差错,不但不方便办事群众,同时对物权的合法保护存在较大隐患和风险。

(5) 从事不动产登记的工作人员正常工资福利难以保障。虽然不动产登记中心为财政全额拨款事业单位,但是从各部门抽调从事不动产登记业务工作的人员,性质仍为自收自支。而不动产登记中心只收取登记费,县一级不动产登记收费少,且国家收费政策还在进一步下调,如此下去将无法保证单位正常运转和人员工资福利待遇。

三、建议意见

根据物权法和不动产登记条例等文件精神,中央要求各地建立不动产统一登记制度,将土地、房屋、林地等不动产登记职责整合至一个机构进行统一登记。按照职能职责分工,为从便民、利民角度更好地开展不动产登记工作,为此,我们建议:

(1) 进一步提出便捷方案。根据物权法、不动产登记条例等文件精神,将灌南县商品房的网签、合同备案以及面积审核、房屋交易、抵押等职能划转至不动产登记机构，不动产登记中心将认真贯彻落实物权法、不动产登记条例等文件精神，从便民、利民的角度进一步完善不动产的申请、受理、审核、登记簿、发证等工作。这涉及业务、数据信息、资料移交等。

（2）效率与效益最高的方案。机构和人员基本不动，以方便群众办事、保证不动产权益安全为原则，确保各项工作与不动产登记有序衔接。设立不动产登记一个部门管理，一个窗口受理，一个窗口办结的高效机制，把商品房的网签、合同备案以及面积审核、房屋交易等业务划转整合到不动产登记中心管理。不动产登记机构统一受理所有登记，既避免了多头管理该管不管、不该管乱管的怪现象，又能真正地实现便民、优质、高效的原则，最大限度地节约成本。

（3）不动产登记业务办理手续简单，程序便捷，减少办事难度，降低办事群众成本。如房产部门在办理抵押或交易房地产转移时，不到限定时间不予签字，如需要补充资料的，资料补齐之日为受理日。工作时限延长，操作程序繁琐，中间环节容易出错。不方便办事群众，无形中增加了服务对象成本，不利于地方发展。自房地产其他登记职能划转到不动产登记部门后，不动产登记业务只限定最长办结时间，成功实现了材料齐全业务最短时间办结，补充材料一次性告知，让办事群众少跑腿。

（4）建议将不动产登记人员全部纳入财政拨款。考虑到不动产登记人员较多，收费项目少，收费标准低，登记中心人员工资福利待遇难以保障的实际情况，建议将不动产登记中心人员全部纳入财政拨款，以解决不动产登记人员的后顾之忧，也有利于不动产事业的进一步发展。

"三级认定"在灌云县农房统一登记发证中的应用

林　琳　苗广亮　侍顺心

（连云港市灌云县国土资源局）

摘　要　本文以灌云县伊山镇朱韩村、张湾村宅基地和房屋统一登记调查发证试点工作为例，探讨了农房统一登记发证的现状、问题成因以及"三级认定"措施的形成。

关键词　农房；统一登记；"三级认定"

按省国土资源厅要求，灌云县作为全省开展农村房地一体统一登记调查发证试点单位。不动产权属材料是农村宅基地和农房统一登记的依据，权属材料主要包括用地规划许可证、集体土地使用权证、村镇工程建设许可证、房屋所有权证等。试点区伊山镇张湾村、朱韩村经调查所有材料齐全且与现状相符的几乎没有。按照当前宅基地和农房登记政策，需先行补办建房用地审批手续后才能申请登记，这将面临程序复杂、操作性不强、周期长和群众配合度不高等问题，影响登记的整体进度。试点区采用以村、镇、县"三级认定"的方式对农户宅基地和农房权属信息进行确认，有效地解决了补办审批手续程序繁琐、周期漫长以及操作性不强等问题。

一、当前农房统一登记发证现状

按照现行宅基地和农房登记管理制度规定，对无权属材料、权属材料不齐全或权属材料与现状不符的宅基地和农房，权利人需到相关行政主管部门补办或更正权属材料后，才能申请统一登记。然而，按照现行宅基地和农房审批制度规定，补办手续将面临很多问题。

（一）不在规划区、翻盖房屋无法确认

农户在村庄规划区外翻建房屋，根据现行审批制度规定，处于村镇建设规划区范围以外的农房除经房屋部门鉴定为危房确需翻建的按照"原地、原面积、原层数"建设以外，均不予审批补办手续。

（二）面积超标无法审批

受理农户中存在大量宅基地面积超标情况，根据现行审批制度规定，宅基地面积超审批面积标准将不予补办审批手续。

（三）符合条件的审批流程繁琐

宅基地和房屋审批涉及国土、住建、规划等多个部门，按照现行审批制度，农户宅基地和建房申请需分别经村委会、镇二级审核，然后报经国土和住建部门批准，申请材料多、程序繁琐、周期长，村民大多数在外地务工，来回路程远不方便。目前集体土地上不动产尚不能上市流通、抵押，资产价值未完全显现，群众办证意识不强，若按程序补办审批手续后申请统一登记，势必会影响群众的积极性，不利于农村宅基地和农房统一登记的全面铺开。

二、当前农房统一登记发证权属资料问题成因

试点区宅基地和农房权属材料主要存在无权属材料、权属材料不齐全和权属材料现势性不强等三个方面问题。试点区调查成果显示，在已受理申请的 1 606 农户当中，主要存在下列原因：

（一）宅基地和农房面积发生变化

随着农户经济收入和生活水平的提高，农户新建、翻改建房屋较为普遍，规划区外农户建房无法通过审批，规划区内农房维权意识淡薄，在新建或翻建房屋时未及时办理相关审批手续。

（二）权利人身份发生变化

2004 年户籍制度改革取消农业和非农业户口，全面推进城乡统筹发展，城乡人员流动大。加之购买小城镇户口、读书、当兵、婚嫁、去世等原因，权利人身份发生变化而相关权证未及时变更。

（三）资料不齐不能界定房屋建筑年代

权属材料不齐难以准确界定房屋建筑年代。根据《关于伊山镇朱韩村、张湾村宅基地和房屋统一登记试点工作相关问题的处理意见》（灌政发〔2016〕140 号）规定，1982 年《村镇建房用地管理条例》出台前建房至今未翻建、改建、扩建的，其宅基地使用权和房屋所有权面积按实际面积认定，条例出台以后建房的按现行审批面积标准登记。上述问题与权利人身份和不动产登记面积紧密相连，如不加以解决，将影响不动产统一登记的开展。

三、“三级认定”措施的形成

为推进不动产统一登记工作，充分保障农民财产权，坚持“尊重历史，面对现实，实事求是”的原则，以明确主体为前提、量化面积为核心、理清年代为手段，通过村、镇、县“三级认定”的方式对宅基地和农房的权利人身份、登记面积、婚姻状况、分户标准和建筑年代进行认定，作为不动产统一登记的依据。“三级认定”流程详见图 1。

（一）“三级认定”符合村民自治和简化程序原则

“三级认定”结合村规民约，发挥村民自治组织的作用，以个人申请、村委会核实、乡镇审核、县政府批准认定的方式，对权利人身份、居住人口、房屋建筑年代、婚姻状况和面积进行认定，确认结果作为统一登记的依据，有效地解决了补办审批材料多、周期长、程序繁琐等问题，提高了群众的积极性，有利于农村宅基地和农房统一登记工作的全面铺开。

（二）“三级认定”对于无权源资料情况处置

试点区集体土地使用权证覆盖率经普发后比房屋产权证高，而较低的房产证覆盖率使农户的财产权利无法得到保障。按照现行政策，面积不超审批标准和农房在布点规划范围以内，是宅基地和房屋符合审批条件的基本前提。而本次试点区面积超过审批标准的农房，已不具备补办合法建房手续的条件；对于非规划区村庄范围内的农房除经房产部门鉴定为危房确需翻建的按照“原地、原面积、原层数”建设以外，均不予补办合法建房手续。无权源和规划区外农房因无法审批不能完成不动产统一登记，而农户的房屋已实际建成，其财产权利不因其位置不在规划范围内而失效。采用“三级认定”方式对无权源和规划区外农房权利人的身份、家庭人口、登记面积、婚姻状况和建筑年代进行确认，完成不动产统一登记，保障

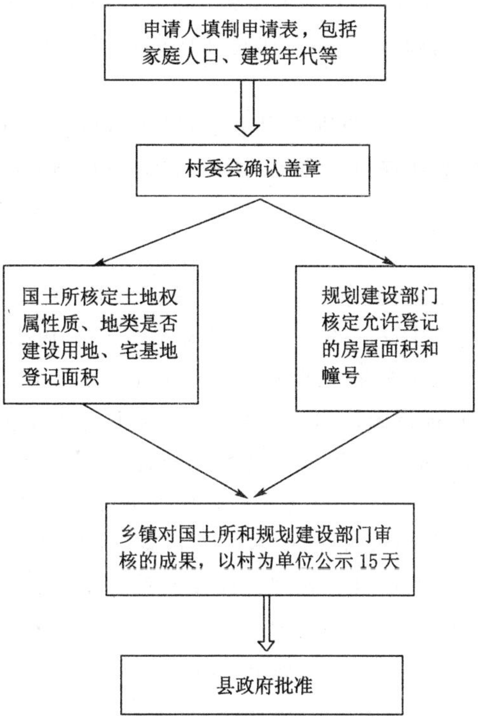

图1 “三级认定”流程图

农户的合法权益，达到应发尽发的目的。

（三）“三级认定”中面积的认定

1982年《村镇建房用地管理条例》实施前，农村村民使用宅基地建房，至今未翻建、改建、扩建的，其宅基地使用权和房屋所有权按现有实际使用面积进行登记。

1982年《村镇建房用地管理条例》实施起至1987年《中华人民共和国土地管理法》实施时止，村民占用的宅基地及房屋，房屋产权没有变化且改建、翻建符合要求的，宅基地超过200平方米部分按有关规定处理后，可以按实际使用面积进行登记。

1987年《中华人民共和国土地管理法》实施后，村民占用的宅基地及房屋，宅基地超过200平方米的，按照实际批准面积进行登记。其面积超过的部分，可在不动产登记簿和证书记事栏内注明超过的面积，待以后分户建房或现有房屋拆迁、改建、翻建、政府依法实施规划重新建设时，按有关规定做出处理，并按照规定的面积标准重新进行登记。

无审批手续或审批手续不全的，其宅基地使用权面积按以下标准认定：按人均耕地在1亩以上的，灌云县每户宅基地不超过200平方米。

实行宅基地和房屋面积双控制。宅基地实际面积超过面积标准或批准面积在3%以内的，按实际面积认定；大于3%的，按标准面积或批准面积确认宅基地使用权。房屋实际面积超过批准面积5%以内的，按实际面积认定；大于5%的，按批准面积确认房屋所有权。

宅基地及房屋实际面积超过面积标准或批准面积的，在不动产登记簿和不动产权证书的其他状况栏内注明超过标准或批准的用地面积和房屋面积。

宅基地和房屋实际面积超过面积标准或批准面积，但有两个及以上子女，且至少有一个子女成年并具备独立生活能力，符合宅基地申请条件，经确认可以分户的，给予分户登记或按共用宗登记，且宅基地使用权和房屋所有权确认的面积不得大于可分户数的面积标准之和。

因继承、离婚等分家析产的，可分别提出申请，以原有的合法宅基地和房屋面积进行分割登记，且分割后的房屋必须具有独立使用功能。无法分割的房屋，按共用宗申请登记。

四、结语

“三级认定”方式在此次试点工作中起到了关键的作用，在不违背现行宅基地和房屋登记政策的同时，保障了规划区外农户的合法权利，充分发挥村民自治组织的作用，简化了程序，有效地促进了试点地区宅基地和农房统一登记调查发证工作。通过“三级认定”形成的农村宅基地使用权和房屋所有权确认申请审核表，记录不动产权属信息，作为农村宅基地和房屋统一登记的权源和依据，避免了很多不必要的矛盾，切实地保障了农民的财产权利。

本次试点工作中运用的“三级认定”取得了很好的效果，将继续运用到全县农房一体登记调查发证中，为简化程序、加快审批时间、提高发证率奠定良好基础。

不动产登记实务工作中若干问题的探析

——以连云港市赣榆区为例

张善强

（连云港市赣榆区国土资源局）

摘　要　不动产登记工作启动以后，赣榆区从处理好不动产登记原则与便民利民关系，细致做好权籍调查，找准登记部门定位，建立部门协调联办机制，处理好不动产登记新旧法律依据关系等各个方面进行了有益的探索和实践。

关键词　赣榆区；不动产登记；便民利民；权籍调查；协调联办；法律依据

2016 年 5 月 16 日，不动产统一登记工作在赣榆区正式启动，成立了不动产登记机构，将分散在多个部门的土地、房屋、林地、海域等不动产登记职责进行整合，由一个部门承担。截至 2017 年 2 月，共计受理不动产登记业务 26 000 余件，发放不动产权证书 12 342 本、不动产权证明 10 462 本，不动产登记工作有序开展。从日常不动产登记情况看，由于当前处于整合过渡阶段，工作涉及部门多、数量大、情况复杂，历史遗留问题处理难度大，赣榆区对做好不动产登记工作做了一些有益的探索和实践，笔者对此进行了归纳并加以探析。

一、处理好不动产登记原则与便民利民的关系

众所周知，依申请原则、一体登记原则、连续登记原则、属地登记原则是不动产统一登记应该遵循的四个原则，但是，在现实工作中房地登记不一致、两证不齐全，只有房产证或只有土地证的，划拨土地需要补办相关手续的、林权证与承包经营权主体不一致等等情况，造成了现阶段全面实施一体登记有一定的难度。如果死板照条，容易造成登记工作无法进行下去，有的地方出现了办证难的情况，甚至容易引发社会稳定问题。在不动产统一登记启动初期，赣榆区针对实际情况，采取了“保民生、维权益、先登记、后规范”的做法，结合“不变不换”的原则，业主持有的统一登记前相关部门颁发的土地证书、房产证书、林权证、海域使用证继续有效；符合一体登记原则的建议换发新证，再办理相关交易抵押手续；不符合一体登记原则的，按照连续登记的原则，采取“不变不换”的方式先采集权调数据，落宗后予以登记，并在登记簿证上记载，告知当事人需完善相关手续。这样就避免了老证书持有人办理登记出现“卡壳”现象从而引发社会矛盾，使得不动产登记整体工作的开展平稳有序，没有出现大的波折。

二、科学细致地做好权籍调查，让不动产登记真正落地

完善的基础数据是不动产登记的基础。过去房产与土地分属两个部门管理，历史遗留问题很多，楼盘数据缺失，落宗及数据匹配难度大。不动产统一登记工作开展后，为了保障

日常登记工作的正常开展，赣榆区采取了有计划采集数据与日常登记申请事项优先采集相结合的方式，先是邀请专业的测绘公司参与，结合日常不动产登记工作中遇到的具体问题，对老城区不动产楼盘信息进行了有计划的数据采集。同时，对于日常业务受理中需要匹配落宗的不动产单元，实行以点带面的方式，即窗口接到某小区第一位前来办理登记业务的业主申请后，随即安排作业队伍对该小区的所有不动产单元一次性采集权调数据，此举有效地保证了落宗的准确性，同时极大地方便了后来办理不动产登记业务的业主。目前已经完成实测新小区 53 个共 614 幢楼 21 195 户，预测小区 41 个共 282 幢楼 12 072 户，出具分摊证明 21 195 份、宗地图 42 390 份、权籍调查表 614 份、信息匹配通知单 12 270 份(预测的要转实测后，才出具相关分摊证明、宗地图及权籍调查表)；老小区 83 个(含独栋住宅楼)，共 456 幢楼 10 800 户，为赣榆区不动产登记工作的顺利开展提供了基础数据保障。

三、找准定位，厘清职能边界，建立完善的部门协调联办机制

一是不动产登记部门应该找准自身职责定位，厘清职能边界，切忌以登记代替审批，《不动产登记暂行条例》第二条规定“本条例所称不动产登记，是指不动产登记机构依法将不动产权利归属和其他法定事项记载于不动产登记簿的行为”。由此可见，登记部门的职能就是登记职能，实际工作中不能绕过相关行政审批管理节点，将一些未经审批权属不清的不动产通过登记发证将其变相“合法化”。

二是要建立起不动产登记机构与各行政管理部门的协调联办机制，各司其职、共同应对不动产登记工作中的一些复杂问题，及时化解日常登记工作中的一些历史遗留问题，提高办事效率，让群众体验到不动产统一登记带来的是“便利”而非“麻烦”。在日常工作中，部门协调联动机制的建立很大程度上依赖于从地方政府层面推动，并以文件的方式加以明确，出于部门利益驱动，依靠部门之间自觉的协调推动很难实现。赣榆区针对不动产登记业务工作中遇到的问题，采取了两级会办制度，即对于纯登记问题，由不动登记机构内部集体会办；涉及需土地审批、补办出让手续等的移交区国土资源局会办；但是涉及规划、海域、林权等部门的，还没有建立起一个常规的协调联办制度和规范，一定程度上影响了不动产统一登记工作的效率和进程，相关制度的建立和完善有待于进一步推进。

四、处理好不动产登记相关的新旧法律依据的关系问题

《物权法》以 14 个条文(第九条至第二十二条)的篇幅确立了我国不动产登记的结构，为建立不动产统一登记制度提供了法律依据，《不动产登记暂行条例》的颁布为实施不动产统一登记制度提供了行政法规依据，《不动产登记暂行条例实施则》、《不动产登记操作规范》为不动产登记工作的开展提供了权威性、指导性、操作性的意见。由于原登记部门制定、下发的与登记有关的办法、文件，如《土地登记办法》、《房屋登记办法》等规章或地方法规目前没有明文废止，给不动产登记工作的开展带来了一定的困扰，因此处理好不动产登记相关的新旧法律依据的关系问题显得尤为重要。笔者认为应该把握三点：一是应严格按照下位法服从上位法的原则去规范不动产日常工作；二是有冲突的应按照新法优于旧法的原则处理；三是未废止的旧法可作为新法的补充和参考。

五、结语

高效、便民、服务，是中央政府推进行政体制改革的主基调。我们的一切行政服务行为，都要把是否高效作为衡量的标准，都要把是否便民作为服务群众的根本出发点和落脚点。不动产统一登记作为一项系统性改革，同样也不例外。随着不动产登记制度在全国的落地、实施、推进，新矛盾、新问题也将不断涌现，不动产登记的推进过程也是一个发现问题、解决问题、不断规范的过程，需要我们以敢于担当的勇气、勇于创新的思路，将不动产登记工作不断推上新的高度。

浅谈抵押权登记实践中的问题

焦广源　张娟娟
（连云港市赣榆区国土资源局）

摘　要　不动产登记关系百姓、企业的财产权益，我国不动产登记制度尚在完善过程中，抵押权登记在实践中也存在着各种各样的问题。为此，笔者结合多年的工作经验，谈谈在不动产抵押权登记工作中暴露出来的一些问题，包括最高额抵押、公益设施抵押、诉讼时效和抵押权存续等方面，旨在实际工作中提出可行性建议，方便群众申请登记，规范登记行为。

关键词　不动产登记；抵押权；登记机构

一、最高额抵押权登记

最高额抵押权是指债权人或第三人与抵押权人协议在最高债权额限度内，以特定财产为一定期间内将要发生的债权提供抵押担保。最高额抵押权是一种便捷高效的担保方式。一般情况下，借款人因经营的需要往往向银行等金融机构办理的不是一笔贷款，而是在某一段时间内进行多次借款。如果每次都要签订借款合同并办理抵押权登记，对于双方都不便利，成本过高。如果采取最高额抵押权的方式，借款人或第三人与金融机构只需签订一次最高额抵押合同，办理一次抵押权登记，避免了重复工作，节约了运转成本。

在办理不动产最高额抵押登记实践中，经常会遇到以下情况：

（1）部分不动产登记部门要求在办理最高额抵押登记时提交主合同，按照《中华人民共和国物权法》、《中华人民共和国担保法》等法律对最高额抵押担保的定义，最高额抵押是为一定期间内将要连续发生的债权提供担保，因此签订最高额抵押合同时通常债权尚未发生，相关业务合同即主合同也未订立，其主合同只有在债权确定期间内发生相关业务时方出现（经当事人同意，将已经发生的债权纳入最高额抵押担保的除外）。因此，在办理最高额抵押时要求同时提交主合同并无充足的法律依据。实践中，因为登记部门的要求，部分银行等金融机构会设计简单的授信合同作为主合同提交。该授信合同主要有授信金额、授信有效期间（债权确定期间）等基本要素，但会在其中注明：具体办理授信业务时签订的业务合同也是本合同项下最高额抵押的主合同。

笔者认为在最高额抵押登记实践中，要严格审查最高额抵押合同的关键条款，切不可将授信协议或一般的贷款合同作为办理最高额抵押登记的依据。

（2）一些登记机构或因未正确理解最高额抵押权，或因其他需要，要求当事人在办理最高额抵押权设立登记后，每发生一次新的债权都要到登记机构进行一次登记，这显然是错误的。最高额抵押权设立的目的就是为了避免因每一次新债权的产生需要办理一次抵押权登记。

二、教育设施、医疗设施和其他社会公益设施设定的抵押权

《中华人民共和国物权法》第一百八十四条第三款和《中华人民共和国担保法》第三十七条第三款只是禁止"学校、幼儿园、医院等以公益为目的的事业单位、社会团体的教育设施、医疗卫生设施和其他社会公益设施"设定抵押，但是建设部颁布的《城市房地产抵押管理办法》第八条第二款规定，"用于教育、医疗、市政等公共福利事业的房地产"都禁止抵押，此为错误的扩张了适用范围。

在不动产登记实践中，部分不动产登记机构只要看到以公益为目的的事业单位、社会团体前来办理抵押，一律不予受理，这种现象普遍存在，笔者认为不妥。从物权法和担保法的规定来看，学校、幼儿园、医院等以公益为目的的事业单位、社会团体只要不是以作为教育设施、医疗卫生设施和其他社会公益设施的房屋抵押，都是合法的，无论担保的是他人的债务还是自身的债务。

三、抵押权登记是否需将公司章程和董事会(股东会决议)作为登记要件

按照《中华人民共和国公司法》的相关规定，公司对外担保应当符合相应的规定。对外担保行为属于公司内部行为，登记机关不应当予以审查。其实，只有履行公司法规定的程序，符合公司法所规定的要求，公司才能对外担保，并签订担保合同。

在不动产抵押权登记实践中，部分不动产登记机构对抵押登记申请人提交的公司章程、董事会决议(股东会决议)进行严格审查，不符合相应要求的通常不予受理，笔者认为不妥。

笔者认为，公司法有关对外担保的规定程序复杂，涉及材料繁多，登记机关没有能力进行相应的审查。

因此，登记机关受理审查公司对外担保抵押权登记时，只需审查其提交的身份证明材料以及主债权债务合同、抵押合同等权属证明材料即可，无须审查董事会或股东会决议。只要公司在相应的合同上盖章，就可视为公司履行相应程序，同意对外担保，符合了公司法规定。如果公司担保行为因没有履行相应程序、不符合相应规定，应由公司按照《中华人民共和国公司法》第一百四十八条和第一百四十九条规定承担相应的责任，登记机关不应承担任何责任。因此，在抵押权登记实践中，登记机构不应给公司申请人设置此类门槛。

四、超额抵押及房地产评估报告

《中华人民共和国担保法》第三十五规定，抵押人所担保的债权不得超过其抵押物的价值，财产抵押后，该财产的价值大于所担保债权的余额部分，可以再次抵押，但不得超出余额部分。担保法制定之初，我国社会信用体系、社会主义市场经济体制尚未完全建立，是为了遏制欺诈行径。但是在社会主义经济体制已逐步完善的今天，仍禁止超额抵押不太妥当。

笔者认为，首先，设定抵押权本来就是当事人的民事活动，应该充分尊重当事人的自由。物权法已没有对抵押人担保的债权不得超出其抵押物价值做出规定。其次，《中华人民共和国物权法》第十三条规定，登记机构不得要求对不动产进行评估；第一百七十八条规定，担保法与本法规定不一致的，适用本法。如此一来，禁止超额抵押已无多大意义。再次，《土地登记办法》、《房屋登记办法》已不再将抵押不动产的评估报告作为抵押权设立登记时必须提交的申请材料。在实践工作中，如登记机构对超额抵押仍有顾虑的，可以向抵押当事人索要房

地产抵押价值的书面协议，不应强制要求自然人、公司申请人提交评估报告。

五、诉讼时效期间届满与抵押权的存续

在不动产抵押登记实践中，申请人往往会在抵押合同中约定抵押期限，但最高法《关于适用〈中华人民共和国担保法〉若干问题的解释》第十二条规定“当事人约定的或者登记部门要求登记的担保期间，对担保物权的存续不具有法律约束力。担保物权所担保的债权的诉讼时效结束后，担保权人在诉讼时效结束后的二年内行使担保物权的，人民法院应当予以支持。”由此可见，当事人约定的或者登记部门要求登记的担保期间，对担保物权的存续不具有法律约束力。因此无论是一般抵押还是最高额抵押，登记的期限都不是抵押期。一般抵押登记记载的期限是主债权履行的期限，而对于最高额抵押，记载主债权确定（发生）的期间。不动产他项权利证明书上记载的期限也不是抵押期限，而是约定期限，不动产登记机构工作人员在办理抵押登记时应注意。

此外，抵押人与抵押权人就主债权设定抵押担保后，抵押权人应当在主债权诉讼时效期间行使抵押权，未行使的人民法院不予保护。有一些银行金融机构把主债权诉讼时效期间作为抵押期限或是约定期限，这一观点也是有争议的，主债权诉讼时效期间只是法院受理的期限，超过诉讼时效期间只是不受公权力保护。抵押权的实质是对抵押物享有优先受偿权，当不再享有抵押权的实质，该抵押权也就没有任何意义。抵押人有权请求法院确认抵押权人丧失抵押权，即抵押权消灭。在我国司法实践中，不少法院也是这么做的。因为，抵押权人有抵押权却不行使，不仅不利于物的交易价值和担保秩序，而且损害了债务人的利益。

在不动产抵押登记实践中，要明确几点认识，一是当遇到强制执行期间主债权未得到清偿，诉讼时效已过，也不能认为抵押人因主债权诉讼时效期间内未行使抵押权而致抵押权消灭。因为执行程序一直在持续过程中。二是超过诉讼时效后，抵押权虽然没有了强制执行力，但却未消灭，并不能单方申请注销抵押权（依据法院的裁判文书办理抵押权注销登记除外）。

浅议不动产登记与交易一体化的必要

张娟娟　焦广源
（连云港市赣榆区国土资源局）

摘　要　本文以赣榆区不动产登记与交易的实际情况为例，从全国不动产统一登记的背景、赣榆区不动产统一登记的进展、赣榆区不动产登记与交易的运行方式及弊端、不动产登记与交易一体化的建议四个方面对不动产登记与交易一体化的必要进行了简要阐述。

关键词　不动产登记；交易；一体化

赣榆区自2016年5月16日正式实施不动产统一登记以来，根据省国土资源厅、市国土资源局关于开展不动产统一登记工作的要求，狠抓窗口建设，以"一张图"平台为基础，大力推进全流程优化审批、全区域便民服务、全业务网上办理、全节点效能监管的"四全模式"建设，不动产登记各项工作稳步推进。但是在具体工作中，因不动产登记与交易分属于国土部门和房管部门，由此而带来种种不便。笔者认为，有必要将不动产登记与交易一体化。

一、不动产登记与交易的关系

不动产登记为物权法中的重要制度，是指经权利人或利害关系人申请，由国家专职部门将有关不动产物权及其变动事项记载于不动产登记簿的事实。不动产登记旨在贯彻落实物权的公示公信原则，服务于不动产交易。如果没有买卖、抵押等交易活动，就没有登记的必要性；反之，没有完善的不动产统一登记制度，不动产交易就会变得很不安全，权利人的合法权益也无法得到有效保护。由此可见，不动产登记与交易具有内在、密切的联系。

二、赣榆区不动产登记与交易的职责界定

赣榆区严格按中编办等文件精神做好不动产登记职责划分及衔接工作。按照职责界定，不动产登记管理归属于国土部门，其职责为：不动产登记的申请、受理、审核、登簿、发证，特别是要做好涉及房屋的所有权、用益物权、担保物权的首次登记、变更登记、转移登记、注销登记、更正登记、异议登记、预告登记、查封登记等工作，产权档案管理，产权管理信息平台建设，产权服务窗口建设，政策性住房产权管理，其他房屋产权管理等工作。

交易管理归属于房管部门，职责为：房屋转让、抵押、租赁、房屋面积管理、房屋交易档案、房屋中介、个人住房信息系统建设等工作，商品房预售许可、房屋买卖合同网签备案、房屋面积认定和审核、房屋交易资金监管、楼盘表建立及管理、购房资格审查、房源验核、存量房与政策性住房上市交易管理、房屋抵押政策制定及监督管理、房屋价值确认和交易价格评估管理、房屋交易管理信息平台建设、房屋交易服务窗口建设、其他房屋交易管理工作。

三、赣榆区不动产登记与交易的运行方式及存在的问题

（一）赣榆区不动产登记与交易的运行方式

赣榆区人民政府按照中央层面的精神，成立交易管理和不动产登记领导协调小组，依据《关于做好不动产统一登记与房屋交易管理衔接的指导意见》和《房屋交易与产权管理工作导则》，制定下发关于做好房屋交易管理与不动产登记有序衔接的实施意见，用政府文件形式明确房屋交易管理和不动产（房屋）登记的职责界限；明确如何建立、使用维护房屋交易与不动产登记信息共享平台；明确房屋交易和不动产（房屋）登记在一个办事大厅办公，实现一套资料一个窗口一次性受理申请；明确房屋转让（抵押）确认告知单，是登记部门受理房屋转移登记、抵押登记的必收要件；明确在信息共享平台上能查阅到的办事要件和信息，不能让申请人重复提交。防止推诿扯皮、互相掣肘，让群众多跑腿、重复收件现象的发生。但是在实际操作中，不可预见的问题却接踵而来。

以做一份房产交易后再抵押的事项为例：按照目前的流程，交易双方要先到区政务中心三楼房管窗口办理过户交易，然后等待10个工作日；10个工作日过后，交易双方在住建窗口签收“房屋交易与产权管理告知单”，然后持该告知单及相关不动产登记必备材料到不动产登记窗口办理登记手续，受理完成后再等5个工作日领取不动产权证书。而后，买方再持相关材料到房管窗口办理不动产抵押，继续等待10个工作日后领取告知单，而后再持告知单到不动产窗口办理不动产抵押登记，继续等待5个工作日领取不动产权证书。如此一来，按正常办理，需要30个工作日42个自然日才能完成一份正常的过户抵押贷款手续。而客户要来回跑三遍，这还是在材料齐全的情况下最快捷的。所以虽然实现了双方在同一个大厅办公，两个部门也在为如何更方便群众、优化流程、实现更高效快捷做出不懈努力，但是还远远不够，办事群众还是要在两个部门之间来回跑。

（二）存在的问题

（1）不能集中优势解决大数据应用问题。软件系统不统一，土地部门有土地信息，房管部门有房产信息，双方不能较好地融合。历史遗留问题（如有房产信息但缺土地信息）解决难且慢，极大地拖延大数据的采集和应用。即使政府出台文件要求双方数据的互相即时推送，而在实际工作中，双方系统、解决方案迟迟不能统一，导致推送数据交互困难，房产部门对不动产部门推送的数据多次反映无法读取。而不动产登记数据信息变化后，房产部门无法同步读取推送数据。查解封信息对接困难，或者为防止信息的缺失及错误，在实际工作中，仍然不得不要求办事群众来回跑住建不动产调取最新的个人不动产信息，这往往会让办事群众心生烦躁，感觉办事越来越麻烦。

（2）沟通交流环节繁复。目前这样的运行方式，即使政府出台了文件要求“登记部门与交易管理部门之间要无缝对接”，要沟通交流，但是在实际工作中，总会遇见这样那样的问题，双方见解不一，规定不一，需要再坐下来沟通协调。对于重大问题甚至于要政府出面召开协调会，这无形当中又多了环节和步骤。如果登记与交易一体化，那么就可以完全避免这所有不必要的繁琐的步骤。

（3）导致办事群众负担加重，催生“人情件”。目前这样的流程会让那些本已不堪重负的购房者，有的甚至借了高利贷来周转资金的办事群众不得不负担起每日高昂的利息。有的办事群众受不了如此长的等候和来回频繁的跑材料，只能找熟人、托关系，希望可以尽快

办结。如此反反复复，会助长不良风气，认为办事只有“走后门”才能“办得好、办得快、办得安心。

四、不动产登记与交易一体化的建议

针对目前赣榆区不动产登记与交易运行过程中存在的问题，笔者认为有必要让不动产登记与交易一体化，有以下几点不成熟的建议：

(1) 要全面清理不动产登记历史资料，对本地区土地、房屋、林地、草原、海域存量登记数据进行整合，建立关联关系，健全完善不动产登记信息数据库，把其他部门过去登记的资料重新系统化，让几方登记的内容、权利不至于发生碰撞、摩擦。

(2) 建议设立不动产登记和交易一体的综合服务窗口。窗口由两个机构合署办公。当事人通过统一窗口提交的材料，应分别由交易管理部门和登记机构依照法律的规定，各自履行相应的审核职责。首先经房屋转让审核、打印房屋转让确认告知单后，转让程序完结，将原件和确认单存根扫描归档。由交易管理审核人员将复印件和确认单转登记审核人员，进行审核、记载登记簿、缮证、发证。登记部门扫描、归档。

(3) 建议以严格的制度保障交易管理部门和不动产登记部门的密切高效配合。政府成立交易管理和不动产登记领导协调小组，依据《关于做好不动产统一登记与房屋交易管理衔接的指导意见》和《房屋交易与产权管理工作导则》，制定下发关于做好房屋交易管理与不动产登记有序衔接的实施意见，用政府文件形式明确房屋交易管理和不动产(房屋)登记的各自职责界限，坚决杜绝让申请人重复提交材料，严防推诿扯皮、互相掣肘，让群众多跑腿、重复收件现象的发生。

连云区农村宅基地登记问题成因及对策研究

李　刚　夏燕红　孙　明　王海军　薛　飞　冯绍国
（连云港市国土资源局连云分局）

摘　要　为进一步加强土地市场管理，维护农民土地权益，推进连云区农村集体土地确权登记发证工作，本文在摸清连云区农村宅基地基本情况的背景下，分析农村宅基地登记发证工作存在的突出问题，结合实际，提出相关对策加快宅基地登记发证工作，严格宅基地管理，完善农村宅基地制度。

关键词　宅基地；确权；登记

一、前言

农村集体土地确权登记发证，依法确认农民土地权利，有助于有效解决农村集体土地权属纠纷，在城镇化、工业化和农业现代化进程中切实维护农民权益，同时对促进经济社会发展发挥了重要作用。2008 年，中央提出“完善农村宅基地制度，严格宅基地管理，依法保障农户宅基地用益物权”。完善农村宅基地制度，关键是要强化农村宅基地产权管理，加快宅基地登记发证工作。为加快部署工作，2011 年 5 月，国土资源部联合财政部、农业部下发《关于加快推进农村集体土地确权登记发证工作的通知》。从中央到地方，对农村集体土地确权登记发证工作高度重视，相继出台了一系列政策文件和管理措施，推动加快农村宅基地登记发证工作。为进一步加快连云区农村集体土地确权发证工作，本文结合实际工作经验，总结连云区农村宅基地登记总体情况，深入分析农村宅基地登记发证工作存在的突出问题，并提出几点建议以进一步加快宅基地登记发证工作。

二、连云区农村宅基地登记现状

据调查，连云区宅基地共有 4 555 宗，主要集中在云山、宿城、高公岛、板桥 4 个街道办事处。截至 2017 年 4 月底，全区共发放集体土地使用证 2 528 宗，发证率 55.49%。

国土部门从 20 世纪 90 年代初开展土地申报登记以来，已经过了近 30 年，而由于过去长期对农村宅基地的粗放管理，造成大量宅基地权属材料不齐、档案缺失、缴费凭证不齐等问题，使得实际登记十分困难。从登记数据来看，截至目前连云区发证率不足 60%，近半数宅基地使用者仍未取得土地使用证，大多数持有的仍然是土地使用权登记证明书或用地许可证，甚至有的历史用地没有任何权属资料，也致使农民财产权益得不到很好的保障，滋生子女就学教育等诸多社会潜在问题，激化了基层矛盾，逐渐形成了一些社会不稳定因素，农村宅基地登记问题亟待解决。总体看来，农村集体土地确权登记发证工作滞后，登记发证率偏低，历史遗留问题突出。

三、农村宅基地登记发证工作中存在的主要问题及原因

根据连云区目前登记现状，经过分类梳理、总结分析，发现主要存在以下几个方面的

问题：

（一）一户多宅问题

由于过去对宅基地管理相对松懈，继承的宅基地、部分扩建形成新的住宅、非法占地建房等多方面的原因，农村“一户多宅”的现象依然存在，然而“一户多宅”违反《中华人民共和国土地管理法》第六十二条“农村村民一户只能拥有一处宅基地”的规定，对于一户多宅的问题依据规定无法进行登记。

（二）宅基地私自流转问题

由于部分村民法律意识不强，原宅基地使用者已去世多年，继承人或受赠人在延续使用宅基地，尚未办理过户手续，仅仅持有私下的转让合同或家庭协议，甚至没有任何权属转移证明，造成权属转让资料不全。另外，随着经济的发展，商品房价格的攀升，有部分城市居民放弃购买城市住房，转而购买农村村民手中的宅基地用于建房居住。

（三）权属来源资料缺失问题

第一，因连云区已多年未批宅基地，对宅基地有需求的农村村民只能通过违法占地建房使用，甚至有的占用农用地进行建设，造成此部分用地没有权属资料。第二，原本是历史形成用地，但因为使用者自身原因，在国土部门开展土地申报登记时，未及时申报，造成该宗地没有相关权属资料，有的还持有五六十年代的地契。第三，档案管理交接过程出现遗漏，致使早期档案资料遗失等。第四，因历史久远，居民部分权属资料遗失。

（四）超面积使用宅基地问题

农村村民建房用地的标准是根据人均耕地确定每户宅基地使用面积的，《连云港市市区农村村民建房用地审批管理暂行办法》规定：每户宅基地不得超过135平方米。连云区范围内的新批宅基地基本上都控制在130平方米以内，但历史用地中，有许多远远超过该标准，并且大部分已经办理相关权属证件。还有已经办理土地登记的宅基地，在使用过程中，未经批准进行翻扩建，为了方便生产生活，多圈多占，导致宅基地使用面积超出原来批准面积。这种情况在连云区宅基地登记发证过程中最为常见，约有900宗。

四、加快农村宅基地登记发证工作的对策

根据连云区农村宅基地登记中存在的问题，课题组内部及不动产登记局、不动产登记中心和行政服务处领导组织集体专题研究，坚持实事求是原则，结合实际情况，尊重历史因素，剖析问题根源，提出对策，进一步规范宅基地地籍管理，化解历史遗留的登记问题，推进农民合法权益得到有效保。

（一）结合实际，因地制宜

明确划分宅基地发证对象，对辖区宅基地进行集中梳理，区分各类问题，依据现有的土地权属证明、地籍调查表、宗地图等资料，对符合条件的集体经济组织内部成员的宅基地发放不动产权证书，保证发证率和合格率。对确实存在问题的，暂不列入发证范围，将问题汇总，报上级机关研究决定后再予以登记发证。

（二）尊重历史，分类处理

登记发证要依照尊重历史、面对现实的原则，以现有的合法资料为主要依据，同时要兼顾实际情况，在全面摸清、掌握宅基地使用现状的情况下办理不动产登记。

对于“一户多宅”问题，严格落实“一户一宅”的规定，对农村村民新购买第二处宅基地

的，一律不予登记。对历史上已经申报并已经办理相关权属证书的，并经当地村委会同意后，应当予以换发不动产权证书。

对于权属转让资料不全的宅基地，应当要求当事人提供相关继承或赠与的法律文书，明确权属人，在不动产所在地和村委会发布公告后，为使用人办理不动产登记。

对于没有权属来源资料的宅基地，经核实为历史用地，由村委会出具证明，符合“一户一宅”的政策，按农村宅基地首次登记程序办理。对于违法占地建房的，坚决不予登记宅基地使用权。

对于超面积使用的宅基地，在确认违法超占部分无使用权纠纷的前提下，经村委会同意，可以仅对经合法批准部分予以登记，但须在地籍调查表及土地证的附图上标注违法占地部分，可以对宗地切割的，按原面积进行切割。

上述几种问题的宅基地约占连云区宅基地总宗数的30%，若能解决好，连云区的发证率将大幅度提高。

（三）明确要求，规范程序

完善出台相关配套文件，按照严格管理、便民利民的原则，明晰办理宅基地申请、流转的前提条件和各环节的办理时限要求，统一标准，规范程序，进一步提升宅基地使用权登记的规范化水平。对工作中遇到的疑难问题或出现的新情况，加强调查研究，由基层登记部门收集汇总，报不动产登记主管部门进行会办，完善政策意见及时解决问题，确保宅基地登记发证工作顺利实施。在确保工作进度的同时，把好土地登记质量关。

（四）强化宣传，提高意识

加大宅基地登记政策法规的宣传力度，开展形式多样的宣传活动，使宅基地登记发证工作家喻户晓，提升社会各界对农村宅基地登记发证工作的思想认识，增强村民保护自身合法权益的意识，提高村民申报积极性，推动村民自觉主动参与登记工作。

（五）加强管理，依法履职

严格依据相关法律法规和政策开展宅基地使用权登记工作。对合法宅基地及时依法予以登记，从根源上减少私搭乱建、违法占地建房的现象。进一步健全和完善日常管理制度，健全规范的宅基地使用权登记发证管理机制，建立监督管理机制，加强内部管理与监督审核，防止工作人员乘解决历史遗留问题之机谋取不正当利益，维护土地登记的公信力。

农村宅基地和集体建设用地使用权确权登记发证工作的困境及解决路径探析

王　凯
（连云港市国土资源局开发区分局）

摘　要　农村地区是不动产统一登记工作的重难点区域，本文分析了农村不动产统一登记工作的困境，提出了解决路径以促进农村不动产登记工作顺利进行。

关键词　农村不动产；困境；解决路径

一、不动产统一登记制度的确立

不动产统一登记制度早在2007年颁布的《中华人民共和国物权法》中就已经被明确提出，但由于各行政主管部门各自为政，该项制度一直悬置在空中，进而导致了不动产交易缺乏安全保障以及登记混乱等现象的发生。经过多年的研究讨论，不动产统一登记问题终于在2013年11月20日召开的国务院常务会议中得到明确解决，会议决定实现从中央到地方对不动产登记职责的整合，规定全国土地、房屋、林地等不动产统一登记职责交由国土资源部统一负责并进行监督，而各地方则在中央统一监督指导的前提下，因地制宜把不动产登记职责交由一个部门统一管理。2014年5月7日，国土资源部正式成立了不动产登记局作为统一的不动产登记机构；2014年11月24日，《不动产登记暂行条例》对外公布，其中明确指出“国家实行不动产统一登记制度”；2015年3月1日起，《不动产登记暂行条例》正式实施生效，标志着我国酝酿已久的不动产统一登记制度真正确立。

二、农村宅基地和集体建设用地使用权确权登记发证工作的内容和意义

作为农村居民最重要的个人财产，农村宅基地和集体建设用地使用权确权登记发证工作的开展，将为扩大农民财产性收入提供法律依据和政策保护，将促进完善真正统一的不动产登记体系建设，为推进城镇化和户籍改革提供现实条件。

2014年8月1日，国土资源部等五部委联合发布《关于进一步加快推进宅基地和集体建设用地使用权确权登记发证工作的通知》。此通知的一大要点是，在建立和实施不动产统一登记制度的前提下，将农房等集体建设用地上建筑物、构筑物一并纳入确权登记发证范围，基本实现统一调查、统一确权登记、统一发证。这就意味着，作为农村居民最重要的个人财产的农房，在党的十八届三中全会“赋予农民更多财产权利”的精神指导下，开始逐步具有受法律保护的产权基础和产权地位。

将农房纳入不动产统一登记，表明了我国在维护农民合法权益、促进城乡统筹发展进程中，认识不断深化、改革不断深入、目标更加明确的过程。20世纪80年代后期至90年代初，我国开始探索农村集体土地所有权确权登记试点。经过20世纪90年代中后期的停滞，

1999年之后农村集体土地所有权确权登记全面加快，2008年农村宅基地确权登记发证开始走上舞台，直到此次在推进宅基地和集体建设用地使用权确权登记发证中，将农房一并纳入不动产登记，为形成覆盖城乡房地一体的不动产登记体系打开了通道。

农房纳入不动产登记，将为扩大农民财产性收入提供法律依据和政策保护。多年来，"农民房子不值钱"已成为农民心头无法抹去的痛。有关部门虽然长期呼吁要增加农民财产性收入，但作为农民最主要财产的农房除了居住，既不能抵押担保，也难以转让受益。如今，将农房与宅基地一起并入不动产登记，房地一体，就使落实中央提出的"选择若干试点，慎重稳妥推进农民住房财产权利抵押、担保、转让"要求，在法律和政策体系中向前推进了一大步。

农房纳入不动产登记，将促进完善真正统一的不动产登记体系建设，为城乡一体化发展提供产权基础。过去，提到不动产登记，主要指城市房屋与土地，较少提到农村宅基地及集体建设用地的确权登记，更少人想到宅地基上的农房。事实上，仅以不动产来说，我国最大的不动产在农村地区，但多年来农村宅基地和集体建设用地使用权没有确权登记发证，致使侵占、挤占、违法廉价占用农村土地的事件时有发生。现在，将包括农房在内的不动产进行统一登记，既有利于保护农民权益，也是建立城乡统一土地市场和不动产体系的基础。

当然，农房纳入不动产登记，只是城乡统筹这个复杂庞大系统工程中重要的一步，具体如何建立城乡统一的建设用地市场、如何改革完善宅基地制度等等，还有大量工作要做，还面临许多法律、政策以及其他现实困难。比如农房的抵押、担保、转让会引发农村外部成员进入本集体获得住房财产权等，这些法律和利益问题如何解决，都需要因地制宜、大胆试验。只要路子对头、方向正确，积极探索下去，就没有克服不了的困难。

三、农村宅基地和集体建设用地使用权确权登记发证工作的困境

要建立起全国统一的不动产登记制度，最重要、最基本的任务就是加快城乡不动产统一登记工作的进程，加快落实对城市和农村所有涉及的不动产类别进行调查、测量、确权、登记和颁证等基础性工作，而农村地区是不动产统一登记工作的重点和难点，在工作上面临较大困境。

(1) 登记机构尚未实质运作。由于我国过去没有成立统一的登记机构，不动产登记由多个不同的行政管理机关来组织实施，比如，国土资源部门负责土地的登记发证和管理，住房建设部门负责房屋登记发证和管理，林业部门负责林地登记发证和管理等，"政出多门"和"部门利益"等原因，导致了不动产登记工作管理效率低下以及登记秩序混乱等诸多问题的出现。尽管2014年国家和地方国土部门成立了不动产登记局，解决了机构分散、职责不明的问题，但是目前看来，许多地方新成立的不动产登记机构没有实质建立，各机关职责整合尚未完成，机关人员配备尚未完善，机构职责尚未明确。目前看来，各地不动产登记机构还没有发挥出其应有的作用。

(2) 不动产登记中情况复杂，各种矛盾突出。随着农村宅基地和集体建设用地使用权确权登记工作的推进，一些深层次的矛盾逐渐显露出来。

首先，在政策上，中央明确提出承包期内"增人不增地、减人不减地"，承诺保护农村承包关系长期不变，导致新出生的农村人口无法分到新的承包地，不少农民提出重新分配承包地的要求，然而土地资源是有限的，这就造成农村土地矛盾进一步突出。其次，由于农村中广

泛存在民间私底下交易土地、房屋、宅基地以及变更土地用途等行为，在确权登记工作中权属争议纠纷问题多，无法明确不动产的实际权利主体人。再次，农村中存在大量在外务工的农民，无法找到不动产权利主体人，给登记工作带来一定难度。最后，不动产统一登记遵循自愿原则，登记需要经过申请、核查、测量和发证等一系列复杂较长的程序，同时，涉及农民财产利益，农民产生较强抵触情绪，导致农民的积极性和自觉性不高，不配合不动产统一登记工作。

四、破解农村宅基地和集体建设用地使用权确权登记发证工作困境的路径

（一）加大在农村的宣传力度，提高农民对不动产登记重要性的认识

首先要加深农民对确权登记颁证意义的认识，让农民充分认识到只有确权登记的不动产，才能受到法律保护，才能进入市场流转，才能维护农民合法的财产权利。其次要纠正农民对农村集体土地产权制度改革方向的错误认识，要明确认识到中国的土地制度改革并不等同于土地私有化。不动产统一登记目的是为了解决集体土地产权虚置化问题，把不动产登记到农民集体经济组织及其成员名下，可以充分调动起农民生产和经营活动的积极性，有利于激活和带动农村农业发展的活力。最后要统一对农村宅基地和集体建设用地使用权确权登记发证工作概念及其内容的认识。农村宅基地和集体建设用地使用权确权登记就是对农村土地、海域以及房屋、林木等定着物依法进行登记并颁发产权证书，从而将这些不动产权利物权化，同时允许农村不动产权进行转让、入股和抵押等，以推动生产要素的流动，激发农村经济进一步发展。

（二）转变农村工作方式，优化改进农村宅基地和集体建设用地使用权确权登记发证工作

过去地方政府对农村工作不够重视，比如过去的农村土地确权登记工作简单登记，造成与农民矛盾纠纷问题突出，影响到农村的社会治理与和谐稳定。在新一轮的农村宅基地和集体建设用地使用权确权登记工作中，需要对农村各类不动产进行面积测量、甚至位置确定、权属状况的调查确认等，工作内容多，任务重，情况复杂，切实改变过去农村粗糙的工作方式。创新工作方法，尽可能吸收当地农民、干部等了解本村情况的村民作为工作人员，有利于减少登记工作阻力和纠纷解决，促进登记工作顺利高效完成。由于我国过去对农村的土地确权登记已经进行多年，积累了一定的资料数据成果，在新一轮的农村宅基地和集体建设用地使用权确权登记发证工作中，应充分利用原有登记资料，对需要登记的新内容、不动产权利人的更新或有争议的不动产再进行补充登记，这样可以减少重复投入和资源浪费。

（三）加强组织领导工作，提高工作人员业务水平

要切实加强农村不动产登记工作的组织和领导，不动产统一登记，涉及测量、登记、颁证、系统维护管理和关系协调等内容，这就需要大量的、具备良好专业知识和业务素质的工作人员；而且农村不动产登记工作面向农村地区，矛盾纠纷时有发生，工作中各类突发情况较多。因此，加强对负责农村不动产登记工作的人员专业性和技巧性等各方面的培训，不断提高应对各类突发情况的能力，以实现农村宅基地和集体建设用地使用权确权登记发证工作有效且高效地开展。

五、结语

农村宅基地和集体建设用地使用权确权登记发证工作，实施发展不动产统一登记制度，是新时期我国深化改革一项重要举措，以法律形式对不动产属权进行确认和登记，可以为后续的政府改革提供法律依据。农村宅基地和集体建设用地使用权确权登记发证工作是本次不动产统一登记工作的重点，也是难点，政府必须精心组织和领导，全心全意为农民服务，切切实实维护农民切身利益，积极有效地解决工作中遇到的困难，促进农村宅基地和集体建设用地使用权确权登记发证工作的顺利高效完成，为我国城乡社会经济进一步繁荣发展和进一步深化改革打下坚实基础。

宅基地使用权登记的现状及推进措施

王　玲

（连云港市国土资源局开发区分局）

摘　要　宅基地使用权登记发证密切关系到农村千家万户，本文对农村宅基地登记发证存在的问题进行了分析，提出解决办法。

关键词　宅基地使用权；登记发证；问题

宅基地使用权登记发证密切关系到农村千家万户，是依法保护宅基地使用权人合法权益的重要措施，也是集体土地使用制度改革和不动产统一登记的重要基础和保障。做好农村宅基地登记发证工作，对于节约集体用地和保护耕地，保持耕地总量动态平衡，促进农村社会稳定和经济可持续发展，建设社会主义新农村，具有重要意义。

一、宅基地使用权登记相关概念

宅基地使用权指的是农村集体经济组织的成员依法享有的在农民集体所有的土地上建造个人住宅的权利。根据我国物权法的规定，宅基地使用权人依法对集体所有的土地享有占有和使用的权利，有权利用该土地建造住宅及其附属设施。农村村民建住宅应当符合土地利用总体规划，并尽量使用原有宅基地和村内空闲地，由县级人民政府审批，宅基地实行一户一宅制，村民出卖、出租住房后不得批准宅基地，即每户农村村民只能在一个地方拥有一处宅基地。《中共中央关于推进农村改革发展若干重大问题的决定》和《中共中央国务院关于2009年促进农业稳定发展农民持续增收的若干意见》明确提出要做好农村土地确权、登记、颁证工作。国土资源部下发《关于进一步加快宅基地使用权登记发证工作的通知》，要求各地加快开展农村宅基地使用权登记发证工作。

二、宅基地使用权登记与不动产统一登记的关系

长期以来，我国城乡存在“二元”结构，城乡土地也同样存在“二元”体制。我国城乡住宅用地登记工作发展存在相当大的差距，农村宅基地使用权登记率低，这也是导致农村宅基地使用权权属不清、宅基地产权纠纷产生的重要影响因素。建立健全体制机制，形成城乡一体的新型工农城乡关系，不动产统一登记要求做到登记依据、登记簿册、机构和信息平台等实现统一。2015年3月1日起施行的《不动产登记暂行条例》第三条规定，不动产登记包括首次登记、变更登记、转移登记、注销登记、更正登记、异议登记、预告登记、查封登记等，第五条明确将宅基地使用权纳入不动产登记和调整范围。

三、宅基地使用权登记的必要性

（1）加快推进农村宅基地确权登记发证工作是维护农民权益、促进农村社会和谐稳定

的现实需要。通过农村宅基地确权登记发证，有效解决农村集体土地权属纠纷，化解农村社会矛盾，依法确认农民土地权利，强化农民特别是全社会的土地物权意识，有助于在城镇化、工业化和农业现代化推进过程中，切实维护农民权益。

(2) 加快推进农村宅基地确权登记发证工作是落实最严格的耕地保护制度和节约用地制度、提高土地管理和利用水平的客观需要。土地确权登记发证的过程，是进一步查清宗地的权属、面积、用途、空间位置，建立土地登记簿的过程，也是摸清土地利用情况的过程，从而改变农村土地管理基础薄弱的状况，夯实管理和改革的基础，确认农民与集体、农民与土地长期稳定的产权关系，将农民与土地物权紧密联系起来，可以进一步激发农民保护耕地、节约集约用地的积极性。

(3) 加快推进农村宅基地确权登记发证工作是夯实农业农村发展基础、促进城乡统筹发展的迫切需要。加快农村宅基地确权登记发证，依法确认和保障农民的土地物权，进而通过深化改革，还权赋能，最终形成产权明晰、权能明确、权益保障、流转顺畅、分配合理的农村集体土地产权制度，是建设城乡统一的土地市场的前提，是促进农村经济社会发展、实现城乡统筹的动力源泉。

四、宅基地使用权登记实践中存在的问题及建议

(1) 宅基地所有人对宅基地登记发证的积极性不高。建议：加强宣传，明确宅基地登记的权利和义务，提高公众对登记的认可度。

部分农民没有充分认识到宅基地登记的重要性，农民自愿申请宅基地登记的意识不强，给宅基地登记发证工作带来被动。农民认为自己的住房是自己的私有财产，土地使用权不登记无所谓，有的认为依法办证后登记面积比实际使用面积有所减少(实为多占)，不愿办证；少数甚至认为办证就是为了收费，主动申请登记的农户很少。因此要做好宣传工作，在基层国土资源所设立便民服务窗口，主动接收群众办证申请，提高群众的积极性尤为重要。

(2) “少批多建”“未批先建”现象普遍存在。建议：对违法用地先行处理，补办好用地手续，加强政策支撑，完善相关立法。

在不动产分散登记时代，由于登记政策存在差异，加上农民改善居住条件的冲动，“少批多建”现象普遍存在。2004 年实施的《江苏省土地管理条例》第三十四条规定：“农村村民一户在农村只能拥有一处宅基地，其中房屋占地面积不得超过宅基地面积的百分之七十。宅基地面积按如下标准执行：(一) 城市郊区和人均耕地在十五分之一公顷以下的县，每户宅基地不得超过一百三十五平方米；(二) 人均耕地在十五分之一公顷以上的县，每户宅基地不得超过二百平方米。”2002 年 6 月 19 日施行的《连云港市市区农村村民建房用地审批管理暂行办法》第五条规定，农村村民每户在农村只能拥有一处宅基地，每户宅基地不得超过一百三十五平方米。不动产统一登记制度实施以来，在房地一体登记的要求下，对于农村房屋超面积的界限如何界定，以及无法拆除的超面积部分能否试行有偿使用等，成为了基层不动产登记部门必须面对和解决的一个严峻问题。建议相关部门结合当前农村宅基地使用权登记的实情，制定灵活的政策，指导新形势下的农村宅基地使用权登记，促进农村宅基地规范使用。

(3) 宅基地权源依据缺失。建议：开展大规模权籍调查，以调查结果为基础，先调查再确权，切实保证不动产登记的精准性。

初期广大群众基本上没有要求办理土地证的意识，发证工作基本要国土所和村委会挨家挨户去催办。村委会人员根本不可能把工作做得那么细致深入，没有把所有应发的宅基地证书全部发放到位，导致一部分宅基地没有发证。而随着时间的流逝，宅基地的使用情况、当初的权源资料都难以查证，而土地登记资料的要求也越发严格，导致有些宅基地现在登记发证缺乏依据，严重影响了登记信息的准确性。此外，权利人不一致、登记范围不吻合、测量数据差异明显等原房、地分散登记的众多遗留问题，也给拆迁和批地建房工作带来阻碍。从地籍管理来看，土地调查是基础，其中，权属调查和地籍调查是重点。土地登记、统计是土地调查的后续工作，是巩固土地调查成果并保持其现势性的必要措施。因此，在区域范围内开展大规模的权籍调查，以调查结果为基础，先调查再确权，可以切实保证不动产登记的精准性，规避廉政风险和诉讼风险。

(4) 宅基地界址不清导致共用宗地产权模糊不清。建议：引入土地分摊，同时出台相关政策，引导村民按照审批程序进行建房，加强对农村宅基地的验收工作。

初期规划工作过程中，因技术欠缺，所规划的宅基地四至不明，权利人所持有的权利证书上虽写有四至，但该四至很笼统。如东至张某，西至王某，南至赵某，北至李某，其具体至某某的某个具体位置界址不清。其次，由于缺乏明晰的政策，本来需要国土、规划等多部门审批监管的农房建设和竣工验收工作力度欠缺，直接导致了共用宗地模糊产权界限的问题。对此上级部门应出台相关政策，完善部门协调机制，引导村民按照审批程序进行建房，加强对农村宅基地的验收力度。

(5) 测量缺乏统一标准，公平性欠缺。建议：让宅基地和农房测量实现真正并轨，加大政府投入，完善相关测量标准。

不动产统一登记给房地数据合一提出了更高的要求，统一宅基地和农房测绘已是大势所趋、迫在眉睫。委托有资质的房产测绘公司进行测绘，价格对于农民而言相对过高，加上对如果超出批准面积则不能办理不动产权证书这一后果的顾虑，农民对房产测绘较为排斥。从根本上解决这个问题，必须让宅基地和农房测量实现真正并轨，采取公开向社会招标的方式，引入有资质的测量机构以低价服务百姓。政府承担部分测量费用，降低测量成本以减轻农民负担。

党的十七届三中全会明确要求“严格规范的农村土地管理制度，搞好农村土地确权登记颁证工作”。将土地登记制度扩大到农村，实行城乡统一管理模式，适应当前发展的阶段性特征和农村改革发展的新形势。推进农村宅基地使用权登记发证工作，是依法保护宅基地使用权人合法权益的重要措施，是加强农村宅基地管理的重要手段，是促进社会主义新农村建设、维护农村稳定的重要基础和保障。

不动产统一登记数据共享认识

王　练　付　成

（连云港市国土资源局徐圩分局）

摘　要　为了推动不动产登记管理方式转变，连云港市不动产登记局建立不动产登记信息管理平台，系统平台面向各级不动产登记机构、不动产审批和交易主管部门、其他相关部门、社会公众四类服务对象，提供信息共享交换、信息依法查询等服务，加强与公安、民政、财政、税务等部门间不动产登记有关信息的互通共享，提供不动产登记资料的依法查询。本文对建设内容、建成后的不动产登记数据一系列应用进行分析和介绍。

关键词　大数据共享；共享方式；“一张图”

一、引言

不动产登记制度是政府改革机构和转变职能的一项重要内容，不动产登记制本身就是向社会提供公共服务，保护不动产权利人的合法权益，服务企业，服务群众。伴随着大数据新技术的出现，原有“数据孤岛”并不能满足日益提升的信息化的要求。不动产数据共享，将有利于提高政府各级职能部门行政效率。然而不动产登记信息的敏感性，不仅涉及公民隐私、财产信息的保护；也涉及反腐、社会监督等方面的社会情绪。同时日常大量的不动产交易、登记的相关业务中，需要频繁地查询个人房产信息，为契税征收、抵押贷、户口迁移提供依据。如何满足数据业务需求，并确保数据能够有效共享，是各地不动产登记机构面临新的考验。

二、数据共享

(1) 关于登记信息共享，《不动产登记暂行条例》第二十五条规定：国土资源、公安、民政、财政、税务、工商、金融、审计、统计等部门应当加强不动产登记有关信息互通共享。

(2) 关于登记信息检索查询主体，《不动产登记暂行条例》规定：登记资料查询人限定在权利人和利害关系人，有关国家机关可以依法查询、复制与调查处理事项有关的登记资料。

三、大数据共享范围与内容

不动产数据共享的程度反映了一个地区信息化发展水平，数据共享程度越高，说明数据应用范围广，信息发展水平越高。要实现数据互联共享，首先应建立一套统一的、法定的数据交换标准，规范数据格式，使用户尽可能采用规定的数据标准。不动产数据采用 ORacle 数据库格式，ORacle 数据库是甲骨文公司的大型数据库，具有大数据时代的特点，具有大数据处理的能力，且数据格式通用性广。图形数据采用 SHP 数据格式，SHP 格式数据是全球通用的地理数据格式，地理信息数据格式应用于各行各业，做到拿到就能用，无须数据格式转换。

（一）国土部门

不动产登记中心向国土部门共享相关登记信息，主要是不动产登记发证情况，包括综合监管、项目办结信息、流程节点情况等相关信息，具体包括：

① 不动产发证量（不动产权证书、不动产登记证明、不动产登记信息证明单）的统计；

② 不动产接件项目办件流程及其流程节点查看；

③ 不动产接件项目扫描件查看；

④ 不动产权证书历史回溯关系；

⑤ 不动产权证问题会办情况；

不动产登记中心从国土部门调用“一张图”地图服务，查看图形信息，根据征供地等信息进行土地相关信息的分析与统计。

① 宗地叠加历年遥感影像、航拍影像，进行空间定位和宗地基本信息查看；

② 宗地叠加最新征地、供地图层进行空间分析，查看此宗地下的征供地情况和占地面积信息；

③ 选择某一区域或范围界线，查看其不动产登记发证情况，可分产权、抵押、查封等权利类型进行分析和统计。

④ 关联其他国土部门需要的图层，进行叠加和空间分析。

（二）住建部门

房产管理部门职责包括房屋转让、抵押、租赁、面积管理、房屋交易档案、房屋中介、个人住房信息系统建设工作，以及商品房预售许可、房屋买卖合同网签备案、房屋交易资金监管、楼盘表建立、购房资格审核、房源验核、存量房与政策性住房上市交易管理，房屋抵押政策制定及监督执行等监管工作。而不动产登记机构负责房屋申请、受理、审核、登簿、发证等登记职责。进行不动产登记事务后，房产登记部门基本上都归并到不动产登记中心，但是房产交易和房产测绘部分地区还是独产部门。涉及房产交易、房产测绘与不动产登记中心的数据对接和信息共享，需要一个共享信息机制。

不动产登记与住建部门信息交互主要存在两种情况：

（1）与房产交易部门对接：不动产合计机构通过信息共享，获取房产交易备案信息，直接受理不动产登记，方便受理人员进行信息入库，从合同直接调取数据，可以减少窗口录入工作，同时不动产登记信息共享给房产交易部门，进行房产二次交易可查询不动产登记情况，实现权利信息一致，保证数据安全和准备。

（2）与房产测绘部门对接：房产测绘主要进行房屋信息的测绘活动，将房产测绘成果共享给不动产权籍部门，权籍系统接收房屋测绘成果（房屋图形、楼盘表、分层分户图）进行数据入库、管理、维护，最后结合权籍调查成果进行不动产权籍落宗、宗地图输出等操作，完成不动产登记前的权籍调查。不动产登记部门根据权籍调查报告进行业务受理和审批。

（三）公安系统

从窗口工作来看，连接公安系统的人员信息库，当窗口身份证无磁无法读取信息时，可以调取该身份证公安系统信息。

公安部门通过对不动产统一登记信息的共享，也可以对特定人、对象的户籍住址与实际住址有较有清晰的了解与把握，从而提高社会治理和公共服务的效率与水平。从关系房屋征迁补偿安置的房产信息和人品信息两方面入手，不动产登记管理部门和公安部门信息共享后，对比被征迁人房产和人口信息；对于可能存在房产或者不动产信息未登记、误登记、骗取登记时，方便相关部门对提供的相关证明材料和可能已经享受拆迁安置房、房改房、集资房等福利性住房事实进一步核查工作。

（四）民政系统

不动产登记实行的是依申请登记原则，当事人购买不动产时，可以根据当事人的申请登记在夫妻双方名下，也可以登记在夫妻一方名下。在当事人一方处分不动产时，如果不动产仅登记在其一个人名下，则不需要提供另外一方同意的证明，因为出现一方擅自处分夫妻共有财产的，登记机关也无法查明，因此责任应当由当事人自行承担。为了防止夫妻一方擅自处分不动产的现象，当事人购买不动产时就应该将不动产登记到双方名下，如果购买时登记在一方名下的，应当尽快变更登记到双方名下。

（五）税务系统

现在和居民有关的房地产税，都是在交易环节，通过“先税后征”这个技术手段，即先完税，再过户，税务部门完成了征收，但是未来房地产税一旦开征，需要对保有环节的住房信息有准确掌握，是征收不动产税的重要基础。

（六）金融系统

金融机构与不动产登记部门对接，目前只有银行进行不动产登记情况查询。银行放款，需要查询不动产登记中权利人的抵押情况。银行查询不动产登记信息主要包含：权利人、不动产单元号、不动产登记证明、坐落、最高债权金额、债权期限、查封信息等。

针对余额等相关信息的查询，以及银行进行外网申报的事项，不动产登记中心与银行交互存在以下两个方面：不动产登记中心向银行提供共享信息，供银行进行查询，但只能查询在本银行抵押的不动产的抵押信息；不动产登记中心对银行连接专网提供外网抵押申报。

（七）教育系统

目前义务教育是按照学区划分，而老百姓需要向教育部门提供相应的有房无房查询。为了减轻查询窗口的工作压力，不动产登记部门与教育部门连接专网，提供查询接口，由教育部门根据身份证等信息查询并开具相关证明。对于不动产登记中心向教育部门共享相关登记信息，主要从登记簿中进行查询，对登记簿中的信息进行提取分享给相关部门。

（八）法院与检察院

法院在进行正式查封前，需要进行不动产相关信息的查询。为了方便法院，不动产登记部门与法院连接专线，法院根据坐落、权利人、权利人身份证进行信息查询，由法院确认是否查封或办理不动产协助执行。检察院是国家的法律监督机关，不动产登记部门进行信息共享，提供被监察人员基本产权信息。

（九）房产中介、开发商等社会机构

不动产登记中心日常窗口受理量较大，且开发商、中介机构进行批量受理，为了方便窗口工作人员的工作压力，提供外网申报功能。房产中介、开发商等社会机构可以共享查询不动产权证的真假、办理不动产权证时间节点，如什么时候可以取证、什么时间交税等，提高了效率，减少跑的流程。

四、结语

不动产登记数据在有关部门间依据国家保密法，依据保密合同，依法依规互通共享授权的数据。同时不动产登记数据共享并不是全部共享，而是根据各部门的需要进行共享。如规划部门在规划时用到地形图、权属、土地出让划拨情况等信息，而办理不动产的时间及过程节点不需要。

提供不动产登记信息依法公开查询，有利于提高政府行政效率，消除“信息孤岛”，将最大限度地整合资源，减少政府行政成本，进一步厘清政府与市场的关系，完善政府运行机制，发挥市场的积极作用。

农村宅基地和农房不动产统一调查问题分析

王艳梅　徐国保　王　练

（连云港市国土资源局徐圩分局）

摘　要　本文对农村宅基地和农房不动产统一调查过程中容易出现“一户多宅”、“权利人身份是否合法”、“面积超标”等问题，从国家的法律法规层面进行深入的分析，并对实际操作过程的做法进行说明，对以后开展农村宅基地和农房不动产统一调查有一定的参考作用。

关键词　宅基地使用权；“一户多宅”；权利人身份；面积超标

全面开展农村宅基地和集体建设用地使用权以及农村房屋所有权登记发证工作，是落实十八届三中全会决议中关于“赋予农民更多财产权利，保障农户宅基地用益物权，改革完善农村宅基地制度；建立城乡统一的建设用地市场，在符合规划和用途管制前提下，允许集体经营性建设用地实行与国有土地同等入市、同权同价”精神的重要内容；是实施国务院颁发的《不动产登记暂行条例》等法律法规，依法维护农民合法权益，促进农村社会秩序和谐稳定的重要措施；是深化农村改革，促进城乡统筹发展和完善农村产权制度的基础性工作。

开展农村宅基地和农房不动产统一调查工作的目标是，全面查清农村范围内包括宅基地、集体建设用地等每一宗土地的权属、位置、界址、面积、用途、地上房屋等建筑物、构筑物的基本情况，为农村集体土地确权登记发证工作提供基础资料，为实施不动产统一登记奠定基础。依据《地籍调查规程》等要求，以“权属合法、界址清楚、面积准确”为原则，重点完成农村范围内宅基地、集体建设用地的权属调查和地籍测量，同步开展地上房屋及其附属设施的调查工作，建立农村地籍调查数据库，并通过农村日常地籍调查、土地登记等工作，保持调查成果的现势性，满足国土资源管理及经济社会发展的需要。

连云港市灌云县已经进行了农村宅基地和农房不动产统一调查的试点工作，在试点调查和工作过程中主要有以下几个问题值得探讨：“一户多宅”问题、权利人身份是否合法问题、宅基地面积超标问题等

一、“一户多宅”问题

宅基地使用权具有福利性和无期限性。宅基地具有一定的福利性质，这种福利主要表现在农民能够廉价取得宅基地，获取基本的生活条件，从而享有最低限度的福利。因为提供了无期限的宅基地，农村居民享有了基本稳定的居住条件，客观上维护了农村生活的稳定。

《中华人民共和国土地管理法》第六十二条第四款规定明确了宅基地“一户一宅”的原则，但在《不动产登记暂行条例实施细则》第四十二条明确了宅基地使用权及房屋所有权会因继承、分家析产、集体经济组织内部互换房屋等原因可以发生转移，这样可能产生“一户多宅”情况，因此“一户多宅”在一定条件的情况下是符合国家的相关规定的，是可以进行登记发证的。

在进行合法的“一户多宅”进行登记时，当事人除了提交不动产权属证书或者权属文件，还应根据不同情况提交依法继承、分家析产协议、集体经济组织内部互换房屋协议等原材料；值得注意是，宅基地使用权及房屋所有权可在本集体经济组织成员之间转让，故法律行为导致的宅基地使用权及房屋所有权转让，当事人申请转移登记的，需提交受让人属于本集体经济组织成员的证明。

宅基地上的住宅及其附属设施一旦作为遗产被继承，宅基地使用权随之也被继承，无论继承人是否本农民集体成员，也无论作为本农民集体成员的继承人是否已经拥有宅基地，均应通过继承登记成为被继承的宅基地使用权主体。在申请继承登记时，应提交相应的证明材料。经审查合格后，不动产登记机构即应办理继承登记，尽管由此取得的宅基地使用权与通过首次登记取得的宅基地使用权在权能上没有差异，但前者是因继承房屋而取得的，房屋在此是宅基地使用权存续的依托，故房屋所有权一旦因房屋毁损灭失而消失的，宅基地使用权随着消失，农民集体有权收回宅基地。为了体现这种特性，根据《关于农村集体土地确权登记发证的若干意见》，登记机构应在登记簿和权属证书注记“该权利人为本农民集体原成员住宅的合法继承人”。

二、权利人身份是否合法问题

宅基地使用权的主体原则上限于农民集体成员，非本农民集体成员的主体被排除在外，这突显了权利主体的身份性。1988 年修订的《中华人民共和国土地管理法》第四十一条曾允许城镇非农业户口居民经过县级人民政府批准，参照国家建设征用土地的标准支付补偿费和安置补助费后，可使用集体所有的土地，结果出现了农村土地滥用的不良后果，1998 年修订的《中华人民共和国土地管理法》又废除了该规定。这一历程表明我国立法在宅基地使用权主体范围上曾经的犹豫，但审慎态度一目了然，最终排斥了城镇居民通过购买等有偿行为来取得宅基地使用权的可能，这一立场至今未变。根据 2011 年国土资源部、中央农村工作领导小组办公室、财政部、农业部《关于农村集体土地确权登记发证的若干意见》，城镇居民在农村购置宅基地、农民住宅或“小产权房”等违法用地，不得登记发证。

不过，主体的身份限定并非没有例外，宅基地使用权毕竟是农民集体处分自己所有权的结果，只要经过农民集体的同意，且符合相关规定，非本农民集体成员的农民能成为权利主体。《关于农村集体土地确权登记发证的若干意见》就指出，非本农民集体成员的农民因地质灾害防治、新农村建设、移民安置等集中迁建，在符合当地规划的前提下，经本农民集体大多数成员同意并经有权机关批准异地建房的，可以是宅基地使用权主体。此外，在宅基地上建造的住宅及其附属设施是权利主体的遗产，非本农民集体成员的农民或城镇居民只要有权继承这些遗产，就势必占用和使用宅基地，对此只有认定这些继承人为宅基地使用权主体才符合事实。再者，因历史原因，非农业户口居民（含华侨）原在农村合法取得的宅基地及房屋，房屋产权没有变化的，经该农民集体出具证明并公告无异议的，也是宅基地使用权主体。在办理登记时，不动产登记机构应在登记簿和权属证书注记“该权利人为非本农民集体成员”。

三、宅基地面积超标问题

《中华人民共和国土地管理法》第六十二条中明确规定“宅基地的面积不得超过省、自治区、直辖市规定的标准”，在确定宅基地面积时，《关于进一步完善农村宅基地管理制度切实维护农民权益的通知》指出，各地应结合本地资源状况，按照节约集约用地的原则，严格确定宅基地面积标准。

如果已经实际占有使用的老宅基地超过了省（区、市）规定的标准，根据《关于进一步加快宅基地使用权登记发证工作的通知》《关于农村集体土地确权登记发证的若干意见》，只要其他条件符合，不动产登记机构仍应受理，并根据不同情况办理登记：1982 年《村镇建房用地管理条例》实施前，农村村民使用宅基地建房，至今未翻建、改建、扩建的，其宅基地使用权和房屋所有权按现有实际使用面积进行登记；1982 年《村镇建房用地管理条例》实施起至 1987 年《中华人民共和国土地管理法》实施时止，村民占用的宅基地及房屋，房屋产权没有变化且改建、翻建符合要求的，宅基地超过 200 平方米部分按有关规定处理后，可以按实际使用面积进行登记；1987 年《中华人民共和国土地管理法》实施起至 1999 年《中华人民共和国土地管理法》修改实施时止，村民占用的宅基地及房屋，宅基地批准面积为 200 平方米，1999 年《中华人民共和国土地管理法》修改实施起，批准面积为 135 平方米，应按照实际批准面积进行登记。其面积超过的部分，可在不动产登记簿和证书记事栏内注明超过的面积，待以后分户建房或现有房屋拆迁、改建、翻建、政府依法实施规划重新建设时，按有关规定做出处理，并按照规定的面积标准重新进行登记。

开展农村宅基地和农房不动产统一调查，起着宅基地使用权总登记的作用，其目的在于准确地确认和宣示既有的宅基地使用权，补足未登记权利的登记根据，厘清已经登记权利的正当性和合法性。从连云港市灌云县试点经验来看，对未发证的宅基地使用权，先由申请人提出申请，相关单位进行确认对符合发证条件的进行公示、审批、登记和发证；对不符合条件的，只登记不发证。对已发证、但调查结果不满足本次使用权总登记发证要求的，由各方法定代表人或委托人现场指认和设置界标，重新登记发证，原土地证作废；已发证、调查结果满足本次使用权总登记发证要求的，利用原调查成果重新登记发证，原土地证公示作废。换言之，宅基地使用权已然实存但未登记的，确权登记的功能是确认权利，权利与登记的关系是前者先行、后者补充；宅基地使用权已经登记的，确权登记的功能是再进一步核实。通过确权登记，超面积违法用地、权属争议等问题不仅清楚地浮出水面，还能较好地得以解决，有助于宅基地使用权的明晰。不过，确权登记的作用并不完全在于上述回溯的权利确认和宣示，其所采用的确权标准同样适用于新取得的宅基地使用权，这又为设立权利的登记提供了根据和规范。

不动产统一登记过程中信息不一致问题的探讨

曹　敏

（连云港市不动产登记中心）

摘　要　本文对不动产统一登记过程中两证记载房地信息不一致，主要表现为房地权利人、用途、坐落、土地信息等事项，进行了剖析，并给出了相关建议。

关键词　不动产登记；信息不一致

在不动产统一登记过程中，面临的一个现实问题就是两证记载房地信息不一致，这些关于登记客体对象的不一致，主要集中在房地权利人、用途、坐落、土地信息等事项上，造成房地信息不统一的原因主要是由于机构、系统、各类不动产多年来因政策、程序等原因不一致造成的登记信息不一致，整合后如何进行房地信息统一，是我们目前迫切需要解决的问题。如果处理不好，既容易造成纠纷，也影响整个统一登记的进展和效果。

一、房、地权利人不一致问题

房地统一登记时首先遇到的问题就是申请人在办理房地转让、抵押时，所持的房屋所有权证中记载的房屋所有权人和土地使用权证中记载的土地使用权人不一致。

例如，张某持《房屋所有权证》和《土地使用权证》咨询如何在统一登记中办理抵押登记手续。登记机构发现其房屋所有权证记载的房屋所有权人虽然为张某，但土地使用证记载的土地使用权人却为李某，现在要向银行抵押贷款，按银行要求和市不动产统一登记的规定，须办理房地一体的抵押登记。经询问和调阅原来的房、地登记档案，发现该房土地使用证书最初均登记在王某名下，后来经历了两次转让，先是原房、地权利人王某将其卖给了李某，李某又出售给张某。两次转让只办了房屋转移登记，均未办理土地使用权登记。

造成该问题的原因是，当时由于房、地登记机构分设，土地使用证不是办理房屋转让登记手续的必备要件，因此房屋登记部门根据当事人的申请，依据相关合同在当事人缴纳房屋转让税费的情况下，为李某、张某两次办理了房屋登记手续，而土地使用证仍在王某的名下。

针对这类问题，在统一登记中，需要登记机构先要求王某将李某、张某找来共同申请土地登记转让手续，张某说时间太长久无法找到原权利人。对此笔者认为应做如下处理：一是本着“尊重历史、尊重事实”的原则，考虑到在房屋登记档案中，有王某、李某、张某三方的转移登记申请书和相关签字，按照《中华人民共和国城市房地产管理法》第三十二条“房地产转让、抵押时，房屋的所有权和该房屋占用范围内的土地使用权同时转让、抵押”的规定，张某凭房屋所有权证、身份证到产权档案室调档复印原始买卖合同即可办理土地转移登记后，再办理抵押登记手续。如土地用途为划拨的非住宅，张某凭房屋所有权证办理了土地登记手续同时必须补办土地出让手续，补缴土地出让金。土地性质由划拨变为出让，之后办理换证、抵押登记。这样既避免纠纷又简化程序。此外,在统一登记后,发生新的转让行为办理房地登记的,必须按规定补办土地出让手续后再办理房地登记手续。

二、房地用途不一致的问题

房地登记遇到的一个基本问题就是土地与房屋用途不一致的问题。例如,某企业要为建造的职工宿舍楼申请房屋所有权首次登记,持建设工程规划许可证、规划验收合格证明、经备案的竣工验收文件、国有土地使用证等申请材料前来办理。登记机构发现,企业要申请登记宿舍楼占用的土地用途是工业用地,而现申请登记的地上房屋其规划批准文件记载的设计用途为“宿舍”,房屋用途与土地使用证上记载的土地用途存在不一致。

针对此类问题,笔者认为基于当事人所持的土地出让合同、规划批准文件等均合法有效、符合登记规定的事实,从不动产登记是对合法既有的不动产权利状况记载、公示的原则出发,登记中心制定了原《关于规范房地产登记中房屋设计用途和土地用途填写等有关问题的通知》,规定“房屋竣工后,办理房地产初始登记时,土地用途按照土地初始设定登记证载用途填写。房屋设计用途按照《建设工程规划许可证》附件及附图等规划批准文件填写。房屋设计用途分为‘住宅’和‘非住宅’。规划批准文件明确整幢建筑为住宅,房屋设计用途按‘住宅’填写。属于与住宅相连的、专为本小区业主日常生活以及居住的服务配套用房,且规划批准文件未明确注明商业等其他用途的,亦按‘住宅’填写。规划批准文件明确注明用途为商业、办公等其他性质的房屋,房屋设计用途统一按‘非住宅’填写”。因此,登记机构按规定分别为申请人办理房地统一的首次登记,在新核发的不动产权证书的“用途”栏分别记载了房屋、土地用途,既保障了权利人合法权益,又延续了前期规划、供地管理,保证了管理的权威性和一致性。

三、房地坐落不一致问题

房地两证记载的坐落不一致主要表现在,某商品房开发企业在出售其开发的一套商品房给购房人李某后,持房屋所有权证、土地使用证向登记机构咨询相关登记政策。经深入了解,开发企业已经为该商品房项目分别办理了土地、房屋登记,但所持的房、地两证记载的坐落不一致,房屋所有权证上记载房屋坐落为“海州区青年路 35 号”,土地使用证上记载土地坐落为“海州区青年路以东、××道以南”。按照统一登记政策需要办理房地统一的转移登记手续,须实现房、地两证记载坐落信息的一致。

造成坐落不一致有其客观原因,主要是土地、房屋登记所处的管理阶段及依据不同。房地产开发企业新建、扩建、改建建设项目,在房产登记时,经过施工、竣工,办理房屋初始登记时,房屋坐落是根据产权单位向登记机构提供地名证明文件。但是,开发企业在取得土地使用权申请土地登记时却无法提供标准地名文件,造成了房、地登记时记载的坐落不同。此外,对于没有地名证明文件的,需要按统一标准使两证用途信息一致。

针对上述问题,本着“实事求是、有序衔接、便民利民”的原则,笔者认为登记机构应按照房、地两证记载的坐落不一致的,以街道办事处地名证明文件为准;对于无地名证明文件,且房、地两证记载的坐落不一致的,按照《房屋所有权证》的坐落记载的为准,对新取得土地的项目,在办理土地首次登记时,按用地批准文件记载坐落,项目竣工办理房地首次登记时,按标准地名文件记载坐落,使房地坐落实现一致。

四、房地信息不完善的问题

在办理不动产统一登记时，由于各种原因，有的只有房屋所有权证无土地使用证，有的只有土地使用证无房屋所有权证，要求办理“二证合一”的不动产权证书时，应根据不同的情况提出不同的解决办法。

（一）有房屋所有权证无土地使用权证

单位房改住房；单位自有划拨土地上经过规划和住房、建设部门批准建设的单位集资建房；经单位或上级主管部门同意后的，原来市、区政府所属的国有房地产开发企业在国有划拨土地上建设的住宅用地或审查认定的小区用地；这三种类型有房屋所有权证的属于个人登记办理“二证合一”的，可调出原来房屋所有权登记的资料确认，按现有房屋所有权权利申请人办理不动产权证书，土地使用权以划拨用地予以登记。对单位房屋和非住宅房屋转让，土地使用权必须按照不动产登记单元对应的土地面积补办用地手续。

市区个人自建住房办理不动产权登记的，调查原来房屋所有权登记的资料，如果能够提供规划部门的建房执照，按执照划定的面积和四至确定土地使用权范围，按照划拨土地直接办理不动产权登记；超出部分不予确权但在不动产权籍调查表和证书附记予以说明；用实线画出宗地确权面积，用虚线画出实际占用面积。提供不出规划建设执照等手续的，暂不办理。

（二）有土地使用证无房屋所有权证

调出原来土地使用权登记的资料，确定用地的合法性；由属地分局、所对该宗地开展权籍调查，确认地上物与土地使用权的关系的一致性。由登记中心测绘科统一安排，对房改房落宗的土地使用权宗地面积进行确认，计算登记单元的土地面积。

分局、所对权籍调查结果予以确认，认为无法确认土地使用权和地上物、构筑物权属关系一致性的，暂不予登记；对权籍调查结果确认没有权属矛盾的土地使用权和建筑物、构筑物所有权，应当依据规划部门批准的建筑执照面积和层数予以“房地合一”的不动产登记。没有规划部门批准的建筑但是确认没有权属矛盾的，只登记土地使用权，对地上物的情况在登记簿和不动产证书中附记说明。

论增强员工法治意识对不动产登记工作的重要意义

曹 建

（连云港市不动产登记中心）

摘 要 本文首先介绍了不动产登记部门员工应具备的法治意识，然后探讨了增强员工法治意识对不动产登记工作的重要意义，最后提出了增强员工法治意识的建议。

关键词 依法行政；不动产登记；法治意识

不动产登记部门的员工多是通过严格的考核审查才进入登记岗位的，整体素质都比较高，也具备基本的法治意识，但不可否认，仍然还有部分员工的法治意识比较淡薄，如果听之任之，长此以往，不仅会对个人，对整个不动产登记部门甚至政府形象都会产生不良的后果，因此，增强员工的法治意识是适应时代的潮流，势在必行。

一、不动产登记部门员工应具备的法治意识

所谓法治意识，是指人们对法律发自内心的认可、崇尚、遵守和服从；而不动产登记，是《中华人民共和国物权法》确立的一项物权制度，是指经权利人或利害关系人申请，由国家专职部门将有关不动产物权及其变动事项记载于不动产登记簿的事实，这里的国家专职部门就是指不动产登记部门。

不动产登记部门的职责有很多，最主要的有以下方面：

(1) 宣传贯彻实施《中华人民共和国物权法》、《不动产登记暂行条例》及国家、省关于不动产登记的法规、规章和政策，落实不动产统一登记管理制度、业务规范和工作流程。

(2) 负责不动产登记资料的收集、整理、分析、共享、汇交和管理工作，承担不动产登记信息管理基础平台的建设和日常维护，开展不动产登记成果应用与查询服务工作。

(3) 负责指导不动产权籍调查工作，组织各级不动产权籍数据库建设、更新、管理及维护工作。

(4) 承担不动产登记主管部门交办的不动产权属争议案件的调查、取证与调处工作。

从不动产登记部门的主要职责看来，作为不动产登记部门的员工所需具备的法治意识，除了对中华人民共和国的基本法律发自内心的认可、崇尚、遵守和服从外，还需着重加强对与不动产登记工作相关的法律如物权法、不动产登记暂行条例、保密法、行政诉讼法、行政复议法等的法治意识培养。

二、不动产登记部门员工具备这些法治意识的重要性

治理一个国家、一个社会，关键是立规矩、讲规矩、守规矩。法律是治国理政最大、最重要的规矩。依法行政是依法治国基本方略的重要内容，政府是依法行政的重要主体，作为政府的下设事业单位，不动产登记部门享有一定的公权力，而如何依法有效的行使党和人民赋

予的这些公权力，是每一个不动产登记部门员工需面临的问题。

不动产登记部门最基本的工作是进行不动产登记，因此，大多数不动产登记部门的员工每天最主要的服务对象就是老百姓，而在与这些服务对象接触的过程中，又会间接的与中介、开发商等产生联系。出于各种方面利益的原因，有些中介、开发商会对我们的不动产登记部门员工进行侵蚀，如果在这个侵蚀过程中，我们的登记部门员工个人廉政法治意识淡薄，意志不坚定，便会中了这些不良中介、开发商的圈套，走上邪门歪道，最终断送自己的前程。当然，除了这种被动侵蚀，也有个别员工由于经受不住利益的诱惑，会向服务对象主动索取，吃拿卡要，这种性质就显得更加恶劣，对于这种行为就不能说是法治意识淡薄，而要属于缺乏法治意识范畴了。

同样，假如我们的不动产登记部门员工由于对不动产登记的相关法律法规理解不透彻，在办理不动产登记过程中，对一些办证必要件的收取和审核拿捏不定，即使是出于方便群众的角度出发，却颁发出了错误证件，虽然可能当时没有立即产生不良后果，但殊不知，这种行为却无形之中损害了其他合法权利人的利益，更有甚者，是对国家资源的侵害。

无论是由于个人廉政方面的法治意识淡薄，还是关于业务方面的法治意识不足，表面上看来影响的都是我们不动产登记部门工作的员工自身，但其实，这些不良后果也同时影响着我们不动产登记部门的形象，会导致政府公信力的危机，使民众对公共权力产生质疑，甚至还会引发重大性的责任事故，不仅损害政府形象，也将严重破坏社会道德风气。

三、增强员工法治意识对不动产登记工作的意义

不动产登记部门的权力是党和人民赋予的，不动产登记部门的义务是全心全意为人民服务，如何为人民群众提供高效便捷的服务是不动产登记部门工作的重中之重。作为不动产登记部门的员工，要想运用好手中的公权力，首先就要从增强自身法治意识着手。增强员工法治意识，不仅对员工个人的发展，而且对整个单位的建设，都具有非常深远的意义。

首先，增强员工法治意识可以更好地保护员工自己。

当今社会，崇尚自由与个性，各种价值观念层出不穷。虽然，社会主义核心价值观作为主流价值观已经深入人心，但不可否认，还是有一些错误的价值观念影响着许多人，尤其是一些涉世未深的年轻新进员工。作为不动产登记部门的员工，在为人民服务的过程中，手里还掌握着一定的公权力，为“权钱交易”提供了可能，在面对诱惑的时候，我们登记部门的员工如果法治意识淡薄，就很有可能会被错误的价值观念所左右，一步错、步步错，最终走上违法犯罪的道路。但是，反过来说，如果在这个时候，我们能够不断地加强员工的法治意识培养，用法治意识武装他们，让“不敢腐、不能腐、不想腐”的意识长留心中，那么，就可以最大限度地避免他们误入歧途。悬崖勒马，犹时未晚，这其实也是对我们不动产登记部门员工的一种关爱与保护。

其次，增强员工法治意识可以更好地提高依法行政能力。

为提高不动产登记部门的依法行政能力，首先要求的就是要员工知法、懂法、守法，在为人民服务的过程中时刻谨记“有法可依，有法必依，执法必严，违法必究”的十六字方针。在不动产登记过程中，与不动产登记工作联系最紧密、涉及最多的法律法规就是物权法和不动产登记暂行条例等，这就要求我们的不动产登记部门员工在工作的时候除了要熟悉业务流程，更要熟练掌握这些法律法规，只有这方面的法治意识健全、加强了，才能够按照“负面清

单"规定，真正做到"法无授权不可为"，从而，才能更好地推进不动产登记部门依法行政的工作进程。

最后，增强员工法治意识可以更好地维护单位公信力。

意识形态建设是当下许多机关、企事业单位非常重视的一项党建工作，而作为意识形态的一个组成部分，法治意识又显得格外重要。不动产登记部门作为政府的下设事业单位，是代表了政府在为人民服务。而作为不动产登记部门的员工，从一定程度上讲，又是代表了政府的形象。只有我们员工的法治意识增强了，才会在社会上少一些负面新闻；只有我们员工的法治意识增强了，才会在为人民服务的过程中少出纰漏。只有做到这样，才能让不动产登记部门在人民群众心中的公信力不断加强，才能让人民群众更加相信政府、拥护政府。

四、对增强员工法治意识的建议

法治意识的形成不是一蹴而就的，而是一个系统性的过程，增强员工的法治意识是一个长期而漫长的工作。

第一，要培养我们不动产登记部门员工有依法办事的思想观念，只有心中时刻对法律常怀敬畏之心，才会在工作过程中凡事用法律的标尺来衡量自己的行为，告诫自己什么可以做，什么不可以做。

第二，要培养我们不动产登记部门员工宪法和法律具有最高权威的观念。树立法律权威即尊重宪法和法律的权威。任何个人和机关、组织都不具有超越于法律之上的权力，都必须依法办事，坚决反对"权大于法"，"人情大于法"的法律虚无主义观念。

第三，要不断加强我们不动产登记部门员工对于相关法律法规的学习，只有真正掌握了法律法规的内容，才能更好地去运用法律去为人民群众提供更加优质的服务。

第四，不动产登记部门要制订系统的培养计划。要增强员工的法治意识，不是开个会就可以解决的事情，单位最好制订系统的培养计划，包括培养的目标、负责的部门、开展什么样的活动、通过什么方式来考察，等等。

五、结语

在全面推进依法治国的大背景之下，法治意识已然逐渐成为人们必备的基本意识形态。增强不动产登记部门员工的法治意识，无论是对员工个人的发展，还是对不动产登记部门的建设都是一件具有重大意义的事情。增强员工法治意识已经不是可有可无的工作，而是需要一项常抓常新的工作，不动产登记部门要在深刻认识增加员工法治意识重要性的基础上，根据当前员工法治意识方面存在的问题，对症下药，逐一化解。只有不断增强员工的法治意识，才能更好地为人民提供更加优质的服务，才能让不动产登记工作更好地开展下去。

论实质性审查方式在不动产继承登记中的重要性

许存培　盛　军

（连云港市不动产登记中心）

摘　要　近年来，我国社会经济快速发展，不动产交易数量逐渐上升，通过不动产登记能够明确不动产的产权，从而提高不动产拥有者的法律效力。由于我国不动产登记的相关法律、法规还不健全，继承不强制公证，将会使得一些人有机可乘，增加了不动产的物权变化的风险。因此在今后的发展中，我国应该对不动产继承登记采取实质性审查的方式，监督当事人的行为，减少产权变动和登记时的违法行为，以维护我国法律权威。本文通过对不动产继承登记采取实质性审查方式的可行性方面的分析，从而实现我国不动产继承登记与实质性审查方式的完美结合。

关键词　不动产继承登记；实质性审查方式；可行性分析

2016年1月1日正式实施的《不动产登记暂行条例实施细则》（以下简称《细则》）第十四条规定，因继承受遗赠取得不动产，当事人申请登记的，应当提交死亡证明材料、遗嘱或者全部法定继承人关于不动产分配的协议以及被继承人的亲属关系材料等。也可以提交经公证的材料或者生效法律文书。同年7月5日，司法部发布关于废止《司法部、建设部关于房产登记管理中加强公证的联合通知》的通知。该通知中曾明确规定继承房产、为处分房产而设立的遗嘱、接受赠与房产、涉外和涉港澳台的房产所有权转移等四种情形必须进行公证。而该通知的废止表明上述四种情形将不再进行强制性公证。这一规定和通知摒弃了原有办理不动产继承登记时非公证继承即法院继承的二选一的要件模式，解决了公证难、收费高的问题，可以简化手续、便民利民。但由于我国不动产登记的相关法律、法规还不健全，继承不强制公证，将会使得一些人有机可乘，增加了不动产继承登记的风险性。因此，实质性审查在不动产继承登记中显得尤为重要。

一、不动产登记实质性审查方式的概述

不动产登记审查方式是不动产登记制度的核心内容之一。登记的审查方式对不动产登记的公信力、登记的效率以及登记错误的责任承担等均有重要影响。而目前我国相关法律法规并未对不动产登记的审查方式做出明确规定，这就导致各地的不动产登记机构对登记的审查标准的把握摇摆不定，各有分歧。实践中登记审查方式多样，如深圳采取“窗口处理加形式审查”；湖北省采取实质审查方式；广西则是处于实质审查与形式审查的中间状态。当然，各地不动产登记部门常常以形式审查和实质审查两类方式为主，其中形式审查是指仅对提交的材料进行程序上的审查，而不根据实体法审查其合法审查；实质审查是指不仅对提交的材料进行程序上的审查，而且还要根据实体去审查其合法性和真实性。两种审查方式都在确立基本审查制度的基础上建立了相关的弥补措施，使不动产登记既能保护登记的公示公信效力，又能保障当事人交易登记的安全，促进不动产交易登记市场的正常发展。而针

对不动产继承登记业务办理，笔者认为实质性审查尤为重要。

二、新形势下不动产继承登记的难点

去年对继承登记已取消强制性公证，加之权利人为节省成本，众多继承登记业务不再进行公证，这给遗嘱继承和法定继承登记带来很大难度和挑战。

（一）全部法定继承人确定难

根据《细则》第十四条的要求，不管原产权人是否留有遗嘱，如没有提供继承权公证书或者人民法院生效法律文书来证明继承权归属的，均需要全部法定继承人来确认其效力。而一旦进入法定继承，全部法定继承人的确定既是办理不动产登记的重中之重又是一个十分复杂的问题。《中华人民共和国继承法》第十条规定，继承顺序有：第一顺序——配偶、子女、父母；第二顺序——兄弟姐妹、祖父母、外祖父母；享有继承权的子女，包括婚生子女、非婚生子女、养子女和有扶养关系的继子女；父母，包括生父母、养父母和有扶养关系的继父母；兄弟姐妹，包括同父母的兄弟姐妹、同父异母或者同母异父的兄弟姐妹、养兄弟姐妹、有扶养关系的继兄弟姐妹。这就要求当事者弄清楚，第一顺序继承人到底有几个？有没有养父母？有没有养子女？父母是否是二婚？有没有非婚生子女……需要判断的东西很多，全部法定继承人确定的难度较大。

（二）当事人搜集材料取证难

继承权公证至少要产生两笔额外费用，即公证费和房屋评估费。根据公证费的收费标准得出，一套 100 万的房子，仅公证费就要超过 1 万元。加之 2016 年继承强制性公证的取消，当事人将有更多选择权。为了节省成本，当事人更愿意在全部继承人之间协商一致的情况下，自行到不动产登记机构申请房屋过户登记，即“协商继承”。但不动产登记机构不具有调查核实的能力，这就要求当事人承担起自己搜集材料的责任，包括死亡证明、亲属关系证明、婚姻状况证明、抚养关系等与继承相关的一系列证明。而对继承登记较为重要的死亡、婚姻状况等相关证明，对应职能的公安机关和民政部门已不再开具此类证明。加之当前社会流动速度加快，因求学、婚姻、工作等原因个人档案不断流转，有些部门不一定配合出具证明，这就给当事人搜集材料取证增加了难度。

（三）不动产登记机构调查核实难

依据《不动产登记暂行条例》第十八条与《细则》第十五条，我国不动产登记机构在审核阶段需要履行的职责包括三部分，即“查验、查看与调查”。具体来说就是：① 对任何类型的不动产登记申请，登记机构都应当对不动产登记申请资料进行查验；② 对于某些特殊类型的不动产登记申请，登记机构应当进行实地查看；③ 对于可能存在权属争议，或者可能涉及他人利害关系的登记申请，登记机构应当进行公告和调查。也就意味着不动产工作人员要像以前公证人员办理继承公证时一样，对被继承人的婚姻、家庭关系逐一核实，这一工作量大而繁重。加之不动产登记机构审核能力受限，登记机关为减少不动产继承登记误差的赔偿责任的承担，给调查核实带来难度。

三、不动产继承登记采用实质审查的可行性分析

虽然当前不动产继承登记遇到了各种各样的问题，但笔者认为，只要不动产登记机构改变思路，采用实质性审查的方式，专辟不动产继承登记程序，与公证机关等相关部门密切配

合，还是有解决途径的。

（一）不动产继承登记实质性审查的内容

1. 死亡证明的实质性审查

根据2014年国家卫计委、公安部、民政部《关于进一步规范人口死亡医学证明和信息登记证明管理工作的通知》，自2014年1月1日起，经救治死亡或者正常死亡的，由各地区卫生机构使用全国统一制定的新版《居民死亡医学证明（推断）书》，未经救治的非正常死亡的由公安部门按程序办理。所以，在不动产登记中具有法律有效的死亡证明应该有以下三种：医疗卫生机构出具的死亡证明，公安部门的死亡证明，法院依法做出的宣告死亡判决书。

2. 亲属关系证明的实质性审查

根据《细则》第十四条的要求，不管原产权人是否留有遗嘱，如没有提供继承权公证书或者人民法院生效法律文书来证明继承权归属的，均需要全部法定继承人来确认其效力。因此，对于全体法定继承人的认定，就成为了办理继承不动产登记的重中之重。

《不动产登记操作规范（试行）》第十条明确规定，所有继承人或受遗赠人与被继承人或遗赠人之间的亲属关系证明 ，包括户口簿、婚姻证明、收养证明、出生医学证明，公安机关以及村委会、居委会、被继承人或继承人单位出具的证明材料，其他能够证明相关亲属关系的材料等。

2015年8月，公安部微博公布的不出具的18种证明中明确，亲属关系证明不属于公安职权范围，应该属于公证职能，因为现实中存在大量家庭成员不在一个户籍中的情形。中国公证协会《办理继承公证的指导意见》第三条中明确说明，本条所述“亲属关系证明”，是指被继承人或者继承人档案所在单位的人事部门出具的证明继承人与被继承人之间具有亲属关系的证明；基层人民政府出具的证明继承人与被继承人之间具有亲属关系的证明；公安机关出具的证明继承人与被继承人之间具有亲属关系的证明；能够证明相关亲属关系的婚姻登记证明、收养登记证明、出生医学证明和公证书。

3. 遗嘱的实质性审查

《细则》第十四条明确规定遗嘱可以作为登记申请的依据，但是，如果当事人仅仅提供一份遗嘱就要求不动产继承登记，登记机构不应该草率地加以认定，即使该遗嘱已经过公证，也不能大意。

因为我国对于遗嘱的规定十分复杂，在效力上遗嘱继承优先法定继承，但劣后于遗嘱抚养协议。在形式上，遗嘱可分为公证遗嘱、自书遗嘱、代书遗嘱、录音遗嘱、口头遗嘱。而且，我国法律赋予公民随时撤销、改变自己遗嘱，乃至订立多个遗嘱的权利，所以要弄明白真正的遗嘱内容，仅凭申请人提供的一份遗嘱材料，是难以得出可靠的结论的。

（二）不动产继承登记实质性审查的程序

1. 预审

在不动产登记申请环节，登记部门对申请人提交的继承（受遗赠）材料进行前置性审查，认真审查提交的申请材料是否齐全，是否符合法定形式。对未提供被继承人（遗赠人）全部遗赠或者遗赠抚养协议或与配偶有夫妻财产约定的，由申请人提供书面材料明确原因。影响权利转移因素的权利人陪同申请人到现场签署相关文件的，应留存影像资料。

2. 查验

由不动产登记机构人员（不少于两名，且与继承人、受遗赠人不存在利害关系），在不动产所在地的登记机构，组织全部法定继承人或受遗赠人按照规定的时间共同到达现场进行查验。

工作人员应向到场的继承人（受遗赠人）明确查验目的与要求，要求其如实告知相关情况，不得隐瞒或者提供虚假证明文件，否则需承担相应的法律责任，对于不理解的问题要及时提出以便解释，然后做好问询记录，所有提交的资料是否真实按照《询问记录表》进一步询问并做好记录，由被询问人和询问人签字确认，同时进行录音、拍照留存。

3. 审核

登记部门认为需要进一步核实情况的可以发函给出具证明材料的单位、被继承人（遗赠人）原所在单位或居住地的居委会、村委会核实相关情况，必要时可以前往相关单位进行查询或调查。

4. 公示

对拟登记的不动产登记事项在不动产登记机构的门户网站进行公示。公示期间，当事人对公示有异议的，应当在公示期限内以书面形式并提供相关证明材料到不动产登记机构提出异议。

关于继承不动产登记还有很多亟须解决的问题，立法部门在下一步立法进程中应对相关具体操作予以明确，并加强与公安、民政、法院等部门的沟通和协调，建立数据平台，方便登记机构核查相关信息，同时，建立不动产登记赔偿基金制度或者设立责任保险制度。只有这样，才能既解决老百姓的办证难问题，又解除登记人员的后顾之忧，真正达成依法行政高效便民的目标。

智慧城市背景下不动产登记现状与展望

谢宏全[1]　葛鲁勇[2]
（1. 淮海工学院测绘与海洋信息学院；
2. 江苏万源测绘地理信息有限公司）

摘　要　目前不动产登记工作已经全面开始，但是由于多种原因全国发展不太均衡。本文在不动产登记现状分析的基础上，结合我国智慧城市建设进展，提出了不动产登记存在的主要技术问题，最后分析了在智慧城市背景下不动产登记未来发展趋势。

关键词　智慧城市；不动产登记；现状；展望

一、不动产登记进展

我国不动产管理发展主要有四个阶段：第一阶段是新中国成立至 1955 年，社会主义公有制不动产管理建立阶段；第二阶段是 1956～1978 年，不动产管理全面建设探索阶段；第三阶段是 1979～2006 年，不动产制度全面改革阶段；第四阶段是 2007 年至今，不动产统一登记启动阶段。

（一）不动产统一登记制度建立的背景

2013 年 11 月，国务院常务会议决定由国土资源部负责指导监督全国不动产统一登记工作。2014 年 3 月，明确要用三年左右时间全面实施不动产统一登记制度。2014 年 5 月，经中央编办批复，在国土资源部地籍司加挂成立不动产登记局，将不动产登记职责统一到一个部门，实行"一站式"服务。2014 年 11 月 28 日，中央编办批复同意中国土地矿产法律事务中心更名为国土资源部不动产登记中心。同时，各地方政府也成立了不动产登记主管部门，并开展相关工作。国务院总理李克强签署第 656 号国务院令，公布《不动产登记暂行条例》自 2015 年 3 月 1 日起施行。

（二）建立不动产统一登记制度的必要性

目前，我国不动产登记由多个部门负责管理。现阶段不动产登记部门很多，均是独立部门，部门之间信息不能共享，信息不畅通，工作存在推诿现象。

不实行不动产统一登记的弊端为：分散、繁多、不均、孤岛。实行不动产统一登记后，对应体现出四点优点：① 合成。告别过去"土地"和"房屋"两张皮分离的局面，采取"房地合一"的模式。② 统一。统一登记机构、统一登记依据、统一登记簿证、统一登记信息平台。③ 一站。不动产登记部门通过提供"一站式"服务，方便群众申请登记，保护权利人合法权益。④ 公开查询。建立不动产登记信息依法公开查询系统，保障不动产交易安全。

（三）实施不动产登记制度的意义

实施不动产登记制度的意义主要体现在：第一，有助于维护不动产权利人的合法财产权。通过对不动产进行登记，切实保障了公民在不动产交易过程中的安全性，减少欺诈等行为。第二，不动产登记制度在客观上还具有反腐倡廉的作用，该特点也是颇受广大群众重视的。第三，建立不动产登记制度，有助于政府清楚掌握我国房地产市场现状，从而为房地产业制定宏观调控政策提供参照依据。

（四）不动产登记体系建立阶段性节点

2014 年建立统一登记的基础性制度；2015 年推进统一登记制度的实施过渡；2015 年下半年各地完成信息平台上线试运行；2015 年年底以前完成不动产机构整合；2016 年全面实施统一登记制度，基本完成各级不动产登记数据整合建库；2017 年基本建成覆盖全国的不动产登记信息平台；2018 年前，不动产登记信息管理基础平台投入运行，不动产统一登记体系基本形成。

二、智慧城市建设进展

（一）智慧城市的提出

2009 年 2 月，IBM 在北京发布了“智慧的城市在中国的突破”的战略，智慧城市的理念引起了社会的普遍关注。IBM 认为智慧城市是运用信息和通信技术手段感测、分析、整合城市运行核心系统的各项关键信息，从而对包括民生、环境、公共安全、城市服务、工商业活动等在内的各种需求做出智能响应。智慧城市实质上就是以信息技术为支撑，通过透明、充分的信息获取，广泛、安全的信息传递，有效、科学的信息利用，提高城市运行和管理效率，改善城市公共服务水平，形成低碳城市生态圈，构建城市发展的新形态。

（二）试点城市建设

2014 年智慧城市建设正式进入顶层统筹期，国家发改委等八部委联合下发《关于促进智慧城市健康发展的指导意见》，并于 2015 年 2 月建立了由 26 个部门和单位组成的“促进智慧城市健康发展部际协调工作组”，正式开始了全国智慧城市统筹落地，2015 年必将是智慧城市统筹建设的“落地期”、全面建设的“黄金期”。

目前，全国 95％ 的副省级以上城市，超过 76％ 的地级城市，在政府工作报告中提出或正在建设智慧城市。近年来国家出台了一系列关于智慧城市的政策规划，有效地对全国智慧城市的建设起到指导作用。

住房和城乡建设部在 2013 年和 2015 年分别公布了 3 批智慧城市试点城市，总数达到 277 个，其中省会城市有 10 个，占比为 3.6％，地级市有 96 个，占比为 34.7％，县级市有 81 个，占比为 29.2％，区、乡镇有 90 个，占比为 32. 5％。

智慧城市的未来趋势主要有：云计算大数据中心逐步成为智慧城市基础信息平台，大数据成为城市运营与管理的新资源，民生云、互联网经济将改变智慧城市应用结构，互联网、物联网产业将成为主导产业。

三、智慧城市背景下不动产登记存在的问题

当前我国不动产登记制度存在的主要问题包括不动产登记相关法律杂乱、机构整合力度需进一步加强、不动产登记制度的公信力不足、技术标准不统一等，从技术角度存在的主要问题如下：

（一）技术标准不统一，信息统一难实现

伴随着《不动产登记暂行条例》的颁布和正式施行，党中央和国务院均明确提出要建立

不动产统一登记制度，要实现不动产登记机构、登记簿册、登记依据以及信息平台的“四统一”，并对不动产统一登记的操作规范、信息平台建设以及权籍调查做出了规范，但是很多地方的物权登记机构却没有严格按照“四统一”的规范登记不动产权，而是根据自身的实际情况开展不动产登记工作，导致党中央和国务院制定的这些规范无法顺利得到执行，数据无法兼容，不动产在统一登记后，还需要对数据做出重新整理，增加了工作量。因此，需要从制度上进行完善和落实。

（二）现有基础地籍信息不够完备准确

在第二次全国土地调查数据库中，存在很多现存数据与现实情况不符的情况。例如，部分房屋在二调其间翻建拆除后，并未立即改建而是临时种上作物，所以二调数据库里该地块是耕地，实际则是宅基地。该地块如有登记需求，因其与调查数据不符所以无法发证。错误数据的存在为登记工作增添了困扰，也不利于保护问题地块权利人的合法权益。

权籍系统内的基础地理信息并非是实时更新的，是历年测绘的成果，这将造成系统内的地形、地貌与实际不相符。

（三）权籍系统软件与数据提供软件之间兼容性较差

目前权籍系统软件是专业性较强、多功能的数据库管理系统，而目前的数据多是采用CASS软件成图。

权籍系统可以直接接收CASS数据，即直接完成CASS图件到数据库的转换，可以方便简单地完成数据库建立过程，但本款权籍系统软件的该项功能并不完善，部分地形、地貌要素并不能很好地在数据库显示或者部分数据在转换过程中遗失，造成数据的不完整。另外，权籍系统宗地图制作方面存在一定缺陷，例如：生成的宗地图图面符号化不完整，部分地籍要素符号不能生成；不能读取界址线反算边长；系统内地形要素表示符号不统一；等等。

另外，在系统内的地理信息主要以二维形式呈现，随着三维信息采集技术的快速发展，三维信息的技术需求在增强。

（四）智慧城市建设衔接上参差不齐

对于智慧城市建设已经开始的城市，不动产登记管理是智慧城市的重要内容，应该在统一规划的前提下进行建设。在这方面城市之间存在一定的差异性。

而对于智慧城市建设还没有开始的城市，顶层规划时必须全面考虑，将不动产登记管理纳入建设范围。

四、智慧城市背景下不动产登记的发展趋势

（一）相关法律法规逐步完善，统一测量工作准则

在国家统一使用2000国家大地坐标系的今天，房产测绘部门还在沿用1985国家大地坐标系，部分城市仍采用自己建立的城市独立坐标系，高程系统也不统一，导致同一个不动产单元在地籍部门和房产部门有着两套坐标值和高程值。只有有法可依，有统一测量的准则，房屋信息才能互联互通。当测绘数据相互统一整合后，不动产统一登记的工作才能顺利开展。所以，制定关于不动产统一登记测绘方面的法律法规并统一工作准则十分必要。

加快制订不动产统一登记标准体系及技术规程工作。地方迫切希望统一相关标准及技术规程，避免数据不兼容、重复工作的情况出现。为此，加快建立统一的不动产登记标准体系及技术规程体系，指导地方开展不动产统一登记工作，避免各部门登记的数据无法兼容，

人为提高行政成本，造成资源浪费。

（二）不动产登记"一张图"

目前全国国土资源"一张图"已基本建设完成，不动产统一登记信息平台建设作为"十三五"国土资源信息化工作的统领，是不动产登记各项制度落实和信息共享查询的基础。

不动产登记"一张图"是以不动产单元为基础，以各类不动产调查、登记数据为核心，以综合监管和信息共享服务为目标，系统整合各类不动产资源，为土地、房产等各类不动产调查、审批、登记、监管、服务提供数据支撑的地理空间平台。"一张图"具有以下特点：① 以地籍数据为根基；② 大数据与数据保密性；③ 不动产登记"一张图"是张立体图；④ 服务四类用户，面向智慧城市的发展。

当前，智慧城市是我国城市发展及信息化建设的热点。城市建设是城市发展的最核心流程，也是城市空间结构变化的动因。不动产登记是城市建设项目管理的最后一个环节，其向上衔接城市规划建设流程，向下衔接城市运行管理流程。因此不动产登记是智慧城市建设的重要组成部分，基于不动产"一张图"可以进一步推进智慧城市建设。

（三）不动产登记信息平台多元化

拥有海量数据，这是实行不动产统一登记以后的一个最大优势。未来，不动产登记信息平台或将是一个多元化的平台，在做好不动产登记信息平台保密和安全的前提下，它不仅可以提供更多的数据共享，还可以衍生出更多的实用功能，为群众和企业提供更便捷高效的服务。

通过不动产登记信息与时空云平台的对接共享，建立"一站式"查询与共享配套服务，可以实现税务的动态管理、教育学区查询核实、法院点对点查封、与住建部门共享不动产登记信息数据，等等。

建立统一的地理信息系统给不动产统一登记建立了优势平台，通过这个平台能实时反馈数据更新，提供不动产信息数据。

（四）全景真三维影像应用于不动产登记

目前，不动产登记统一平台缺乏有效的空间载体、精确定位并管理不同种类的海量数据资料。特别是城市内部近年不断地向规模化、立体化发展，大量的高层建筑使得不动产权属空间分布复杂，如果利用传统基于二维地图的 GIS 系统进行管理，将导致大量的权属重叠、信息冗余，难以进行精细化、准确化的空间信息管理。不动产登记统一平台需要一个真实的三维环境，对其中承载的海量数据进行精确定位，提升信息表现力，满足现代城市信息化发展的要求。

全景真三维影像主要是基于机载多角度倾斜摄影和激光雷达扫描技术的真三维数据快速构建技术。全景真三维影像具有真实性强、精度高、快速生产的特点，非常适合作为统一的空间载体，支撑不动产登记海量业务数据，甚至能够打通各行业基础平台间的信息壁垒，最大限度地整合分散在不同部门的信息，减少数据重复采集工作量，促进政府机构改革和职能转变。

基于全景真三维影像搭建不动产登记统一平台，能够保证空间位置的真实性、准确性，实现信息精细化管理，大大提升了具体业务中的工作效率，同时降低办公成本。基于数据较高的高程精度，真三维技术主要对分层分户的房产登记有较大作用，实现登记信息查询及分析。

简述连云港市连云区不动产海域使用权登记流程

张　莉

（江苏万源测绘地理信息有限公司）

摘　要　本文基于连云区海域使用权登记的工作经验，主要从登记流程及办理过程中遇到的几点问题做主要阐述。

关键词　登记流程；海籍调查表；坐标转换；注意事项

一、引言

2016年5月16日，连云港市在全市范围内实现不动产统一登记全面覆盖，海域使用权登记工作也随即展开。不动产登记中心多次开展调研工作，协调同海洋与渔业局的职能范畴。同时，从法律依据、系统流程、数据转换等关键环节入手，依托不动产权籍调查及登记业务管理系统平台，增设了海域使用权的登记业务，将海域使用权登记纳入不动产统一登记系统中，实现了不动产登记与海域管理的有效衔接。本文阐述了连云区海域使用权从海域主管部门的申请审批，到不动产登记发证的整个流程，以及办理过程中遇到的问题及解决方案。

二、海域使用权登记

海域使用权，是指民事主体基于县级以上人民政府海洋行政主管部门的批准，由不动产登记中心颁发不动产海域使用权证书，依法在一定期限内使用一定海域的权利。

海域在物理特征上是一个由水面、水体、海床和底土组成的立体空间，与土地相比还有很大差异。但从法律性质上讲，海域物权制度与土地物权制度大体相同，海域使用权与土地使用权一样也是一种重要的用益物权，海域使用权期限届满后被使用海域可以收回。也就是说，该海域使用权到期后，海域并没有被拿走或消耗掉，它依然存在。在海域使用权有效期内，权利人可以使用、收益、转让等。因此，衍生出不动产海域使用权的首次登记、变更登记、转移登记、抵押权登记及注销登记。

《海域使用权登记办法》采用分级登记的做法，该办法第五条规定，海域使用权按照审批权限实行分级登记，国务院批准的项目用海，由国家海洋局登记造册；县级以上地方政府批准的项目用海，由批准用海的地方政府登记造册，同级海洋主管部门负责具体登记工作。不动产统一登记后，上述规定不再适用，即在审批权限不变的情况下，登记与审批权限不再对应，海域使用权的申请人需要向海洋与渔业局申请审批，通过批准后，向不动产登记中心申请登记发证。

三、连云区海域使用权登记流程

（1）海域使用权的申请人提供资质证明、项目名称、用海位置及面积等填写海域使用申请书，经海域所在管辖的街道办事处初审通过后，向海洋与渔业局申请使用海域范围的批准。

(2) 海洋与渔业局审批用海资料，同意后登记造册并发放批准文件，通知用海人限期内到海洋与渔业局缴纳海域使用金。

(3) 海域使用权的申请人提供资质证明、海域使用权登记告知单、宗海位置图、界址图及界址点80坐标表等材料，向不动产登记中心申请用海范围做入权籍调查管理系统。工作人员完成宗海入库工作后，提供用海人不动产单元号及海籍调查表，申请人提供的相关材料一并退回。

(4) 海域使用权的申请人提供资质证明、用海批复、海域使用权登记告知单、海域使用金缴纳发票、海籍调查表、宗海位置图、界址图及界址点80坐标表等材料，向不动产登记中心申请预审受理。

(5) 工作人员审核受理材料，通过后向用海人发放不动产权证书。

四、海域使用权登记过程中的几点问题

(一) 根据用海资料填写海籍调查表

(1) 宗海代码及不动产单元号的编写：需要将宗海先做入权籍系统，待系统自动生成代码后再进行填写。宗地代码可不编写地籍区及地籍子区代码。

(2) 项目名称：为了保证与海洋与渔业局审批材料的一致性，项目名称由海洋与渔业局在提供的告知单上注明，海籍调查表与其保持一致。

(3) 项目性质：连云区批准的项目性质多为经营性。

(4) 用海类型：根据2008年国家海洋局《海域使用分类体系》，依使用类型可将海域分为渔业用海、工业用海、交通运输用海、旅游娱乐用海、海底工程用海、排污倾倒用海、造地工程用海、特殊用海、其他用海。连云区批准的海域使用权多为渔业用海中的开放式养殖用海。

(5) 使用期限：自海洋与渔业局发放批准文件的时间起算。

(6) 使用金缴纳方式：根据连云区海洋与渔业局沿用方式，海域使用金实行两种缴纳方式，一次性缴纳和逐年缴纳。逐年缴纳方式适用于用海期限两年及两年以上。

(7) 宗海内如建有构筑物和建筑物办理不动产登记手续，需附录构(建)筑物调查表及相关材料。

(二) 海域数据在权籍系统入库的坐标转换

由于管理方式和历史沿革原因，海域审批与不动产登记工作中在海域使用权坐标系统设置、出图规则等环节存在诸多差异。用海审批阶段的海域测绘成果需要进行坐标转换，提供海籍调查表等材料后，数据方可做入不动产权籍调查管理系统。

坐标转换过程中由于每个测绘单位掌握的技术和参数标准不尽相同，对于转换之后的坐标误差大小也参差不齐，导致入库面积与审批面积不一致。为保证一致性，现在实行的方法是要求登记面积与审批面积一致，权籍库内宗海面积可以不一样，但需控制在一定的误差范围内。不动产权证书中的宗海位置图和界址图沿用之前的图式标准，不再由权籍库内重新输出图形。

不动产登记正式实行之前，海洋与渔业局发放的海域使用权坐标系统中存在多种参考

系统,如:WGS-84 系统、北京 54 系统等。同时使用的坐标形式也不尽相同,有采用地理坐标形式,也有采用投影坐标形式。不动产登记中心的权籍调查管理系统采用的是西安 80 投影坐标系统,中央经线为 119°15′。因此,将海洋与渔业局的用海范围数据做入不动产权籍系统必须进行坐标转换,由于坐标系采用的椭球参考不一致,可以通过两个坐标系统下的公共控制点求解转换参数进行转换。转换参数直接影响到转换点的精度,而转换参数与公共点的分布和精度有关。

现阶段海洋与渔业局的测量数据主要使用 WGS-84 地理坐标形式,将其转换成权籍系统接收的西安 80 投影坐标系统。参考方法如下:

首先,将 WGS-84 经纬度通过高斯正算方法得到其投影坐标,见图 1。

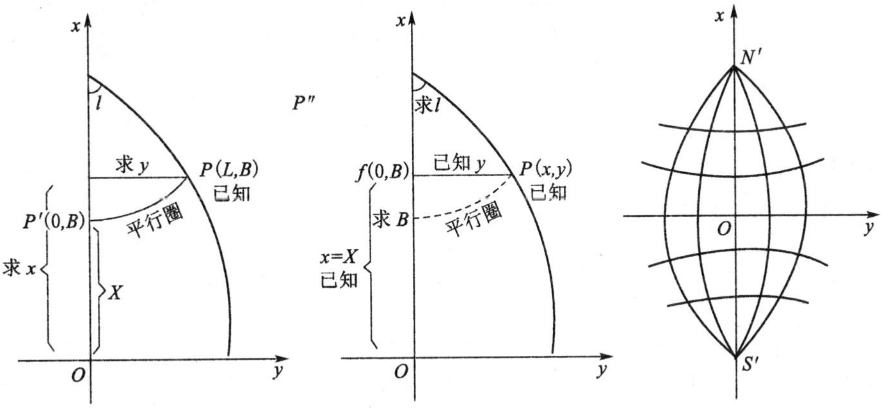

图 1　高斯正算几何解释

高斯正算公式如下:

$$x=X+\frac{N}{2\rho''^2}\sin B\cos B\cdot l''^2+\frac{N}{24\rho''^4}\sin B\cos^3 B(5-t^2+9\eta^2+4\eta^4)l''^4+$$

$$\frac{N}{720\rho''^6}\sin B\cos^5 B(61-58t^2+t^4)l''^6$$

$$y=\frac{N}{\rho''}\cos B\cdot l''+\frac{N}{6\rho''^3}\cos^3 B(1-t^2+\eta^2)l''^3+$$

$$\frac{N}{120\rho''^5}\cos^5 B(5-18t^2+t^4+14\eta^2-58\eta^2t^2)l''^5$$

其次,通过已知的公共点转换为西安 80 系统坐标投影形式(中央经线为 119°15′)。常用的方法有布尔莎七参数转换法,通过 3 个以上的公共点计算出 3 个平移参数、3 个旋转参数和 1 个尺度参数。

最后,利用这七个参数对其他的未知点进行转换,算出西安 80 坐标(中央经线为 119°15′)。

转换的公式如下:

$$\begin{bmatrix}X_2\\Y_2\\Z_2\end{bmatrix}=(1+m)\begin{bmatrix}X_1\\Y_1\\Z_1\end{bmatrix}+\begin{bmatrix}0&\varepsilon_Z&-\varepsilon_Y\\-\varepsilon_Z&0&\varepsilon_X\\\varepsilon_Y&-\varepsilon_X&0\end{bmatrix}\begin{bmatrix}X_1\\Y_1\\Z_1\end{bmatrix}+\begin{bmatrix}X_0\\Y_0\\Z_0\end{bmatrix}$$

（三）海域使用权登记的注意事项

(1) 用海坐落:由海域使用权申请人提供。

(2) 权利性质:根据《海域使用管理法》第十六至二十条所述,海域使用权的取得要么通过申请审批的途径,要么通过招标、拍卖等竞价方式。目前连云区批准的海域使用权都为审批。

(3) 用海类型:使用《海域使用分类体系》中的一级类。

(4) 宗海用途:使用《海域使用分类体系》中的二级类。

(5) 权利其他状况:填写项目名称及海域使用金的缴纳方式。该栏目内容需要在后期的缮证环节根据海籍调查表内容手工输入。

(6) 附记栏目填写内容:根据《海域使用管理法》第四十八条规定,按年度逐年缴纳海域使用金的使用权人不按期缴纳海域使用金的,限期缴纳;在限期内仍拒不缴纳的,将依法注销不动产权证书,收回海域使用权。

(7) 宗海使用期限为两年及以上的,首次登记时只需提供至办理时间点的海域使用金缴纳发票,但用海人需按时向海洋与渔业局逐年缴纳海域使用金。否则,海洋与渔业局将有权向不动产登记中心申请注销该不动产权证书。

五、结语

不动产海域使用权现阶段实行的登记流程是从实用性角度出发设计,是为了更高效便捷地为用海人服务,是目前考虑到行政审批和登记两种具体行政行为最合理的衔接方式。在今后的登记工作中,应该思考如何更好地与海域主管部门沟通,与测绘部门及海域使用权人沟通,解决现今工作中存在的不足点。这些需要参与者们在实践中不断摸索和磨合,最终制定出更加完善便捷的不动产海域使用权登记工作流程。

关于不动产统一登记有关问题的思考与建议

夏燕红
（连云港市国土资源局连云分局）

摘　要　不动产统一登记具有确定不动产的权利归属，通过在登记簿上进行记载公示，达到保护不动产物权的目的，不动产登记制度的执行显示了党中央和国务院对不动产统一登记的重视、决心和努力。本文介绍了连云港市不动产登记制度落实情况，分析了不动产统一登记工作中存在的问题，阐述了不动产统一登记工作遵循的原则，并针对当前不动产登记中的问题和困难，提出几点建议。

关键词　不动产；统一登记

一、前言

不动产登记是维护不动产交易安全，维护不动产交易秩序的重要保障，在维护不动产交易市场的健康有序发展中是必不可少的。从中国不动产登记制度的形成与发展过程来说，中国在民国时期已经正式建立了不动产登记制度，然而该制度却主要是为土地私有制服务的。新中国成立初期，我们也曾建立起了不动产登记制度，但随着社会主义改造的完成，中国在经济体制方面实行全面的公有制，登记制度失去了存在的基础，使该制度在中国一度中断30多年，改革开放以后，特别是《中华人民共和国土地管理法》颁布以后才逐渐恢复和发展。因此可以说，登记制度在中国虽然有着悠久历史，但真正意义上的作为物权公示手段的不动产登记制度却起步较晚，且一开始就服务于不动产行政管理的目的，带有浓厚的行政色彩，使该制度未能在维护交易便捷与安全方面发挥其应有的作用。建立全国土地、房屋、草原、林地、海域等不动产统一登记制度是党的十八届三中全会做出的重大决策，是国务院机构改革和职能转变的重大部署。按照《不动产登记暂行条例》《不动产登记暂行条例实施细则》等文件要求：2016年年底前全国所有市县要实现不动产统一登记工作的全面运行，要基本实现不动产产权证的"停旧发新"。

2014年，国土部成立不动产管理登记局，促进不动产登记工作紧锣密鼓向前推进。从2007年《中华人民共和国物权法》颁布，到2013年国务院再提建立并实施不动产统一登记制度，再到中编办公布《不动产登记职责整合方案》，直到国务院批准同意建立由国土资源部牵头的不动产登记工作部际联席会议制度，这一切显示了党中央和国务院对统一不动产登记的重视、决心和努力，也显示了不动产统一登记这一任务的重要性和紧迫性，并体现了不动产统一登记的推进工作的困难。截至2016年年底，全国335个地市、2 801个县区就全面实施了不动产统一登记制度，并严格执行"发新停旧"要求，颁发新版不动产权证书，分别占100％和98％。因此，就不动产登记工作而言，2016年是"不动产登记工作的落地之年"。

二、连云港市不动产登记发展现状

2015年，市编委印发《关于整合不动产登记职责的通知》，明确了在市国土资源局设立科级不动产登记局作为内设机构，负责全市不动产统一登记工作。随后，经市编办批复成立市不动产登记中心。同年，全市三县一区不动产登记局全部挂牌完毕，不动产登记中心也全部成立，连云港市全面成立各级不动产登记机构，为不动产登记工作的开展提供了机构保障。2016 年 5 月 16 日，全市不动产统一登记实现市域全覆盖，成为全省第一家在全市域内实现全面颁证的地级市，也是第一家登记信息平台实现全域统一的地区，不动产登记制度改革在连云港市全面落地扎根，已初步形成了运行顺畅、衔接高效的工作机制。

三、连云港市不动产统一登记存在的问题

从不动产统一登记实施现实状况来看，主要存在以下几个方面的问题。

（一）执行统一登记机构尚不到位

虽然有文件的明确规定，但在执行过程中，仍存在一定的阻力和障碍，个别地区还存在职责划转不清的情况，如商品房预告登记和商品房抵押预告登记职责由房管部门代为行使，改革落实尚不到位。

（二）登记人员知识结构需要完善更新

不动产登记制度中登记审查制度非常重要，各个不同的检查方法，具有不同的登记效率和登记公信力，对不动产统一登记具有重要影响。不动产统一登记作为一项新的制度，相较于之前的分散登记，要求员工知识面要更为宽广，提高员工的综合素质是当务之急。

（三）登记数据整合尚不到位

长期以来，土地、房屋、林地、草原、海域等不动产登记职责分散在各部门，在信息化整体规划和推进下，各部门都积累了丰富的数据资源，但以现有的各类空间数据来看，和土地所有权图形数据之间没有进行衔接，存在矛盾和冲突的情况。

四、统一登记的原则

（一）服务第一

从功能上看，不动产统一登记应具备三个功能：确权功能、公示功能、管理功能。以保护不动产物权作为唯一宗旨，以维护交易秩序，保护不动产作为唯一目的，在法律允许的范围内，以避免公共权力对私人物权产生不利影响，尽量避免登记簿记载的权利和实际发生的物权状态出现偏差，并且应该向不动产交易权利人、利害关系人提供查阅、复印等便利。

（二）快捷实用

建立不动产登记信息管理平台，可以实现不动产审批交易和登记，有关信息可以在有关部门依照法律法规相互共享利用，实现信息价值利用最大化，并根据我国国情尽快建立不动产登记信息公开查询系统，保障不动产交易安全，维护群众合法权益。

（三）循序渐进

不动产登记的统一实施必须满足两个条件，一是理顺和协调，二是实施步骤和节奏。应理顺和协调多方利益，统一标准、范围，规范办理产权登记手续，把握好统一登记的顺序，由易到难，先把基础工作较好的土地和房屋登记作为重点内容，然后逐步完善不动产统一登记工作中其他地上物的统一登记工作。

四、完善不动产登记制度的相关建议

不动产登记是物权法中比较重要的制度，是不动产立法的核心，针对当前我市不动产登

记中的问题和难点，提出以下几个方面的建议：

（一）推进全业务类型办理

根据《不动产登记操作规范（试行）》的要求，不动产登记的申请、受理、审核、登簿、发证等是不动产登记机构的法定职责。不得违法违规随意割裂、拆分，或将审查职责游离于整个登记程序之外，分割到不同部门办理。因此需进一步加大推进不动产统一登记制度改革力度，确保不动产登记行为不折不扣在国土部门开展，同时加强海洋、林业部门之间的沟通协调，实现全业务类型颁证。

（二）加强登记人员的培训

加强对不动产登记工作人员的教育、培训和管理，完善岗位职责，制订定期的培训计划，强化对不动产登记概念、相关法律制度、登记程序、权籍调查、不动产单元编码、登簿与缮证，信息平台建设与管理、登记资料管理与应用以及常见业务疑难问题解答等内容的培训学习，通过加强各级专业培训和技术研发，提高人员专业素质和登记技术的适用性。

（三）推进不动产登记数据整合

依据《不动产登记数据库标准》、《不动产登记数据库整合技术规范》、《不动产权籍调查技术方案》等有关标准和规范，把空间位置关系和统一标准紧密整合，消除各类数据之间的矛盾和冲突，建立各类数据之间的联系，形成统一的不动产产权产籍"一张图"，实现房屋、土地、林地、草地、海洋、承包经营权空间数据和登记业务数据、档案数据的一体化存储，以达到图、属、档一体化管理的应用目标，确保后期所有数据能够满足不动产统一登记的要求，为不动产登记及相关行业提供数据支撑和数据服务。

（四）加强不动产登记工作的监督

严控登记信息安全，严把登记资料移交、数据整合建库、信息系统运行、登记业务开展和信息共享查询等环节，加强人员管理，通过签订保密协议、开展信息安全风险评估与检查、定期对工作人员进行信息安全教育培训方式，实施人员轮岗制度和交叉质检制度，明确各核心业务科室之间的轮岗办法，充分发挥权调质检部门的作用，实施抽检制度，对抽检结果实行督查通报制度，促进全方位监管。

当前地下车库(位)不动产登记的思考

葛力瑞

(连云港市国土资源局直属分局)

摘　要　随着人们住房水平和生活水平日益提高,地下车库(位)的迅速发展,如何科学合理的确定地下车库(位)的产权,是当前不动产登记部门的职责。本文探讨了地下车库(位)的法律政策、产权界定及登记实务问题。

关键词　地下车库(位)产权;登记

随着人们住房水平和生活水平日益提高,地下空间的开发和利用成为城市建设发展的趋势。当前地下车库(位)主要以出租、借用的方式使用,少数地下车位以买卖形式。即便是买卖形式,也是以协议或收据存在,无法办理不动产权证书。消费者得到的只是同房地产开发商签订的购买合同、交款发票或者是物业管理凭证。所以,科学合理确定地下车库(位)的产权,是不动产登记部门的当务之急。

一、当前法律政策及现状

2016年8月,住房和城乡建设部、国土资源部出台了《关于进一步完善城市停车场规划建设及用地政策通知》,规定"规范办理停车场产权手续。停车场权利人可以依法向停车场所在地的不动产登记机构申请办理不动产登记手续,积极做好停车场登发证服务工作"。

《中华人民共和国物权法》提出了土地使用权在空间上,即地上、地表、地下均可设定,其第一百六十三条规定"建设用地使用权可以在土地的地表、地上或者地下分别设立。新设立的建设用地使用权,不得损害已设立的用益物权"。

《中华人民共和国物权法》第七十四条规定:建筑区划内,规划用于停放汽车的车位、车库应当首先满足业主的需要。建筑区划内,规划用于停放汽车的车位、车库的归属,由当事人通过出售、附赠或者出租等方式约定。占用业主共有的道路或者其他场地用于停放汽车的车位,属于业主共有。

地下车库(位)是一种特殊的产权形式。之所以特殊,是因为它不同于一般的住宅楼、商住楼、办公楼等有明确的产权界限,而地下车库(位)不是封闭的空间,产权界限模糊。目前对地下车库(位)权属界定存在几种典型现状。

(1) 从物原则。即小区停车位、车库从法律性质上来说是相对于房屋建筑物(主物)的从物,按照从物随主物一并转移的法则,小区停车位、车库应当随着整栋建筑物一并转移给业主共有。

(2) 开发商所有。这种观点认为停车场、车库和房屋都是由开发商投资建造而成的,按照"谁投资,谁获益"原则,开发商应当享有最初的所有权。

(3) 依开发商与业主之间的约定来确定车位、车库的权利归属。物权法作为财产归属与利用的基本法，应遵循自治的私法原理。对车位车库的归属应当根据约定确定，正是体现了私法自治的要求，有利于业主和开发商通过平等协商来充分体现自身的意志和利益，同时也最有利于争议的解决。

二、地下车库(位)的产权界定

当前，城市建设的住宅小区、商场、办公楼、大型超市大部分都会配套建设地下停车场。原先对于地下车库(位)产权无法界定，房产部门一般不予登记。但随着人民产权意识的增强，物业管理的需求，并且随着物权法的出台和完善，地下车库(位)的权利归属，不动产登记部门确实应该进行思考和解决。地下车库(位)产权界定情况分析：

(一) 缴纳了土地出让金的地下车库(位)

对于这种情况很清楚，地下车库(位)纳入了建筑物容积率，或者没有纳入建筑物容积率，其权利由土地使用权和车库(位)所有权构成。产权应为开发商单独所有，开发商可通过出售、出租等形式处理地下车库(位)。

(二) 未缴纳土地出让金的地下车库(位)

对于这种情况问题就凸显出来，当初为鼓励开发商节约用地，向地下发展，未将地下车库(位)纳入建筑容积率，其单独计算建筑面积，没有分摊地表土地使用权。按照《中华人民共和国物权法》第七十四条规定，建筑区划内，规划用于停放汽车的车位，车库的归属，可认定为开发商所有，由开发商与业主私法自治，约定归属。

(三) 人防工程的地下车库(位)

《城市地下空间开发利用管理规定》第二十九条规定"平站结合的地下工程，平时由建设或者使用单位进行管理，并应保证战时能迅速提供有关部门和单位使用"。物权法只作了原则性规定：国防资产属于国家所有。我国法律没有明确人防工程的所有权归属，导致理论与实际工作中无法具体操作，认识分歧较大。现在更多是来源于地方性法规和规章，有的省市出台了相关文件，人防工程的地下车库(位)就可以给予登记；有的省市没有出台，那么只能不给予登记。因此，完善法律、规章制度，才能科学合理解决人防工程地下车库登记问题。

三、地下车库(位)登记实务

目前，地下车库(位)不动产登记相关法律空白和混乱，各地方政策不一，出现了"一省一政"、"一市一政"的局面。结合目前地下车库(位)产权界定观点，以及具体现状问题，应当对不同登记寻找解决对策。

(一) 首次登记

合法建筑物建造完成后，项目单位申请不动产首次登记，应提交土地使用证、建筑规划许可证、施工许可证、竣工验收备案书等相关材料。根据《不动产登记操作规范(试行)》规定，按照土地使用权出让合同，登记地下空间使用权类型，查验出让金是否缴清，查验地下车库(位)建筑面积是否纳入了建筑物容积率，查验地下空间土地使用权是否缴纳出让金。根据实际情况，大部分建筑物未把地下空间建筑面积纳入容积率，因此，地下车库(位)以地下土地使用权为主。每个地下车库(位)是一个产权，应生成出对应的不动产单元号，具有车库(位)的相关信息。

(二) 转移登记

项目单位完成地下车库(位)的首次登记后,取得权利后,可依法处置。购买者与开发商签订协议时,应明确地下车库(位)的位置、编号、数量、面积、范围。购买者到不动产登记机构申请转移登记,应提交买卖合同、购买发票和税票、身份材料等相关材料。根据《中华人民共和国物权法》第七十四条规定:“建筑区划内,规划用于停放汽车的车位、车库应当首先满足业主的需要”。登记机构应按照此原则,将购房者和所购车库进行关联。

四、结论

现阶段,我国地下车库(位)在不动产登记实务操作中困扰很多,存在产权界定不明、法律不明确等问题,若要科学合理解决地下车库(位)不动产登记问题,应从法律层面对地下车库类型、产权进行明确。

权籍调查

权籍调查在不动产登记中的应用

王韬惠

（连云港市勘察测绘院有限公司）

摘　要　文章结合不动产权籍调查的技术流程，重点叙述了权籍调查的准备工作以及权属调查、不动产测量的方法等，对不动产登记工作的优化及完善具有较好的参考价值。

关键词　权籍调查；不动产；统一登记

一、引言

不动产登记是《中华人民共和国物权法》确立的一项物权制度，是指由国家设立不动产登记机关，经权利人或者利害关系人申请，由国家专职部门将有关不动产物权及其变动事项记载于不动产登记簿上的事实。由于历史原因，登记机关分散在国土、住建、农林业、海洋等多个部门当中，如土地使用权和集体土地所有权由国土资源部门登记，房屋所有权由住房和城乡建设部门登记，农村土地承包经营权、林业所有权和使用权由农林部门登记，水面、滩涂的使用权由渔业部门登记，海域使用权则由海洋部门登记。这样多的登记部门容易造成重复登记、影响不动产交易安全、资源浪费等问题，不利于国家登记制度的发展。所以实施不动产统一登记既是落实物权法的要求，也是保障公民合法不动产权利，保障不动产交易安全，维护正常的市场交易秩序的现实要求。不动产权籍调查是不动产登记的基本工作，是条例实施、登簿和信息平台建设的重要支撑。权籍调查成果经不动产登记后，具有一定的法律效力，依法保护了公民的不动产财产安全。

二、不动产权籍调查的意义和内容

不动产权籍调查是依照不动产权利人的申请，通过权属调查和不动产测量，查清农村范围内包括宅基地、集体建设用地等每一宗土地的权属、位置、界址、面积、用途、地上房屋等建筑物、构建物的基本情况都要全面查清。形成数据，表格，地图等调查资料，再根据调查资料将房屋等建筑物、构建物信息与土地信息进行匹配生成不动产单元号，绘制出宗地图。

（一）不动产的概念

不动产是指由于自然属性或法律规定的不可移动的财产。不动产不一定是实物形态的，它包括有形和无形的财产，实物形态有土地和附着于土地上的附着物，包括附着于土地或者位于地上和地下的附着物，无形的不动产有采矿权和探矿权。民法上的物仅仅是指有体物，指存在人体之外，为人力所支配，且能满足人类社会生活需要的有体物。不动产和动产是对物的一种重要分类。《不动产登记暂行条例》第二条第二款规定："本条例所称不动产，是指土地、房屋、海域以及林木等定着物"通常是指土地及地上建筑物、构建物及其他附着物。不动产是与动产相对而言的，两者之间的区别主要是能否人为的移动，能够移动的称为动产，不能移动的称为不动产。其中，最为核心的不动产类型就是土地。不动产登记是不动产物权变动的法定公示手段，是决定不动产权变动能否生效或者使得物权变动取得圆满效力而必须具备的条件。

（二）权籍调查的意义

不动产统一登记是将房屋等建筑物、构建物的信息和土地信息合二为一，形成一个一体化的整体，真正做到将房屋落座到土地上，受法律保护。申请不动产登记首先要将房屋和土地信息进行匹配，生成不动产单元号，对房地数据无法关联的不动产进行现场调查，完善楼盘表。对宅基地、集体建设用地进行权属调查，目的是形成房地一体的农村地籍调查成果。不动产统一登记将房产证土地证合二为一，某一个部门的调查规程和调查成果无法满足不动产统一登记的要求，就需要我们把房屋落实在楼幢内、楼幢落实在宗地内，建立唯一的不动产单元号，形成“地、楼、房、人”一体化数据体系，维护土地制度、保护土地产权并合理利用土地。这样可以避免空中楼阁、一房多卖等问题，保障权利人的合法权益，避免在抵押和交易等行为中出现漏洞。

（三）权籍调查的内容

为了满足不动产登记的需要，权籍调查以宗地为单位，查清农村集体土地宅基地使用权和集体土地建设用地使用权情况，农村范围内包括宅基地、集体建设用地等每一宗土地的权属性质、位置坐落、界址、面积、用途、地上房屋等建筑物、构筑物的基本情况都要全面查清落实。权籍调查的内容可概括为不动产权属调查和不动产测量，具体调查内容如下：

（1）土地的权属性质，包括宗地权属性质、权属来源、土地使用权类型、土地使用权限、取得土地的时间、土地使用者或所有者名称、单位性质、行业代码、组织机构代码、法定代表人姓名及其身份证明、代理人姓名及其身份证明等，除了调查记录土地权利人的情况外，还应调查权利人家庭成员情况，以及宗地是否存在抵押权、地役权等他项权利和共有情况，调查核实宗地批准用途和实际用途。

（2）土地的位置，包括土地的坐落、界址、四至关系等。

（3）土地的行政区划界限，包括行政村接线、界线、村民小组界线、区界线以及相关的地理名称等。

（4）房屋调查，利用宅基地和农村集体建设用地建造的房屋也要接受调查，如地上房屋产权状况，测量房屋的界址坐标，房屋边长、建筑结构、建成年份、批准用途与实际用途，批准面积与实际面积等要素。房屋调查重点之一是权属来源情况。

三、权籍调查的流程

不动产权籍调查以地籍调查为基础，以宗地为依托，以不满足不动产登记要求为出发点，充分利用已有不动产权籍调查、登记以及前期审批、交易、竣工验收等成果材料，采用已有集体土地所有权地籍图、村庄地籍图等图件做工作底图，通过内外业核实、实地调查测量的方法，完成不动产权籍调查和不动产测量等一系列的工作，技术流程如图 1 所示。

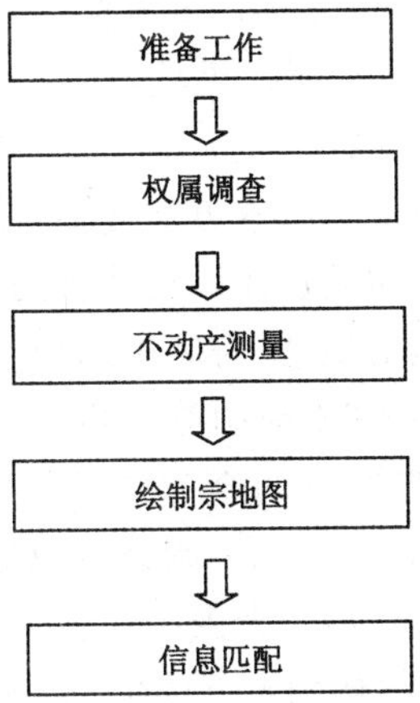

图 1　权籍调查流程图

（一）准备工作

根据不动产登记时提交材料的需要，首先，要对客户提供的材料进行核实，做好收集、整理和分析，调查其权属来源，是否存在交易、抵押、查封等状态，对控制点的坐标、界址点的坐标等相关资料进行核实，包括图件、表格、数据和文件等内容，制定出相应的权籍调查方案，计算测量放样数据，发放指界通知书，向土地使用者发出通知书，同时对其四至发出指界通知，并要求土地使用者及其四至按时到达现场等工作。

不动产登记和管理的资料分散于不同部门的，权利人应携带不动产权籍调查表，到连云港国土资源局档案室或在数据库中查询、核对并获取被查询对象的档案资料的数据，并要求行政村出具村内所有权状况证明或复印件，加盖行政村和乡政府公章。

（二）不动产权属调查

不动产权属调查采用内外业核实和实地调查相结合的方法，查清不动产的权属状况、界址状况、用途、四至等内容并填写不动产权籍调查表，绘制不动产宗地草图，确保不动产单元权属清晰、界址清楚、空间相对位置关系明确。若不动产权属资料来源完整，则采用内外业核实的调查方法；若权属资料来源缺失，则采用外业核实、调查的方法；对于无权属来源资料的不动产权属，主要采用外业调查的方法。

1. 核实确定不动产的现状

根据申请调查的材料和市局提供的档案资料查询结果，核实不动产的权属现状，确认其界址是否发生变化，然后确定权属调查的具体方法。具体情况如下：

(1) 界址发生变化有以下几种情况：① 因自然力作用而发生的变化；② 规划部门的改造拆迁；③ 土地被征用或征收；④ 土地性质发生了变化，被划拨、出让、转让成为国有土地使用权；⑤ 由于其他各种原因引起的宗地分割和合并

(2) 界址不发生变化的情况：① 权利性质转移、抵押、继承、过户、查封；② 对违法不动产做出的变更处理；③ 在原土地范围内地物地貌的变化，如新建、拆除、改变其用途及房屋的翻新、加层、扩建、修缮等；④ 精确测量界址点的坐标和不动产的面积；⑤ 权利人的名称、不动产坐落的名称、不动产用途等的变更；⑥ 行政区划变动，即市县区、街道、乡镇等边界和名称的变动；⑦ 权利取得方式、权利性质或权利类型发生变化。

2. 新设界址与界址发生变化的不动产权属调查

根据不动产现状确认的结果，针对新设界址与界址发生变化的情形，依据不动产的类型，其权属调查方法为：

(1) 房屋的权属调查。房屋的权属调查方法按照《房产测量规范》(GB/T 17986.1)执行，并填写新的不动产权籍调查表，包括房屋用地调查的内容、房屋用地坐落、房屋用地的产权性质、房屋用地的等级、房屋用地的税费、房屋用地的使用主权、使用人、用地来源、用地四至、用地范围的界标、用地用途分类、用地略图等内容。

(2) 耕地的权属调查。耕地的权属调查方法按照《农村土地承包经营权调查规程》(NY/T 2537)执行，调查发包方、承包方情况，调查承包地块的名称、位置、四至、界线、用途和权属等状况。并填写新的不动产权籍调查表。

(3) 海域的权属调查。海域的权属调查方法按照《海域调查规范》(HY/T 124)执行，并填写新的不动产权籍调查表。

(4) 其他土地的权属调查。其他土地的权属调查方法按照《地籍调查规程》(TD/1001)执行，并填写新的不动产权籍调查表。

3. 界址未变化的不动产权属调查

根据不动产现状确定的结果，针对界址未发生变化的情形，首先确定是否需要进行现场调查，然后按照以下方法开展权属调查：

(1) 若不需要到实地调查，则在复印的原不动产权籍调查表内变更部分加盖“变更”字样印章，并填写新的不动产权籍调查表。

(2) 如需要到实地调查，则经实地核实调查后，依不同情况，处理方式如下：① 不动产权属状况与相关资料完全一致时的，按(1)的规定处理。② 权属状况与相关资料不一致的，应在原不动产权籍调查表上用红线划去错误内容，标注正确内容，并填写新的不动产权籍调查表。③ 发现原界址边长或房屋边长数据错误的，应在原草图的复印件上用红线划去错误数据，标注检测数据，重新绘制草图，填写新的不动产权籍调查表。

(三) 不动产测量

不动产测量工作的主要内容包括控制测量、界址测量、宗地图绘制、面积计算和不动产测量报告撰写等，这里重点介绍控制控制测量和界址测量。

1. 控制测量

地籍控制测量一般采用全站仪或GPS测量的方法。使用全站仪进行控制测量，在完成控制点的布设之后，分别在相邻的三个控制点上安置全站仪和棱镜，测量该点和两边的夹角β以及边长L，转折角测量一般采用测回法进行测量，利用全站仪测量边长是采用往返测量取平均。最后，内业计算各转折点的坐标。GPS测量是指用GPS接收机获取GPS卫星信号，其主要工作包括天线设置、接收机操作和测站记簿等。

2. 界址测量

界址测量应基于不动产类型、管理的需要等选择界址测量的精度。对同一权籍要素，如果技术标准间的精度要求不一致，宜以精度要求高的规定为准，不同的精度选择不同的测量方法。

(1) 解析法测定界址点

对于城镇、村庄、独立工矿等区域的建设用地，宜采用解析法测量界址点坐标并计算土地面积。解析法测定界址点的位置按使用的数学公式不同，可分为极坐标法、截距法、全站仪坐标测量、RTK 测量等。

① 极坐标法。将经纬仪安置在已知点 A 上，后视另一已知点 B，读取后视方向值，然后观测各界址点的方向，从而可算得各方向与后视方向的夹角 β，用测距仪测量测站点至各界址点的距离 D。

$$\left.\begin{aligned}X_i&=X_A+D\times\cos(\alpha_0+\beta_i)\\Y_i&=Y_A+D\times\cos(\alpha_0+\beta_i)\\\alpha_0&=\arctan\frac{Y_B-Y_A}{X_B-X_A}\end{aligned}\right\}$$

其中 X_i、Y_i 为待测界址点坐标；X_A、Y_A 为测站点已知坐标；D 为测站点至待测界址点距离；α_0 为已知方位角；β_i 为已知观测角。

② 截距法。A、B、P_1 三点在一条直线上，A、B 两点的坐标已知，实地利用测距仪或钢尺丈量 A 点到 P_1 点的距离。计算 P_1 点坐标。

$$\left.\begin{aligned}X_1&=X_A+\frac{D_1}{D}(X_B-X_A)\\Y_1&=Y_A+\frac{D_1}{D}(Y_B-Y_A)\end{aligned}\right\}$$

式中，X_1、Y_1 为待测界址点 P_1 坐标；X_A、Y_A、X_B、Y_B 为已知点坐标；D_1 为 A 点到 P_1 点的距离；D 为 A、B 点的距离。

③ 全站仪坐标测量。全站仪坐标测量的方法直接测定界址点坐标，已逐渐成为界址点坐标测量的主要方法，其优点是速度快、精度高，操作简单。

④ RTK 测量。随着载波相位差分实时动态测量技术的不断改进和接受信号的卫星不断增加，使用 RTK 测定界址点的坐标，其精度、测量速度好，可靠性不断提高。使用 RTK 还不受通视条件的限制，是今后界址点坐测量的主要方式。

（2）图解法确定界址点。

对于分散、独立的建设用地，可采用解析法测量界址点坐标并计算土地面积；也可采用图解法测量界址点坐标，此时，宜实际丈量界址边界和房屋边长并采用几何要素法计算土地面积和房屋面积。

采用图解法进行地籍细部测量时，要通过量取界址点之间距离、界址点与其邻近地物点的关系距离的方法确定界址点的位置。界址点之间距离、界址点与其邻近地物的关系距离应记载在宗地草图上，编绘成宗地图。

四、结语

本文介绍了权籍调查在不动产登记工作的具体内容，包括不动产权籍调查的意义、内容和技术路线等。实践证明，不动产权籍调查完善了不动产登记的工作流程，增强了信息匹配的准确性，能够有效地提高外业调查的工作效率和成果质量，是不动产登记过程中不可或缺的一部分。

《不动产权籍调查技术方案(试行)》若干问题探讨

李自力[1]　李　岩[2]

(1. 连云港市国土资源信息中心;
2. 江苏苏信测绘有限公司)

摘　要　不动产权籍调查测绘工作是不动产登记的基础,不动产权籍调查相关技术标准则是顺利开展不动产权籍调查工作的重要保证。本文针对《不动产权籍调查技术方案(试行)》涉及的测绘基准、宗地图和房产分户图的若干问题进行探讨,建议目前宜采用西安 80 坐标系等测绘基准,统一宗地图与房产分户图中的房屋幢号,完善宗地图和房产分户图的内容,使不动产权籍调查成果更具科学性、实用性、权威性、法定性和协调性,打牢不动产登记的技术根基,促进不动产登记工作的开展。

关键词　不动产;权籍调查;测绘;宗地图;房产分户图

一、引言

随着《不动产登记暂行条例》的实施,为保证已完成不动产登记职责和机构整合的地区能够顺利开展不动产登记工作,确保现有各类不动产权籍调查工作的平稳过渡,实现日常不动产权籍调查的有序运行,国土资源部下发了《关于做好不动产权籍调查工作的通知》及《不动产权籍调查技术方案(试行)》(以下简称《方案》),要求统一基础,保证调查工作的有效衔接;多规程并行,保持调查工作的连续稳定;规范调查,坚持调查工作便民利民;严格要求,规范调查成果;强化组织管理,保障调查工作的顺利实施。不动产权籍调查作为不动产登记的基础,是条例实施、簿册统一和信息平台建设的重要支撑。从国际经验来看,无论采取何种登记管理模式,各国不动产登记管理与不动产权籍调查测绘的联系都密不可分。不动产统一登记前,因为各相关技术标准衔接不足而导致的权利交叉、重叠和信息不对称等问题时有发生,因此,慎重稳妥做好条例实施及通知发布后的不动产权籍调查工作意义重大。本文拟对基于《不动产权籍调查技术方案(试行)》涉及测绘基准和不动产单元图的相关问题进行探讨,旨在为新形势下的不动产权籍调查及测绘工作提供参考,并为有关部门最终出台不动产权籍调查测绘相关技术规范和标准提供意见和建议。

二、测绘基准问题

测绘基准是测绘工作的起算依据和建立各种测绘系统的基础,包括大地基准(坐标基准)、高程基准、深度基准和重力基准等。根据国家测绘局 2008 年第 2 号公告,我国自 2008 年 7 月 1 日起,启用 2000 国家大地坐标系。2000 国家大地坐标系与现行国家大地坐标系转换、衔接的过渡期为 8～10 年。现有各类测绘成果,过渡期内可沿用现行国家大地坐标系,2008 年 7 月 1 日后新生产的各类测绘成果应采用 2000 国家大地坐标系;现有地理信息系统,在过渡期内应逐步转换到 2000 国家大地坐标系,2008 年 7 月 1 日后新建设的地理信息系统应采用2000国家大地坐标系。《不动产权籍调查技术方案（试行）》提出：过渡期间，在同一县级行政区域内，宜采用地籍图的坐标系统和投影方法，并适时建立与2000国家大地坐标系和1985国家高程基准的转换关系。最终测量成果须转换到2000国家大地坐标系和1985国家高程基准。据了解，以往土地、房屋、海域、森林等各类不动产调查测绘，所采用的测绘基准并不统一，如表1所示：

表1　　各类不动产调查规程所采用的测绘基准

不动产类型	土地	房屋	海域	森林
调查规程	地籍调查规程	房产测量规范	海籍调查规范、无居民海岛使用测量规范	森林资源规划设计调查技术规程
坐标系统规定	宜采用1980西安坐标系统。也可采用1954年北京坐标系统、2000国家大地坐标系统、地方坐标系统或独立坐标系统，这些坐标系统应与1980西安坐标系统联测或建立转换关系	应采用1980西安坐标系或地方坐标系，采用地方坐标系时应和国家坐标系联测	采用WGS—84世界大地坐标系	一类调查采用1980西安坐标系，二类调查执行地方坐标系

笔者认为，目前，各地不动产登记的职责基本都放在国土部门，自"第二次全国土地调查"开始，全国国土系统大多数空间数据采用的坐标基准都是西安80坐标系，例如年度变更调查与遥感监测影像、土地利用现状、土地利用规划、建设用地报批、建设用地供地数据等，而且现在国土系统要求很多数据都要逐级上报到国土资源部，其中就包括不动产登记数据。另外，不动产登记工作时间紧、任务重，对于尚未建立CGCS2000坐标基准的城市，如果先建立CGCS2000坐标基准，再将不动产登记数据坐标转换为CGCS2000坐标系，时间上往往来不及。因此，不动产登记所采用的坐标基准目前仍宜采用与地籍图相同的西安80坐标系，在方便业务工作的同时，采用该坐标系也能够在最大程度上减少与国土系统其他数据因坐标基准不同带来的面积误差，还能满足不动产登记工作的时间进度要求。但应注意的是，CGCS2000坐标系是大势所趋。据悉，即将开展的"第三次全国土地调查"就将采用CGCS2000坐标系，待国土资源部各空间数据启用CGCS2000坐标系时，各地可适时将不动产登记数据转换为CGCS2000坐标系。

三、不动产单元图问题

不动产登记的核心是权属确认，而通过不动产权籍调查和测量所形成的图件则是不动产权属确认和权籍管理的基础资料，具有管理、经济和法律三大基本功能。《方案》的附录中有宗地图（图1）和房产分户图（图2）两种不动产单元图样式及编制要求。

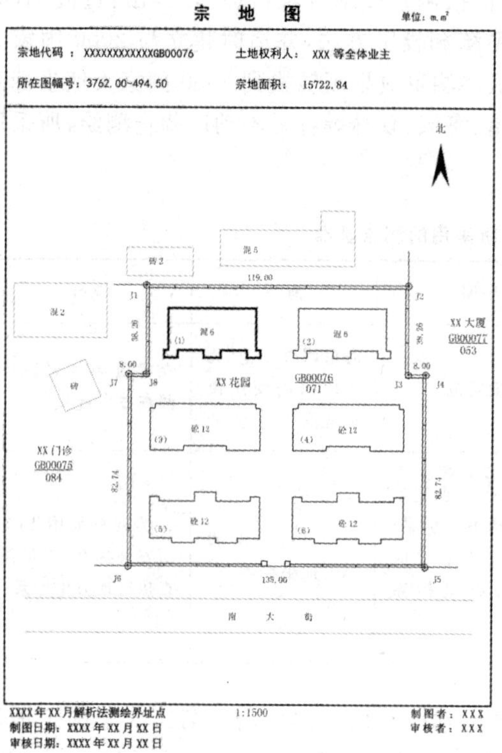

图 1　宗地图样图

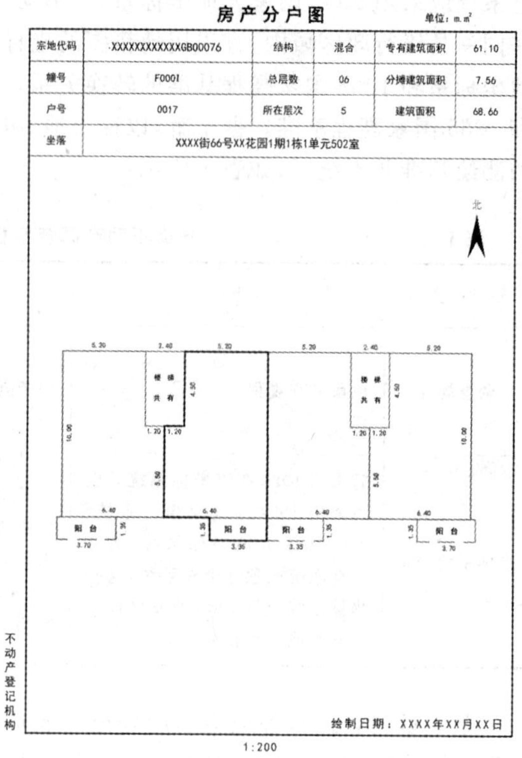

图 2　房产分户图样图

（一）宗地图

宗地图是描述宗地位置、界址点线和与相邻宗地关系等要素的地籍图，是不动产登记簿和不动产权证书的附图。在《方案》中，其主要内容中包含房屋的幢号。其中，幢号用(1)、(2)、(3)、……表示并标注在房屋轮廓线内的左下角。笔者发现，该样图内容中对于房屋幢号用(1)、(2)、(3)……表示的规定与不动产单元设定与代码编制规则中第七层次定着物单元编号代码前 4 位表示房屋的幢号，房屋幢号在使用权宗地（或地籍子区）内统一编号，码值为 0001～9999 的编码方法并不一致，建议宗地图中的房屋幢号也采用(0001)、(0002)、(0003)……四位数表示，以确保无论在相关表格还是附图中，不动产单元编码均完整统一。

另外，很多地方在宗地图的内容中还需要提供界址点坐标成果表，并在宗地图图廓要素中相应加注所采用的测量基准（坐标系统、高程基准）和图式依据。笔者认为，宗地图虽然是以地籍图为基础编绘，但与《方案》对不动产单元图样式及编制要求相比，这些地方的做法显然能使具有法律意义的宗地图更有利于发挥其鉴定及恢复界址的作用，建议有关部门在最终制定不动产权籍调查测绘相关技术规范和标准时予以采纳。

（二）房产分户图

房产分户图是以一户产权人为单位，表示房屋权属范围的细部图，以明确异产毗连房屋的权利界线，是不动产登记簿和不动产权证书的附图。在《方案》中，其主要内容同样包含“幢号”。笔者认为，《方案》中幢号一栏填入 5 位代码“F0001”，虽能理解为是定着物特征码“F”＋房屋幢号“0001”，但毕竟已不是房屋幢号的规范表示，建议将其分解为“定着物特征码”和“幢号”两栏。

而《方案》所配房产分户图样图(图 2)中的各类面积,则显然是错误的。该样图出自《房产测量规范第 2 单元:房产图图式》(GB/T17986.2－2000)分户图示例(图 3),只是将 501 户换成了 502 户。

分户图示例

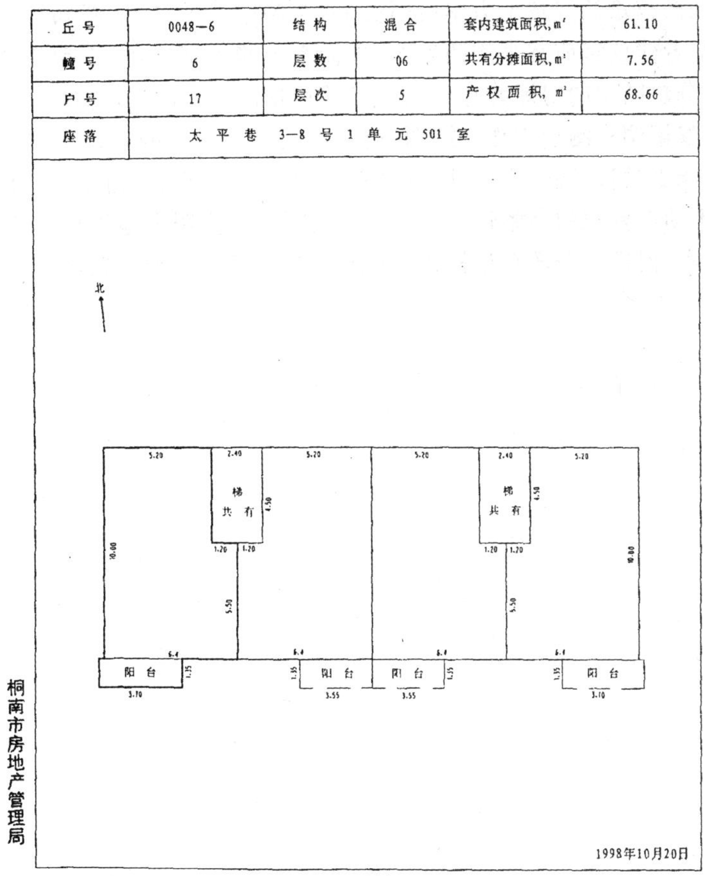

丘号	0048—6	结构	混合	套内建筑面积,m²	61.10
幢号	6	层数	06	共有分摊面积,m²	7.56
户号	17	层次	5	产权面积,m²	68.66
座落	太平巷 3—8 号 1 单元 501 室				

1:200

图 3 《房产测量规范》分户图示例

《房产测量规范第 2 单元:房产图图式》(GB/T17986.2－2000)分户图示例 501 户套内建筑面积 61.10 平方米、共有建筑面积 7.56 平方米、产权面积 68.66 平方米,《方案》房产分户图样图 502 户专有建筑面积 61.10 平方米,分摊建筑面积 7.56 平方米,建筑面积 68.66 平方米,显然,从图上所标数字来看,501、502 两户各部分面积并不相同。通过反算《房产测量规范第 2 单元:房产图图式》(GB/T 17986.2－2000)示例分户图住宅分摊系数,正算得《方案》所配房产分户图样图 502 户正确的专有建筑面积应为 60.86 平方米,分摊建筑面积应为 7.53 平方米,建筑面积应为 68.39 平方米。该处错误,有关部门在正式出台不动产权籍调查测绘相关技术规范和标准时应注意予以纠正。

四、结语

不动产权籍调查是测绘技术与不动产登记管理相结合的专业技术性工作，其成果是进行不动产登记管理的基本要件，一经不动产登记机构采纳即具有法律效力。现在，我国《不动产登记暂行条例》已经开始实施，而纵观《方案》，显然是一部多规程并行下的"急就章"。通过对基于《不动产权籍调查技术方案（试行）》涉及测绘基准、宗地图和房产分户图的相关问题进行探析，笔者建议目前宜采用西安 80 坐标系等测绘基准，按不动产单元编码方法统一宗地图与房产分户图中的房屋幢号，完善宗地图和房产分户图的内容。集思广益，可以更好地指导不动产权籍调查测绘工作，并使得有关部门正式出台的不动产权籍调查测绘相关技术规范和标准能更具科学性、实用性、权威性、法定性和协调性，打牢不动产登记的技术根基，更好地保证不动产登记的完整性、连续性和可比性，最大限度地提高不动产登记效率，节约不动产登记成本，促进不动产登记机构、登记簿册、登记依据和信息平台的"四统一"工作。

连云港市老小区不动产登记实施方案探析

刘胜新

（连云港市不动产登记中心）

摘　要　随着连云港市不动产登记工作的不断推进，连云港市老小区的不动产信息也迫切需要纳入到不动产登记系统中。由于老旧小区没有土地信息，在不动产登记过程中显现出众多问题。本文将主要介绍完善老小区土地信息的实施方案。

关键词　老小区；地籍；测绘

根据目前掌握的相关资料显示，连云港市老小区不动产地理信息、登记信息缺失较多，特别是房产信息缺失尤甚，比如：各种楼幢信息缺失、宗地属性缺失、宗地未分摊、权籍系统无宗地等情况，而且，这些小区地形复杂。现就如上问题提出以下方案。

一、地理信息、登记信息整理与完善技术实施方案

（一）房屋所占土地信息

收集土地来源资料，尽可能恢复原有宗地界线，并确认宗地属性。

如果土地来源资料缺失，根据现场测量地形和有形界线确定宗地界址，并结合实际使用情况确认宗地属性。

1. 土地用途的确定

由于客观历史原因，多年来我国土地资源分类标准不统一，土地资源基础数据数出多门、口径不一、数据矛盾。测绘过程中，对于土地用途的确定，往往比较困难，但土地用途在登记中又是非常重要的一项内容，必须慎之又慎，必须以土地审批文件作为依据。目前我们国家正在使用的《土地利用现状分类》国家标准，于 2007 年 8 月 10 日发布，分类采用一级、二级两个层次的分类体系，共分 12 个一级类、57 个二级类。其中一级类包括：耕地、园地、林地、草地、商服用地、工矿仓储用地、住宅用地、公共管理与公共服务用地、特殊用地、交通运输用地、水域及水利设施用地、其他土地。实际作业过程中，结合土地的规划、国土审批文件和权属依据，如与二级类能吻合的则归类为二级类；无法明确为二级类的，则按较为接近的类别予以确定，并备注地块的实际土地用途。宗地用地审批为“批发零售用地、住宿餐饮用地、商务金融用地、其他商服用地”中单一土地用途的，按批准用途的二级类确定；对审批没有明确为单一土地用途的，按一级类“商服用地”确定。对原登记为商业用地、商业服务业用地或商服用地的宗地，土地变更时，可以区分二级类用途的，按二级类确权登记；难以区分二级用途的，按一级类“商服用地”确定。地块内配建的集体宿舍，按地块的批准用途确定；对规划明确为居住用地、且独立划宗的集体宿舍，按“城镇住宅用地”确定，备注实际用地为“集体宿舍”。

2. 界线测绘存在误差的解决办法

由于现代测绘技术的提高，在实际的测绘过程中往往会发现地块实测的界址线与原有土地证界线差别较大，有界址点坐标超限的现象，有与周边相邻地块的发证界线存在重叠和空开现象等，主要有两种情况：

(1) 界址点误差超限，界址线属性无误。这种情况首先调查确认界址线所依附的地物是否变化，如已经变化，则保持原界线不变。如无变化，对本次测绘数据进行复核检测，如复核本次数据无误，根据实际的地物对界址线进行调整，调整好的界线地块总用地面积尽量保持不变。对变化的界线，要求本宗地和相邻宗地权利人对界址确认表进行指界盖章后，方可使用。

(2) 界址点误差超限，界址线属性与相邻宗地界线属性不一致。这种情况首先由本宗和相邻单位进行现场指界，确定界址线位置，并填写界址确认表，由双方签字盖章。并对现场指界确认的界址线进行实测，并按照新调查的数据出具成果，同时对相邻宗地界址范围也进行变更入库。

3. 宗地测绘时要重点注意的事项

基本原则；权源合法、四至清晰、界址清楚、面积准确、无权属争议。

地籍测量与地形测量的区别：地形测量是在工作范围内测量某一个时点的地物、地貌。地籍测量主要反映土地权属的地籍要素，随宗地权属的变更而不断更新，以保证地籍资料的完整性。地物、地貌的高程要素不是地籍测量的重点，地籍测量是测绘与法律、法规的综合应用。

地籍图是土地管理的专题图，首先反映行政界线、地籍街坊、界址线、界址点、地类、面积、坐落、土地使用者、所有者及土地等级等地籍要素，其次反映与地籍有密切关系的地物、文字注记。

日常测绘项目应实测宗地权属界线外 30～50 米。

雨棚与台阶的表示，共存有冲突情况下优先表示台阶。

栅栏在有权属界址线通过的情况下，要分清栅栏内、中、外，一般测绘有权属通过这一侧。

棚房、简易房的表示采取就低不就高原则，有围墙的应先表示围墙再表示棚房。

宗地内外的名胜古迹一般要注名称(测绘时要多问)。

电线杆、通信杆一般不表示，但高压铁塔要表示，装饰路灯择要表示。

征改宗项目中的施工用房，图上表示要注明施工用房。

私房测绘时实地要查清宗地内是单户还是两户以上，便于权属界址表宗地内用户的确认。

房屋的层次实地要仔细核查清楚。

城区内大街小巷一般有地名，要仔细核对，图上加以标注。

铁路、公路等线状宗地的测绘、宗地图上要注明河流、高架立交桥、地下通道等通过线状宗地的面积，以便在土地他项权利中标注

(二) 房屋面积(包括建筑面积和套内面积)

以房屋产权登记或经房产管理部门确认的房产测绘的建筑面积为依据。

收集房产测绘原始档案，核实每户面积及相关信息。如果资料缺失，需调查核实相关

信息。

4. 其他信息

(1) 工作人员需现场调查核实房屋的建筑结构、房屋用途、房屋户型、房屋坐落、层号、单元号、房号等信息。其中,规划用途可以从规划、产权登记档案方面收集。

(2) 房屋登记信息:以房屋所有权登记簿记载的信息为准。

二、人员组成

此项工作由连云港市不动产登记中心直接组织实施,组织专业的测量小组负责具体实施,每个测量小组需配备组长(测量工程师)一名,成员两名,最少组建两个作业小组,对老旧小区楼盘信息进行全面数据、信息采集和整合,建立健全台账制度以及信息录入工作。

三、仪器配备

仪器配备见表1。

表1　　仪器配备情况

<table>
<tr><th>序号</th><th>名称</th><th>数量</th></tr>
<tr><td>1</td><td>GPS</td><td>2</td></tr>
<tr><td rowspan="2">2</td><td>全站仪</td><td rowspan="2">2</td></tr>
<tr><td>数据处理软件</td></tr>
<tr><td>3</td><td>手持测距仪</td><td>2</td></tr>
<tr><td>4</td><td>测量内业软件</td><td>2</td></tr>
<tr><td>5</td><td>绘图仪</td><td>1</td></tr>
<tr><td>6</td><td>台式电脑</td><td>6</td></tr>
<tr><td>7</td><td>笔记本电脑</td><td>2</td></tr>
<tr><td>8</td><td>工作站</td><td>1</td></tr>
<tr><td>9</td><td>扫描仪</td><td>2</td></tr>
</table>

四、政策支撑

为了维护群众合法权益,规范不动产权管理,严格落实国有土地有偿使用制度,根据有关法律、法规、政策的规定,对连云港市市区范围内划拨土地使用权补办相关手续,结合连云港市实际,制定本办法。

(1) 随着不动产统一登记的实施,房地合一的不动产权证书必须依法进行登记管理,考虑到历史原因,依据“既往不溯”的原则,该办法适用2002年12月31日之前在划拨土地上建设竣工的房地产。

(2) 该类房地产进行房地合一不动产登记(按划拨土地使用权进行登记)之前,需进行土地使用权权属调查、地籍测绘、面积分摊等工作,需要的经费大约200元/套。

(3) 划拨土地上的异产毗连房屋,补办后的土地性质仍为划拨,在补办登记手续之前,应先做好权籍调查、地籍测绘、面积分摊等工作。

(4) 划拨土地上的经营性用房只可办理抵押业务,禁止办理交易业务,须申请补办出让手续再进行交易转让。

(5) 划拨土地上的异产毗连房屋,不动产权利人申请补办出让手续的,需缴纳一定标准的土地使用权出让金之后方可转为出让土地使用权。

(6) 住宅按照分摊面积每平方米 30 元缴纳;商服用地按照分摊面积每平方米 300 元缴纳.

五、工作开展前的准备工作

1. 现有资料的采集与利用

首先确定调查范围与内容,然后现场踏勘测区具体情况。接着收集相关档案资料,对有价值的资料进行采集利用。

2. 确定现场调查的方法及作业方案

(1) 制作不动产权籍调查工作底图、划分作业区域。

(2) 调阅已有的不动产确权登记材料。

(3) 调查宗地权属来源材料并核对权属。

(4) 确认界址、设置界标、编制街坊宗地、接合图和宗地草图。

(5) 现场测定界址点坐标、计算界址边长。

(6) 填写不动产权籍调查表、界址调查表并签字盖章。

3. 人员培训及技术交底

对所有参与人员(包括内业人员和外业人员)进行统一的培训和技术交底。所有工作人员需明白调查的重点,需会使用所有仪器,并且熟练掌握收集的资料如何与原有资料进行整合。

六、检查与验收

这部分工作主要是自检与互检、验收入库。

农村宅基地和房屋统一登记中权利人身份界定研究

苗广亮　刘玉霞

（连云港市灌云县国土资源局）

摘　要　本文主要介绍农村宅基地和房屋统一登记中权利人身份界定，结合灌云县试点区工作经验，以农村集体经济组织成员资格、户口不在村组情形、确定权利主体的做法为研究内容，探讨了相关界定措施，希望对从事相关工作的同行能有所帮助。

关键词　地房；统一登记；权利人身份；界定

灌云县作为江苏省首批农村宅基地和房屋统一登记试点单位，完成了连云港市首本农村宅基地和农房一体《不动产权证书》的颁发工作。试点地区从农村宅基地管理相关规定出发，以当地宅基地使用现状为基础，通过充分调查研究，建立了一套统一登记主体身份的认定体系，以满足农村宅基地和农房统一登记试点工作的需要。

一、引言

宅基地是农村的农户或个人用作居住而占用、利用本集体所有的土地，是指建了房屋、建过房屋或者决定用于建造房屋的土地。从宅基地定义上看，其使用主体特定，即特定的宅基地仅限本集体经济组织特定的成员享有使用权。随着户籍制度改革的深入，以户籍为核心的城乡二元社会结构逐步被打破，户口可以自由流动，部分村民户口因购买小城镇户口或购买城镇商品房而迁出；随着土地大规模流转，不少村民不再从事农业生产，将宅基地流转出去，特别是城镇周边，农房隐形交易市场日趋活跃；农村人口逐步老年化，城镇居民返乡继承房产的也越来越多，因此仅从户口来判断申请人是否符合宅基地和农房统一登记主体显然是不合适的。

二、认定农村集体经济组织成员资格

（一）农村集体经济组织的成员资格界定

符合下列条件之一的本村常住人员为本集体经济组织成员：本村出生且户口未迁出的；与本村村民结婚且户口迁入本村的；本村村民依法办理领养手续且户口已迁入本村的子女；其他将户口依法迁入本村，经本集体经济组织成员的村民会议三分之二以上成员或者三分之二以上村民代表的同意，接纳为本集体经济组织成员。

（二）购买城镇户口人员的成员资格认定

按照国发〔1997〕20号文件办理小城镇户口的人员，已无土地承包经营权，不再保留村集体经济组织成员资格。按照中发〔2000〕11号文件办理小城镇户口的人员，一直承包原村集体土地并且承担着本村集体经济义务的人员，可享受村集体经济组织成员的权利。

（三）政策性农转非指标人员的成员资格认定

政策性农转非人员不再是村集体经济组织成员；因民办教师转正或国家政策调整等原因将直系亲属迁出转为非农业户口的，不再保留集体经济组织成员资格，不享有土地承包经营权。

（四）农村生源毕业生毕业后未就业人员的成员资格认定

中高等专业学校学生已毕业分配工作的，不再作为承包土地经营权人口。毕业后未正式就业、回原籍落户的农村生源毕业生仍属于原农村集体经济组织成员，依法享有村民的各项权利，履行各项村民义务。农村生源毕业生毕业后未就业人员应视为村集体经济组织成员。

凡属于农村集体经济组织的成员，已有宅基地的，均依法享有确权的权利。

三、户口不在本村组情形分析

户口不在本村组的，因继承房屋占用农村宅基地的。公民对宅基地只有使用权没有所有权，所以不作为遗产继承。但是建造在宅基地上的房屋产权属于公民所有，可以继承，按照“地随房走”的原则，可以根据房屋所有权的变更而继承使用宅基地，继承人对宅基地上所建造房屋的继承将导致对宅基地的继承，因此，在统一登记时由继承人申请登记，且在不动产权证书上注明房屋来源为继承。

权利人原为本集体经济组织成员，因集体经济组织机构调整而转到其他集体经济组织、或因工作需要离开本集体经济组织转为城镇户口及购买小城镇户口等原因迁出户口，宅基地和房屋继续使用的，这一类权利人原来建房时属本集体经济组织成员，可以将其作为统一登记主体。

户籍制度改革以来，农村村民生活条件改善，在城镇购买商品房或因小孩读书而将户口迁入城镇的越来越多，此类权利人建房时原为本集体经济组织成员，且户口迁出后依然和本集体经济组织发生权利、义务关系，我们可以根据户籍迁入迁出记录，将其确认为登记主体。

户口不在本村组的，权利人为回乡落户的离退休职工，回乡定居的华侨、港澳台同胞、长期在农村工作的教职员、医务人员、科技人员等，其宅基地及房屋通过政府批准后原在农村合法取得的，现状没有发生变化的，统一登记时可以作为登记主体。

非本集体经济组织的村民购买本集体经济组织成员的宅基地和房屋的，经本集体经济组织三分之二成员同意，且在其他集体经济组织没有宅基地也未享受过拆迁安置的，可以确认为登记主体。

非本集体经济组织的村民，因地质灾害防治、新农村建设、移民安置等集中迁建，在符合当地规划的前提下，经本集体经济组织三分之二成员同意并经有权机关批准异地建房的，可按规定确定为登记主体。

原为非农业户口的城镇居民购买宅基地或房屋的。国务院办公厅《关于加强土地转让管理严禁炒卖土地的通知》中明确规定，农民的住宅不得向城市居民出售，也不得批准城市居民占用农民集体土地建住宅，有关部门不得为违法建造和购买的住宅发放土地使用证和房产证，因此，购买宅基地的城镇居民不能作为统一登记的主体。

四、确定权利主体的做法

随着城镇化进程的加速，大量农村人口向城市转移并在城市生产生活，单从户籍管理角度来讲，这部分农民严格意义上已经不属于集体经济组织成员，然而，从物权法角度来讲，这部分农民在农村已有的房产不会因为其身份的变化而灭失。因此，户籍不能作为集体经济组织成员认定的唯一依据，是否为本集体经济组织成员也不是确定登记主体唯一判断标准。农村宅基地和房屋统一登记主体身份的界定，应该在遵循"房地一体"和主体一致的原则下，依据户口性质、房屋取得情况进行综合判别，除继承取得房产外，原则上建房时申请人必须是本集体经济组织成员（本村的常住农业人员、经营农场承包责任田、承担各项农村义务、符合宅基地使用条件的农村村民），方可符合申请登记资格。

在实际操作和登记审核中，可分三种类型判别申请人是否可以作为登记主体：一是纯农户。申请人属本村常住农业人员，经营农村承包责任田、承担各项农村义务，这一类纯农户依法享有宅基地使用权。二是外迁户。户籍制度改革前因读书、当兵等原因户口农转非迁出的，不符合宅基地申请条件，不能作为申请登记主体；因购买小城镇户口，乡村教师、医务人员、科技人员等原在农村自建的房屋，户口虽然不在本村，但其依然在农村生产生活，可以作为登记主体。三是外来户。除依法继承外，原为城镇居民通过购买、私建等方式在农村取得的房屋，不能作为登记主体；外来村民通过赠与、交换、买卖取得的宅基地和农房，只要在迁出地无宅基地且未享受过拆迁安置的，可以作为登记主体。登记主体审核程序，根据村民登记申请举证材料，结合户籍调档查看申请人户口性质情况，经村委会审核，在履行公示程序后确定。

五、结语

宅基地和农房统一登记主体身份难以认定具有深刻而复杂的背景和历史原因，在遵循"房地一体"和主体一致的原则下，积极探索一套切实可行的认定模式，有利于解决当前宅基地和农房登记遗留问题，保障农村不动产权利人的合法权益，有利于稳妥推进农村不动产统一登记工作，具有很大的现实意义。

不动产测绘成果管理与利用探析

曹　敏

（连云港市不动产登记中心）

摘　要　伴随着《不动产登记暂行条例》的出台，不动产登记工作在全国开启，需要提升不动产测绘信息数据的管理与利用效率。本文阐述了不动产测绘的特征与内容，分析了不动产测绘成果的管理范围，提出了不动产测绘成果管理与利用的有效方式，以提高不动产测绘成果档案管理水平，促进测绘成果管理利用工作有序开展。

关键词　不动产测绘；成果档案；管理利用

随着国家《不动产登记暂行条例》的出台，不动产统一登记工作已经全面展开。不动产是指土地以及土地上面建造的房屋等不可移动的物品，在对其进行管理的过程中，需要房产测绘、地籍测量、规划竣工测绘等图件信息成果，这些信息与土地建筑相关的其他数据构成了不动产测绘成果档案。为了对不动产更好地进行管理，不动产登记管理中必须有效地使用测绘成果，不动产测绘成果整合与利用的研究成为了必然趋势。

一、不动产测绘的特征与内容

（一）不动产测绘的特征

不动产测绘具有一个重要的特征，那就是进行不动产测绘时必须严格地按照政策方针、法律法规、测量标准规范和其他与之相关的技术标准体系开展工作，属于具有法定性和法律效应的测绘。不动产测绘之后所得到的测量结果，在经过相关部门的审查核定之后，作为不动产的产权属性的一个效果相关资料，受到物权法的保护。

（二）不动产测绘的内容

不动产测绘是指利用测绘技术，对不动产统一登记后的目标对象所拥有的形状、位置、面积、方位、层次等基本的空间属性都进行确定，并且经由图表以及数字等多种形式对不动产所拥有的属性进行表述的一种科学技术。不动产测绘为不动产所拥有的产权管理、税收、开发利用、城镇规划等各个方面的用处都给予相关基础资料和定位系统的帮助，主要包括房产测绘、地籍测绘、竣工测绘等。

二、不动产测绘成果的管理范围

不动产测绘成果作为测绘的重要依据起着一个非常重要的作用，在进行不动产登记时，不动产测绘成果的计算应严格根据“地籍测量和测绘”、“物业测量规范”、“全球定位系统测量规范”和其他监管要求的技术设计和测绘项目总结进行，做好控制点布局与数据收集工作。这些信息数据都是属于不动产测绘成果资料，必须全面做好收集、整理、归档、利用等管理工作，以使不动产测绘成果资料能够发挥更大作用。根据不动产档案作用的不同，可以分成以下三类成果资料范围：

（一）测绘单位资料

选择合适的测绘单位是保证测绘成果报告具有权威性、有效性的前提和基础。测绘单位资料应当具体包括：不动产进行测绘之前所签订的有效合同，测绘单位资格证书，工作时使用设备合格证书，参与测绘工作人员资格证书，测绘进行前制定的设计书，测绘过程中使用的技术总结，测绘成果与检查报告等。

（二）申请测绘资料

申请测绘资料是进行测算时的依据资料，是在对土地进行建设时做出的设计以及表述等资料，是对于其相应的政府批发的文件等许可文件进行检查与审核。其中包括该项目建立时政府颁发的批文、政府颁发的建设用地规划许可证，建筑施工过程中使用的设计方案、建筑资质证书、建筑验收报告，工程完成后对整个建筑拍摄的整体平面图等。

（三）审批备案资料

审批备案资料是在进行房屋登记以及生产过程中所产生的一系列档案材料。建设单位建设完成后，会将不动产材料交给房产部门，房产部门根据其提交的材料进行审批工作，在审批的过程中会出现一些新的资料，这些资料就是备案审批档案资料。其中包括各项工作的申请表、各项工作的审批表、建设单位提交材料后房管部门对现场的查实记录等。

（四）相关的补充说明

在对上述资料档案进行管理时，将其制作成电子版，以便保管与使用能更好地进行，并且，在对房屋面积进行计算时，要严格地按照要求来进行，使得到的结果更加准确。

三、不动产测绘成果管理与利用

不动产测绘成果档案的管理是将测绘过程中产生的数据使用一定的方式完好地结合起来，使其成为一个有效的整体，然后根据这些数据将建筑、土地等不动产进行管理，使不动产的管理和利用工作能够更好地进行下去。

（一）不动产测绘成果的数据整合

不动产测绘成果的数据整理包括测绘数据的分析与汇总。数据分析主要是在数据与测绘的成果之间建立一定的关系，从而通过两者之间的对比研究得出具体的数据信息，以便于分析与管理。不动产测绘成果在地籍测绘成果方面，主要以地理坐标为基础进行编码，并建立了相应的土地权属登记制度和数据库管理系统，为不动产综合测绘成果和未来测量提供了一个统一的不动产登记依据。在进行不动产的测绘时虽然已经具有统一的依据，但没有统一的数据模型，给整合数据带来一定的难度。不动产测绘成果整合主要是以年份加上流水号产生的序列号模式进行管理，或者在多个不动产管理模式之间切换进行管理，并建立相关的与住房登记管理系统的对应关系。房屋登记管理系统中，有四种编码方式，即坐标法、分宗法、分幅法和完成时间法。

（二）不动产测绘成果的数字化管理

不动产的测绘数据与相应的信息作为不动产测绘档案整合利用的基础，在进行管理与保存时一定要做到全面以便于查阅。随着信息技术的发展，许多不动产档案和地籍测绘成果已运用数字化扫描或出具数字化的成果，越来越多的地区开始实行档案的信息化与数字化管理。在不动产测绘成果资料整合过程中充分应用数字化的管理技术，能够有效地提高成果资料整理与保存效率，提高成果档案的保存寿命，提高查阅效率，基于测绘成果的不动产信息整合将是非常方便快捷的。当然，在不动产测绘成果档案的数字化管理时，一定要根据《中华人民共和国档案法》《电子文件归档与管理办法》等要求进行操作，保证性能良好，实施针对性的管理。

（三）不动产测绘成果的服务利用

不动产测绘与成果管理能够有效地提高国家政府部门不动产统一登记工作的登记效率，在进行相关信息查询与利用时能够方便快捷地得到相应信息，为不动产成果档案更好利用提供有效的保障。在不动产登记机构工作中，可以使用这些整合后的测绘成果档案进行服务，提高了工作效率以及工作质量，为直接当事人的查询提供了良好的便利条件。随着信息社会的不断发展，不动产档案整合的效果会越来越好，将会在统一服务利用中更好的应用。诚然，由于不动产档案的特殊性及重要性，建立一个独立的不动产测绘成果档案管理部门与机构，来单独实现对于不动产成果资料的管理与整合，有利于不动产统一登记服务，有利于不动产成果的档案管理和利用，有利于促进行业整体水平的提高，有利于加快不动产测绘行业的发展。

四、结语

不动产测绘成果作为房屋建筑的重要依据，起着非常重要的作用。不动产管理部门要加强研究力度，重视不动产测绘成果档案整合工作，加强不动产登记及不动产测绘成果档案管理，建立全面的信息档案管理系统，方便快捷地进行不动产信息查阅与利用，实施不动产测绘成果与不动产登记信息映射，实现不动产测绘成果一体化管理和服务。

测绘在不动产登记中的作用探析

谭媛媛

（连云港市不动产登记中心）

摘　要　文章通过不动产登记的相关概念与不动产测绘的重要性分析，来探讨不动产测绘在不动产统一登记中的作用。

关键词　不动产；不动产测绘；不动产统一登记

一、引言

不动产是老百姓最为重要的物质财富，涉及不动产相关权益的保护至关重要。《中华人民共和国物权法》自 2007 年 10 月 1 日起开始实施，其中很重要的一点就是明确规定国家实行不动产统一登记制度，这符合不动产的自然属性和国际通常做法，但物权法并未对不动产统一登记做出更细致的规定，而是“统一登记的范围、登记机构和登记办法，由法律、行政法规规定”。2014 年 3 月 26 日，不动产登记工作第一次部际联席会议明确，从 2014 年开始，通过基础制度建设逐步衔接过渡，统一规范实施，用 3 年时间全面建立不动产统一登记制度，用 4 年时间运行统一的不动产登记信息管理基础平台。2016 年 5 月 3 日，我市市区颁发了第一本不动产权证书，不动产统一登记工作已经开展。而不动产测绘在不动产登记中应发挥什么作用，已成为研究的热点问题。

二、不动产统一登记相关概念解析

（一）不动产

何谓不动产？根据学界通说，不动产一般是指依自然性质或法律规定不可移动的物，或移动会损坏其性质的物，广义上包括土地、林地、草地等自然资源及其地上定着物。通俗地讲，不动产包括土地和房屋。全面地说，不动产是指土地、房屋、建筑物以及附着于或蕴含于其上的其他物。土地、房屋、建筑物、生成林木、矿藏资源等均可以作为独立的不动产；附着于或蕴含于土地的自然资源在分离前视为不动产，分离后视为动产；土地使用权、土地承包经营权等土地权利为不动产。实践中，最重要的和最常见的不动产就是地产和房产。

（二）不动产测绘

不动产测绘是常规的测绘技术与不动产管理业务相结合的专业测绘。依据不动产的定义范围不难看出，不动产测绘涉及地籍测绘、房产测绘、海籍测绘、林权测量、矿山测量等。依据不动产统一登记的要求，不动产测绘要统一地籍测绘、房产测绘、海籍测绘、林权测量等，建立统一的坐标系统与框架，参照统一的测绘标准与规范，协调统一的的测绘地理信息管理要求与准则。所以，不动产统一登记要实现不动产统一测绘。

（三）不动产统一登记

不动产登记，系由不动产登记机构依法将不动产、不动产权利和其他应当记载的事项在不动产登记簿上予以记载的行为。它包括土地登记、房屋登记、林地登记、草原登记、海域及无居民海岛登记、农村土地承包经营权登记等。通俗地讲，不动产登记是指申请人申请，专门机关依据法律规定，将土地、房屋、林地、草地等不动产物权取得、变更、消灭的实施记载于特定的簿册上，产生一定的法律效果的行为。我国的不动产登记主要包括土地和房屋的登记，其中土地分为建设用地、农用地和未利用地，农用地又分为草地、耕地、林地、滩涂等。不动产统一登记的范围，是指需要登记的不动产权利。这些权利可分为：所有权、用益物权（国有土地使用权、集体土地使用权、土地承包经营权、宅基地使用权、地役权等）、担保物权（抵押权）。不动产产权是围绕土地、房屋等不动产形成的所有权、使用权和他项权利的组合，其中所有权是基础，使用权是核心，他项权利是补充。从法律意义上讲，按照权责对等的原则，不动产权利人享有不动产权利的同时，也承担着相应的不动产义务。

三、不动产测绘的重要性

（一）不动产测绘是权属管理的依据和基础

不动产权属是指不动产权的所有权和他物权的归属。它是指不动产所有者对其所拥有的不动产权所享有的占有、使用、收益、处分的权利和不动产使用者对其使用的不动产权所享有的利用、取得收益的权利。不动产权管理的最初目的是为了统治者收税，只有管住权属才可能收到税，同样，也只有管住地权才能管住土地的利用，因为地权管理在保护土地所有者、使用者合法权利时，还规定了相应的限制条件和义务。不动产权管理的各项内容都要用权属管理来保障其顺利实施，因此，不动产权管理的核心就是权属管理，而不动产测绘正是权属管理的依据和基础。可以说，如果没有不动产测绘，没有不动产测量所提供的界址点和图，权属管理就无从下手。

（二）不动产测绘质量直接影响不动产登记公信力

不动产登记是国家为保障不动产产权、加强不动产管理的一项法律制度，它的根本目的是对不动产权利的公示。不动产产权的公示方法主要是登记，即将不动产产权变动的有关情况，通过一定程序记载到登记机关的簿册上，不动产产权的变动才发生效力。不动产登记在很大程度上实行的是实质性审查制度，这就要求登记机构在进行不动产登记时，不动产的面积等各种要素要准确无误，以确保不动产登记的公信力。对因登记错误给权利人造成经济损失的，登记部门要承担相应的法律和经济赔偿责任。因此提高不动产测绘质量，保证不动产面积测算等各种数据的准确、真实、可靠，不仅是对权利人利益的保障，也是对不动产登记公信力的保证。

四、不动产测绘在不动产统一登记中的作用

（一）法律的作用

不动产图所表示的每宗（丘）所有的不动产的权属范围是经过逐宗（丘）清理产权，并经过各户申请登记，经主管部门逐户审核确认，不动产图作为核发不动产所有权证书的附图，是具有法律效力的图纸。它是加强不动产管理、核定产权、颁发权属证书、保障不动产所有者的合法权益、加强社会主义法律管理的重要依据。

（二）天平的作用

商品在市场流通时，其数量与总价有直接关系。不动产这种商品的数量就是不动产面积，与不动产总价也息息相关。显而易见，不动产面积测绘这项专业性技术工作，对不动产这种商品的数量起着天平的作用。不动产数量的准确性应能经得住时间的考验；又因不动产价格高，更显其数量准确性的重要；再因不动产面积测绘成果又是不动产权属登记这种行政行为的依据之一，其确认的所有权人拥有的不动产数量，应具有社会公信力。所以，不动产面积测绘是一杆不同寻常的"秤"。它的天平作用，要求准确、合法；它涉及社会大多数人的利益，要求公正。

（三）统计的作用

政府管理一个城市必须对不动产总体情况做适时的统计，反映城市不动产分布情况及各种产别、结构、用途的不动产数量，为城市规划、旧城改造等提供决策依据，此项"不动产基本状况统计"工作是不动产权属登记机关的职责。该项工作量大面广、动态性强，必须以科学方法和现代技术来保证。该项工作的关键环节是利用不动产平面图作载体，将调查结果附着在每一幢房屋上，再汇集成城市房屋数据库，根据需要进行统计与分析。

（四）编码的作用

不动产信息有两个重要特征：其一，不动产信息与实地不动产存在一一对应关系；其二，不动产信息除面积差异外，个体特征不明显。地理编码是通过不动产平面图为载体来完成的，与不动产平面图共同起纽带作用，将不动产信息与实地不动产建立起一一对应关系。

当然，在一个城市建立完整、准确的地理编码体系，必须有完备的不动产测绘作支撑。首先，测绘先行，分幅图覆盖城市建成区，不论不动产是否登记，各权属单元都有固定的地理编码，摆脱不动产坐落易变带来的影响。其次，必须统一，避免重叠、疏漏、规则不一，出现编码混乱会导致信息系统不稳定。最后，必须遵从编码规则，局部增减编码要符合权属登记的要求。

（五）安全的作用

近年来，部分城市建立了GIS（地理信息系统），在不动产权属登记部门建立GIS主要目的应该是防范风险。当前，司法查封、冻结的不动产与日俱增，登记部门注销的产权证及遗失产权证也在不断增加，登记机构的风险不断增大，这种情况大中城市比小城市严重。主要有三个方面的原因：其一，信息量过大，难以监控；其二，过于依赖计算机，因计算机是硬性识别，一字之差可能铸成错件；其三，因信息量大而未能有效地关联各种信息，经常出现查此漏彼。如何有效地防范风险，是当前摆在权属登记部门面前最大的难题。设计GIS，是将不动产测绘与不动产登记信息结合起来，实现从"不动产"查询登记情况，改善单纯从"人"查登记情况的不足，可防范重证、遗漏限制信息、坐落易变等风险。

（六）经济的作用

不动产测量提供了大量准确的图纸资料，为正确掌握城镇房屋和土地利用现状以及变化、清理公私各占有的不动产数量和面积，建立产权产籍和产业管理的图形档案，统计各类不动产的数量和比重等提供了可靠的数据，亦为开展不动产经济理论研究提供了重要数据。不动产测量还为税收、城镇财税等部门研究确定土地分类等级、制定税收标准提供了基础数据，确保各项税费的及时征收。不动产测绘成果资料为不动产评级、分等定级、征税、有偿出让与转让提供了资料。另外，不动产测绘的成果也是开展城镇房地产管理理论研究的重要基础资料。

（七）管理的作用

不动产测绘不仅为不动产业服务，也为城镇规划、建设、市政工程、公共事业、环保、绿化、治安、消防、文教事业、水利、交通、财政税收、金融、保险、工商管理、旅游、街道照明、上下水工程、通信、燃气供应等城镇事业提供基础资料和有关信息，是保证信息共享、避免重复测绘、重复投入的重要措施。为了使不动产管理和住宅建设都能稳步纳入社会主义现代化建设的轨道，城镇不动产管理部门和规划建设部门都必须全面了解和掌握不动产的权属、位置、数量和现状等基本情况。只有这样，才能妥善管理和合理规划建设，更好地调配使用房屋和土地，有计划安排旧城区住宅的修建改造以及新发展区的规划建设。所以不动产测绘获得的基础信息，也是我们提高不动产市场管理、档案管理乃至登记信息查询等管理水平的重要工作。

五、结语

综上所论，不难发现，不动产测绘无论是对城市地理信息系统的建立，还是对整个区域的不动产管理来讲，都是一项重要的基础工作。同时，我国实行的不动产统一登记制度是一种法律登记制度，是一种以国家强制力为后盾、积极主动的行政措施，保持不动产测绘的连续性也成了不动产管理的迫切需要，而对不动产测绘的现势性也就有了更高的要求。不动产测绘在不动产统一登记中法律、统计、安全、经济、管理等方面都发挥着重要作用，做好不动产统一登记，一定要做好不动产统一测绘。

土地所有权调查方案

孙　亮
（连云港市赣榆区国土资源局）

摘　要　文章从目的与任务、技术路线、数据处理、成果征询、入库及归档方面对土地所有权调查方案进行了设计。

关键词　土地权属；土地权属管理；土地市场

一、目的与任务

为加强土地管理，规范本区集体土地所有权调查，保障集体土地所有权确权登记的顺利实施，结合本区的实际情况，制定技术方案。

集体土地所有权调查的主要任务是：开展集体土地所有权调查，查清每个集体经济组织土地所有权的权属状况。建立覆盖全区的土地所有权数据库，为土地登记、土地征收等工作提供翔实的数据，实现“以证管地”的管理模式。进一步开发和完善地籍数据更新和应用系统，夯实基层地籍管理基础，健全一区（县）一镇（街道）一村三级网络体系。建立集体土地所有权调查长效管理机制，培养一支技术精、业务熟的地籍管理队伍，形成完善的数据更新制度。

二、技术路线

本次集体土地所有权调查，利用第二次全国土地调查（以下简称“二调”）成果和现有的地籍资料，采用“内业权属梳理、外业调查指界、实测界址范围、内外业相结合”的方法，以村为单位，全面查清每个集体经济组织土地所有权的权属状况，形成集体土地所有权宗地、土地所有权界线协议书等成果，为集体土地所有权登记提供依据。

（一）内业方面

在本区“二调”成果的基础上，结合地籍基础数据库数据，收集各类权属证明材料，全面梳理调查范围内土地权属状况。根据土地权属梳理成果，结合地籍基础数据中镇（乡）、村、村民小组界线，形成土地所有权界线外业调查图件。

（二）外业方面

组织所有权人按规定程序对内业梳理形成的土地所有权界线进行现场核查指界，确定所有权界线位置，设置界址点。利用已有的地籍调查控制成果，遵循从整体到局部、分级布网的原则布设平面控制网，实地测量集体土地所有权界线界址点，获取坐标信息，形成高精度的集体土地所有权调查成果。

（三）界线调查

以村为单位，结合村委会申报的土地所有权界线情况，利用收集的各类权属证明材料，梳理村范围内的国有和集体土地使用权状况，初步确定国有和集体土地所有权范围。根据村委会申报的集体土地所有权界线，收集并整理相应的权属资料及基础数据，以“二调”村、队界线成果为基础，比对登记、供地、测绘项目等信息，确定集体土地所有权范围。并在电子数据比对基础上，根据收集的权源证明材料，进一步核实相关用地的权属性质、范围及界线。通知书应以书面形式由区（县）调查办发出。指界通知送达后应要求收件人在回执上予以签章确认。无法直接送达的，通过公告或邮送的方式进行通知。

1. 调查指界

指界前，调查人员须查验指界人身份证明及其资格证明，确保指界工作依法合规。根据土地所有权指界图，由界线双方指界人共同到现场指界，确认界线位置。

农民集体土地间所有权界线，由双方指界人指界。

农民集体所有土地与没有明确使用者的国有土地的权属界线，由该集体土地指界人指界，根据有关法规和实地调查结果予以确认。

农民集体所有土地与有明确土地使用者的国有土地的权属界线，由该集体所有土地的指界人和国有土地使用者共同指界。

农民集体所有土地和国有土地之间的土地权属界线，双方有边界协议或正式文件或者国有土地使用者已办结土地登记手续的，可直接引用协议、法定界线、界址，不再调查、指界。

因依法征用、调整土地等引起土地权属界线发生变化的，应直接引用征用、调整土地的法定文件、图件，不再办理指界。若图上界线不明确或与实地不一致的，应进行补充调查，补办必要手续。

土地权属界线有争议的，应现场进行调解，按调解结果确定所有权界线。现场调解无效的，土地调查人员在所有权界线调查表“其他说明”中对争议情况进行记录，并在图上用虚线标示双方指界人主张的界线。

如一方指界人未在规定时间出席指界，其所有权界线以另一方所指界线确定，将确界结果以书面形式送达违约缺席者，如有异议，应在15日内提出重新划界申请，并由申请人负担重新划界的全部费用，逾期不申请，视同对确定的界线无异议；若双方均违约缺席，其所有权界线由土地调查人员依有关界线资料和现状确定；若指界人无正当理由对指界结果不签字确认的，视同缺席。

2. 设置界址点

土地调查人员应根据指认的界线和现场情况设置界址点，埋设界桩，并将界址点位置标注在指界图上，无法清楚在图上标示的界址点，应在土地所有权界线调查表上备注说明。界址点设置的基本要求为：

① 反映边界线走向具有重要意义的转折点应设置界址点；

② 两条及两条以上不同所有权界线的交点处必须设置界址点；

③ 实地地形不易辨认的界线转折处应设置界址点；

④ 田坎、沟渠、河流、道路等与界线相交处应设置界址点；

⑤ 以线状地物为界的边界线起讫处应设置界址点。

3. 签字确认

指界完成后，相关指界人应在指界图上签字确认指界结果。

三、数据处理

（一）图形处理

以村为单位，根据调查的界线和实测的界址点坐标，利用图形处理软件，编辑处理所有权界址点、线、面，形成符合数据库标准的土地所有权宗地图形。

（二）属性编辑

按照现场指界记录，逐宗对所有权界址点的界桩种类、所有权界线的界线类型和位置、指界人等信息进行编辑，并确定宗地编码和所有权人，争议宗地的界线类型和土地所有权人均记录为“争议”。

四、成果征询、入库及归档

经检查合格的调查成果，镇（乡）调查办应征询相关土地权利人或管理部门的意见。

农民集体土地间所有权调查成果，应征询相关村委会、镇（乡）政府。经征询对调查成果无异议的，由村民委员会、镇（乡）人民政府对调查成果进行盖章确认；有异议的，应补充调查，对原数据成果进行修改、完善后，重新征询。农民集体所有土地与有明确土地使用者的国有土地间的所有权调查成果，应征询国有土地使用者。经征询对调查成果无异议的，由国有土地使用者对调查成果进行盖章确认；有异议的，应补充调查，对原数据成果进行修改、完善后，重新征询。农民集体所有土地与国有河流、道路等相邻的所有权调查成果，应征询水务、公路等管理部门。有异议的，应补充调查，对原数据成果进行修改、完善后，重新征询。成果征询无异议后，土地调查单位可提交成果至区（县）成果管理部门，申请数据成果入库。区主管部门应对提交的数据进行审核，检核成果图形拓扑关系及各项属性数据是否关联正确，成果是否符合 GIS 数据库标准。审核无误后，以村为单位实施数据成果入库，并出具入库证明。成果入库后，区调查办应组织人员对调查形成的有关成果资料进行整理和归档。集体土地所有权调查资料应按照国家档案及保密管理的有关要求，统一管理，及时存档。

试论林木不动产权籍调查中面积的认定

苏　飞　张善强

（连云港市赣榆区国土资源局）

摘　要　在林木的不动产权籍调查中，林木的占地面积是权籍调查过程中的一个重要调查指标，林木占地面积的认定直接关系到林木不动产权人的合法权益及不动产登记机关核发的不动产权证书的合法性、合理性，笔者根据自身实际工作，就林木占地面积的测绘、认定过程中的两个相左的论点进行了有益的探索。

关键词　林木不动产权；权籍调查；面积认定

林木不动产权籍调查是不动产权籍调查的主要工作之一，其内容包括权利人名称、法定代表人、坐落、林班、林种、株数、面积、林地使用期、终止日期等19项需要调查的内容。对于林木的占地面积，一般是采取有资质测量单位实地测量给予认定。针对平原区林木面积，林木权利人对于测量的结果一般没有异议，但是对于山区林木占地面积的认定结果，有部分权利人存在较大异议，认为权籍调查的面积小于实际面积或合同约定的面积，往往要求重复测绘、权调，这样既增加了外业工作量，又延长了权利人获得不动产权证书的时间。通过与林木权利人的交流及在实践中的归纳，笔者获得“坡面面积论（表面积）”和“高斯投影面积论”两种关于面积的论点，现就这两种论点做分析，以期找到一个登记机关和权利申请人都能满意的结果。

一、坡面面积论（表面积）

我们国家自从实行家庭联产承包责任制以来，在农村中一直沿用皮尺（测绳）直接丈量测算地亩，量出土地的长度和宽度辅以数学公式，计算出土地面积，延续到山林地的承包过程中，一般也采取类似的方法测量。

（一）方法一

设山坡的长度为b，坡角为α，山坡的宽度为b'，则面积$=b \cdot \sin\alpha \cdot b'$。

（二）方法二

通过测量仪器得到所测地块的三维坐标。测出边界点坐标，同时测出区域内地形地物特征点的三维坐标。通过三维坐标点建立DTM并构建空间三角形，利用三角形面积公式叠加得出该地块的表面积。

$$s=\frac{1}{2}(a+b+c)$$

$$T=\sqrt{s(s-a)(s-b)(s-c)}$$

$$P=\sum_{i=1}^{n}T$$

其中，a、b、c 为三角形边长，T 为单个三角形面积，P 为该地块的坡面面积(表面积)。

二、高斯投影面积论

高斯投影全称“高斯一克吕格投影”是一种等角横轴切椭圆柱投影。它是假设一个椭圆柱面与地球椭球体面横切于某一条经线上，按照等角条件将中央经线东、西各 3°或 1.5°经线范围内的经纬线投影到椭圆柱面上，然后将椭圆柱面展开成平面而成的。该投影是 19 世纪 20 年代由德国数学家、天文学家、物理学家高斯最先设计，后经德国大地测量学家克吕格补充完善，故名“高斯一克吕格投影”。在投影面上，中央子午线和赤道的投影都是直线，并且以中央子午线和赤道的交点 0 作为坐标原点，以中央子午线的投影为纵坐标轴，以赤道的投影为横坐标轴，这样便形成了高斯平面直角坐标系。

在实际面积测量中，规则形状的多边形很少，能通过几何公式计算的非常有限，通常的做法是通过测量仪器得到所测地块边界的平面坐标点，然后按平面上的封闭区域计算面积，来代替实际面积。

$$P = \frac{1}{2}\sum_{i=1}^{n} Y_i(X_{i-1} - X_{i+1})$$

其中，X，Y 为界址点坐标，n 为界址点个数，P 是求和的面积。

三、两种面积在权调过程中的比较

(1)“坡面面积”这种面积计算方法的优点是能够直观地反映出林木权利人所有的林木地理位置、相对完整的林木株数，测量的面积比较能够得到发包方和承包方的认同。

其缺点：① 欠缺行业标准的支持；② 地形地貌易发生变化，致使界址点较易位移；③ 外业测量难度大，需要通过已知坐标和加密的高程点构建不规则拟合曲面来计算，如常见的不规则三角网和方格网来拟合曲面；④ 量算的精度受外业测量点及构成三角网的密度影响大。

(2)“高斯投影面积”这种面积测算方式是我国目前采用的方法，有着完备的行业测量规范，且国土资源行业权籍调查数据库也要求按照投影面积作为入库数据。但是该面积作为林木不动产权面积却存在缺点：① 受林地(山体)坡度影响大，经实测比对，山丘地形坡度在 3°左右时，高斯投影面积与地形面积的差异度为 10%左右，山丘的坡度越大，就会造成坡面面积与高斯投影面积的差值越大。林木的种植面积与其地形的表面积是一致的，那么在林木不动产权调查过程中，如果用投影面积作为林木占地面积，对林木不动产权申请人来说，显然不太合理；② 林木不动产权申请人对面积的认同度低；③易致使林木不动产权申请人与发包方因林木占地面积问题产生矛盾。

(3) 在林木不动产权籍调查过程中，要采取两种测算面积相结合的方法来工作，不能程式化地单纯采用一种方法来认定林木不动产权的面积。例如某区不动产登记中心在 2016 年 6 月，依权利人申请对该区一国有林场进行林木不动产权的权籍调查工作，因该中心刚成立运行，仅按照地籍测量规程，对该林场采用外业测得的高斯投影面积 5 255.26 亩拟作为林木占地的发证面积，而该林场的原林权证记载的面积为 6 758 亩，两者相差 1 502.74 亩，且国家林业局规定每 100 亩林地可以安置一名全额拨款事业人员 1 名，这样就可能造成该林场将核减掉 15 人。该林场不认可不动产登记中心的测量及权籍调查结果，致使该项林权不动产权登记申请终止。

四、结论

笔者认为，高斯投影面积在林木不动产权测量及发证过程中不应作为唯一的记载面积，而是要充分发挥《不动产权证书》中附记页的作用，不仅要在证书第二页中记载核准面积（高斯投影面积），同时也要在附记页中记载林木不动产权利人的坡面面积（表面积）更为妥当，这样既保护了权利人的合法权益，又便于林木不动产权籍调查及证书发放工作的开展。

不动产登记房产测量中的常见问题和解决办法

高　飞　陈会政

（连云港市赣榆区不动产登记中心）

摘　要　随着住房制度的进一步改革与完善，房产测量技术在旺盛市场需求的推动下得到了进一步的快速发展。文章针对我国房产测量规范在执行中产生的问题，结合相关的测绘规范进行探讨、研究，供大家参考。

关键词　勘丈；测量精度；房产测量；共有面积分摊；公用面积；房产测量技术

房产测量的内容包括：房产平面控制测量、房产调查、房产要素测量、房产图绘制、房产面积测算、变更测量及成果的检查与验收等。验收合格的房产测量资料具有法律效力。它提供房屋和房屋用地的权属界址、产权面积、权源及产权纠纷等资料，是进行产权登记、产权转移和处理产权纠纷的依据。房地产发展到今天，基本实现了商品化，房产已成为广受人们关注的数额巨大的个人财富。

一、房产测量中一些概念及其关系

（一）房屋的外挂与外贴

（1）所谓房屋的外挂，是指房屋的外墙主体外用装饰材料（如玻璃、大理石等）挂起的、并用一些构配件将其固定在主体墙外一定距离的另外一个装饰墙面。

（2）所谓外贴，是指外墙主体外墙面上与主墙体紧密贴在一起的贴面装饰材料（如瓷砖、贴面砖等）。

（3）前者计算面积时，只计算到主墙体的外表面；后者计算面积时要注意在规划设计时有其贴面设计，计算到贴面外墙面；无设计时，计算到外墙粉刷面外沿。

（4）房屋内的装饰面是不计算墙的厚度的。

（二）独立使用的概念

所谓独立使用，是指房屋中的某一部分建筑，在使用功能上区别于该房屋的其他部分而另有用途、并独自用于具有一定目的内容的建筑。一般情况下，独立使用具有以下几个特点：

（1）它是独立的；

（2）它是一个单独的功能区；

（3）在一般的情况下，设计图纸上不太好区分它是否是独立的；

（4）需要测绘人员区别判断和开发商共同研究其是否独立使用；

（5）作为独立使用就一定要对其单独确权；

（6）分为两种情况确定其权属面积，一种是要参加整栋房屋和所在的大功能区内的共有面积的分摊；另一种是单独算其面积不参摊也不被分摊；

(7) 这些部位一般集中在地下室、车库、人防工程、架空层、栋外的基础设施用房、明显用于经营目的的其他用房(如临街的在商场内为全体人服务的收费厕所等类似的房屋等)。

(三) 关于门、窗、垛、柱、墩、装饰柱、承重柱与墙体的关系

(1) 垛:独立的长度小的竖向砖石砌体,亦称砖垛、石柱等,一般不计算面积。

(2) 墩:独立的长度比垛大和高的竖向砖石、混凝土砌体,亦称抱墩等,一般也不单独计算面积。

(3) 柱:建筑物中的一种竖向直线构件,主要承受各种作用产生的轴向压力,有时也承受弯矩、剪力或扭矩;用于支承梁、桁架、楼板等。柱如果作为房屋的维护结构,或者墙的一部分则应以其外围计算建筑面积;如果其突出自然的墙身,应根据具体情况是否计算面积。

(4) 装饰柱:在柱外围做了一部分装饰材料的柱,扣除其装饰的部分;与柱的作用相同。

(5) 墙:房屋外围或内部起维护和间隔作用的建筑。

(6) 这几种结构名称之间的关系有点微妙,当垛、墩、柱与墙发生在一起的时候问题就来了,处理如下:

① 有柱、墩、垛作为承重构件而无墙体的,在测量时以外围算其面积;

② 有柱、垛、墩和墙体连成一体的,一切均以墙体的外围(或其中线)算其面积。

(四) 关于楼梯与楼层之间的关系

(1) 首先要确定房屋的楼梯的面积随房屋的层数而算这个确定的原则。

(2) 其次确定该房屋的层数,判断楼梯的位置附属在该房屋的哪些层上。

(3) 无论楼梯有多少个缓步台或有与房间的通与不通,均以该房屋的层数算其面积。

(4) 例如:一栋房屋正立面是 13 层的复式楼,背立面是 7 层的楼梯(外观上看),与正立面一样高,且其复式楼每两层为一套(最上三层为一套),而楼梯每单层有入套门,不能因此把该楼梯算 6 层,而应该算 13 层。

(5) 目前有很多地方把复式楼的层不算层是不正确的。

(6) 穿过附属层的楼梯也要算面积。

(7) 楼梯到顶层,如果顶层为空,且无顶层梯间、上盖,则只算下一层。

二、独立分栋的判断

栋的定义 :经规划设计部门批准的,基础与结构是一个整体的,具有同一共有设备的,独立的,不同结构及不同层数组成的房屋。栋是房产调查的基本单位,也是房产要素测量的基本单位,因而在房产测量中对栋的概念进行明确的区分具有重要的意义。

独立分栋应该这样判断:

(1) 由于历史原因,新老规范未发布之前的,已经经过有关部门认定的,不论该房屋是何种结构,已经确定为一栋的,我们把它确定为一"栋"。

(2) 从新规范发布之后,"栋"(幢)的划分原则应该是规划设计图纸中的基础与结构是一个整体的;同期规划,同期建成的、同期验收;不同期规划、建设和验收的项目将各自独立,单独成栋。

(3) 规划设计图纸中房屋的基础与结构是一个整体的,是否同一设计单位的同一整套设计图纸的,如果是裙塔楼相连则看其主副楼是否为独立的共有共用设备的。

(4) 改建、扩建后的建筑物是否重新参加原建筑物的分摊,如果不参加原建筑物分

摊的。

(5) 一家一家建起的私房的山墙是共墙且连成一体的，可看成为一栋；但无共有共用面积的分摊(只确定共墙面积的分摊)如果不共墙则单独分栋。

(6) 新建成的超大型房屋，有若干层地下层组成的大型房屋的分栋，一定要仔细分析是否满足上面的五个条件，具体分析分栋的条件。例如，正负零以上有多栋独立房屋，正负零以下是为地上多栋房屋服务的地下室，则地上的房屋就应该分为多栋。

(7) 地面以上部分的基础、结构应为统一整体作为同一栋楼，地面以上部分的基础、结构应为统一整体，具体是指房屋的各个部分结构相连，即各个部分的梁、柱、墙等相互联接在一起，不可分割。如果房屋各部分间互不相连，则可以将各部分独立分栋。

(8) 房屋所占用的土地应为同一产权人。根据有关规定：房屋所有权人与土地使用权人相一致的原则是房屋权属登记的基本原则。如果房屋所占用的土地分属于不同使用权人的多块土地上，且各土地使用权人的土地权属清楚，则该房屋不能作为一栋处理。

(9) 有共同的共有共用设施。“栋”的划分，对广大产权人而言，最重要的是对共有建筑面积的分摊计算的影响。如果房屋各部分之间没有共同的共有共用设施，那么，无论是作为一栋还是作为多栋，对共有建筑面积分摊计算的影响可以忽略不计。

(10) 本身原是独立的房屋，利用楼房之间的间隙地，底层或多层以裙楼的形式连成一片的房屋，裙房与原楼房分别分栋。

三、关于房屋建筑面积问题

(一) 关于房屋层高在2.20米以下的建筑面积问题

在实际的大量的房产测绘工作中，广泛地接触有关建筑、设计、开发。房产等工作者，其中不乏专家、学者、教授、工程师和实际从事工程预决算的技术人员，他们对2.20米以下层高不计算建筑面积只知其然而不知其所以然，且不少人员认为，这是不合理的，需要重新界定，理由如下：

(1) 截至目前，我们所遵照和执行的规定标准中2.20米以下层高不计算建筑面积的依据均出自经基设字(82)58号文件中的有关规定，并按照其中某些条款照搬的，未见其理论依据和来源出处。

(2) 经基设字(82)58号文件中也有不按层高计算建筑面积的，例如图书馆的书架，专门用来停车用的车库，单层房屋不论高低以一层计，管道井等按层计等等，也未见其出处和理论依据，为什么我们却偏偏采用了这么一条规定，一直沿用了20多年。

(3) 新颁布的《住宅设计规范》、《工程预决算定额》等相关的规定中也未见其踪影。

(4) 我国现实情况下建成的建筑物，如果单从居住条件和使用条件考虑，当然房屋的内空间高度在3米左右是比较适宜的，无疑在通风、采光、压抑感上要求那样设计；但是纯从居住和使用上，1.75米(中国男性的平均身高)的房间净空高度仍然是可以使用的，因此净空高度在1.75米以上应该算建筑面积。

(5)《住宅设计规范》中有许多算一半建筑面积的规定，并不比净空高度在1.75米以上房屋实用，理论上说不过去，因此，考虑实用性，算一半建筑面积是可取的。

(6) 从工程造价上，并不比其他建筑部分低多少，不算一半建筑面积不合理。

（二）关于阳台面积计算的确定问题

阳台问题在规范中规定得非常明确，可是仔细地分析一下，全国各地不尽一致，归纳一下，不外乎以下几种情况：

①《住宅设计规范》发布前封闭的阳台全算，发布后业主自行封闭的半算；

② 建筑设计部门在建筑施工图中设计的封闭阳台全算，其他封闭的阳台半算；

③ 有盖的不封闭阳台半算，无盖的不算；

④ 有盖且其投影面积大于阳台底板投影面积二分之一的半算，小于二分之一的不算；

⑤ 阳台是不封闭阳台，但有盖且其投影面积大于阳台底板面积二分之一的只算其投影面积的二分之一，小于二分之一的不算；

⑥ 多高层房屋以上一层阳台作为下一层阳台上盖的不封闭阳台算一半，错开一至二层作为其顶盖的不算。

阳台的建筑面积在一般的情况下只有以下几种情况计算建筑面积：

① 经规划设计部门批准的图纸上是封闭阳台的全算；自行封闭的有全盖阳台算一半；

② 不封闭的且有全盖的阳台算一半；无盖或有部分盖的不算；

③ 阳台的围护结构有多种形式，当阳台的围护结构中线与主墙体或主轴的中线一致，计算面积时按与主墙体或主轴一致的围护结构外围水平面积计算，其他形式以阳台真正的底板外沿计算。千万别因阳台的造型、阳台栏杆的大小尺寸、底板的不同组成而走入误区，有设计图纸的以其尺寸为准。

（三）关于房屋“异型外墙”的面积计算问题

随着我国建筑艺术水平的提高，房屋外墙的建筑艺术多样化了起来，各种造型各异、艺术形式多样的房屋的外墙体呈多种形式矗立在房屋的各个角落，引起房地产测量人员的广泛注意。如何计算这类房屋的组成部分所投影形成的建筑面积，《住宅设计规范》中没有全部规定得很清楚的，综观全国各地，有一点是共同的，那就是：直体外墙向内倾斜的，由房屋层地面向上量自外墙 2.20 米的地方算其投影面积。但是目前我国的墙体艺术建筑行式呈多样化，有直体墙向外倾斜的、多折型的、弧形的，等等，各种几何图形式的外墙五彩缤纷。也就是说，这些建筑其水平投影的面积要算在哪里？《住宅设计规范》中没有明确规定，笔者认为可按以下方法认定几种墙体行式所围成的水平投影面积：

（1）直体墙内倾斜的无须多说。

（2）直体墙外倾斜以与其屋底平面相交处的截面水平投影面积计算。

（3）弧型墙体分内外弧：

① 如果外弧型墙体内空间只有一层，则按外弧形墙体与其底屋平面相交处的水平投影面积计算。如果内空由多层组成，则要区分该层处在上半弧区还是下半弧区，处在下半弧区的以层底屋面水平投影计，处在上半弧区的以量至层高在 2.20 米的地方的水平投影面积计。

② 内弧墙体与上叙情况基本类似。

（4）其他形式无论是什么墙体以三原则来确定：即取小原则、大于 2.20 米原则、墙体与底屋面相交的上空是否实用原则。

（5）如果有极特殊的建筑，如底平面面积为零，且中空很高，则分析其下层连接面与该墙体围成的面积。

四、结语

房产测绘是涉及民生的大事,稍有不当势必影响到房产测绘部门的声誉,甚至产生法律上的纠纷,因此,在制定房产测量规范时应当从严把握,保证测量精度留有余地,测量方法正确可靠,不能在制定规范时留有漏洞。建议对现行规范不当部分或没有明确规定的地方给予补充说明或修订,减少测量工作产生的法律纠纷。

房产测绘剖析

孙　亮
（连云港市赣榆区国土资源局）

摘　要　文章从房产测绘的定义、特点、作用延展至房产测绘成果质量的重要性，分析了房产测绘中的问题，并给出意见建议。

关键词　房产测绘；成果质量；规章制度

一、房产测绘的定义

按照测量学分类，房地产测绘是一项专业性测绘，它分为房产测绘和地籍测绘。房产测绘是指运用测绘仪器、测绘技术、测绘手段来测定房屋土地及其房地产的自然状况、位置、数量、质量以及利用状况，具体可分为房产基础测绘和房产项目测绘。房产基础测绘是指在一个城市或一个地域内，大范围、整体地建立房地产的平面控制网，进行房产权属管理和实施房地产建设管理需要测绘房产分幅平面图。房产项目测绘是指房屋权属登记时对房屋面积测算进行的分丘、分层、分户平面图及相关的房产调查数据等所形成的成果成图产品被房产行政主管部门确认后在法律上得到认可。

二、房产测绘的特点和作用

房产测绘是一项专业测绘，与普通的测绘有较大的差异，房产测绘成果产品多样，其成果一经房地产主管机关确认，便具有法律效力。它是产权确认、处理产权纠纷的依据。房产测绘单位受政府或房屋权利、相关当事人的委托从事房产测绘活动，是随着我国房产业的发展而兴盛起来的。因为它主要是为房产的各种管理服务的，房产测绘成果的作用归纳起来主要有以下几个方面：

（1）法律方面的作用。房产测绘的成果既是处理各种产权纠纷、恢复产权关系、确定产权的法律基础资料，也是房产各种管理的依据。

（2）财政税收经济功能。房产测绘的成果是房价评估、房产契税的征收、房产租赁活动、交易活动的主要依据，也是进行房产抵押贷款、房产保险服务不可缺少的依据。

（3）社会服务、决策参谋功能。房产测绘调查后的成果，经过统计整理之后，可以派生出很多不可多得的资料，这些资料会给城市的整体建设布局、房屋制度的改革、老城区的改造、危旧房屋的改造等提供决策的依据，也为城镇测绘、市政工程、公用事业、环保、绿化、社会治安、文教卫生、水利、旅游、地下管网、通讯、电、气等提供资料和有关信息。它的服务具有广泛性。

三、房产测绘成果质量的重要性及加强测绘管理工作

在住房建设飞速发展的现实状况下，由于涉及千家万户的切身利益，房产测绘必然会随

着测绘活动的深入而引发越来越多的房产测绘纠纷。如何最大限度地减少测绘单位的风险,尽量避免由于房屋面积测绘失实引起的纠纷甚至诉讼,已成为整个房产测绘行业面临的最大挑战。而解决问题的关键就是大力提高房产测绘成果质量,加强测绘成果质量管理。

当前,全国各地的房产管理部门按照《房产测绘管理办法》的规定已基本完成了与其下属房产测绘机构的脱钩,实现了测管分离。但脱钩改制后,有些城市房产管理部门对房产面积测量成果的审核、监督力度不够,引发了房产登记机关所颁发的房屋所有权证产权面积不实的现象,房屋所有权人的合法权益因此受到侵害,产生了很多矛盾和纠纷。因此,对房产管理部门来说,尽快建立健全房产测绘成果监督管理机制是当务之急。

(一) 严格资质管理

(1) 对测绘机构进行资质审查。房产登记机关的测绘管理部门要对当事人(产权人)提交的房产测绘成果是否是由已取得《房产测绘资格证书》的测绘机构所提供进行严格的资质审查。没有取得《房产测绘资格证书》的测绘机构所出具的测绘成果不得用于房屋权属登记。

(2) 对测绘机构从业人员进行资质审查和培训。房产测绘是一项技术性和专业性要求较高的工作,为保证房产测绘成果质量,房产登记机关的测绘管理部门要对有资质的房产测绘机构从业人员进行资质审查和系统培训,充分了解从业人员的资格、学历、知识结构和考评情况,全面提升从业人员的技术水平。

(二) 完善规章制度

为保证城市房屋权属登记管理工作的顺利进行,登记机关的房产测绘管理部门应进一步加强和完善以下几项工作:

(1) 负责城市房屋的编号工作,确保城市规划区内房产区号房产分—区号—丘号—幢号—户室号的唯一性。

(2) 负责房产测绘成果质量的审查、备案。

(3) 根据国标《房产测量规范》的要求,结合当地实际情况制定操作性强的房产测绘管理办法、房产测绘成果质量管理规定、房产测绘成果检查、验收管理办法、房产测绘技术规定、房产测绘实施细则等规范细则。

(4) 建立房产测绘成果质量保证金制度。设立测绘成果保证金账户,每份房产测绘成果备案时,必须缴纳一定数量的质量保证金,以确保测绘机构出具的测绘成果准确无误,保护产权人的切身利益。

(5) 建立房产测绘企业和房产测绘人员诚信档案,定期通过网络、媒体等形式向社会公布,接受群众监督。

(6) 引入投诉机制,对测绘企业和开发商进行社会监督,对投诉过多的测绘企业给予降级或罚款处分。

(三) 明确管理职责

(1) 登记机关的房产测绘管理部门除了要对房产测绘成果进行形式审查,必要时还可进行实质性审查。也就是要对施测单位测绘成果的适用性、界址点准确性以及成果的文本格式、图式、房屋现状、权界、面积测算依据、方法等进行审核。

(2) 对房产测绘项目成果实行汇交备案制度,测绘单位的测绘项目完成后,其成果要提交房产测绘管理部门审核验收后登记备案,并加盖“测绘成果备案专用章”后方可用于房屋产权登记发证。

（四）规范成果档案

登记机关测管部门要求测绘单位必须提交完整的测绘成果资料，由测管部门建立房产测绘成果档案。房产测绘成果档案中的材料应该比产权档案中的房屋状况资料更具体、全面，以满足相关人员的查阅、核实，同时为房屋的变动、拆迁、产权转移等提供重要依据。房产测绘成果档案应包括以下内容：房产测绘成果报告；现场勘丈笔录及测量草图；协议、证明材料、楼盘表、房产簿册；房屋分幢平面图、房屋分层平面图、房屋分户平面图；共有建筑面积分摊说明书、房产数据计算书。

（五）实现以图管证

在传统的房产管理中，房屋的坐落一般都以城市的街巷名来定义，而街巷名有模糊、易变、不精确的特点，很难从根本上杜绝重复发证现象的发生。通过房产测绘管理引入GIS，将办证的房屋与房产分布图紧密关联，根据图形信息及图形自身体现房屋的空间位置。这样，不论原址上的房主如何改变，一经登记就能明显反映房屋现状及其与毗邻房屋的相对关系，可以利用图上的精确坐标来定义房产坐落地，快速找到该房屋的测绘信息。

（六）有效解决房屋面积纠纷问题

房屋建筑造型的多样化，及随处可见的集商业、娱乐、办公、住宅等多用途为一体的多功能综合楼的出现，使房产测绘的实际操作越来越繁琐复杂，技术难度也越来越大，甚至有可能出现同一幢房屋由不同的测绘机构或测绘人员测算的复杂现象，从而因不同的测绘成果而引起争议。因此，要做到公平、公正、合法分摊共有建筑面积，随着房地产交易量的大幅上升，购房纠纷案件也频繁发生，时常成为百姓关注的热点和焦点，成为影响社会和谐稳定的因素之一，因此也成了党和政府高度关注的民生问题。在众多的购房纠纷中，由于测绘因素所引起的纠纷也呈现增长趋势，成为房地产纠纷案件的诱因之一。

1. 测绘引起购房纠纷的原因分析

导致预测面积与实测面积不相符的原因有很多，归纳起来主要有以下几个方面：

（1）房产测绘队伍素质不高。房产测绘是房屋产权产籍管理的基础工作，因此，房产测绘人员既要具备应有的专业知识，又要掌握相应的房产测绘技术。当前，一部分房产测绘队伍的人员专业素质参差不齐，总体情况较差。

（2）建设单位擅自改变图纸。个别建设单位为了谋取更大的利润，往往通过减少公共面积增加容积率的办法，对原来的施工设计图纸擅自进行改变，并按最新的施工设计图纸进行施工导致施工前后图纸不一致、数据发生差异。

（3）施工单位出现施工误差。在具体的施工过程中，容易在放线等关键环节中出现疏漏或失误，形成施工误差，导致施工实体与设计图纸不符，最终导致数据采集不准确，从而引发开发商与购房者的购房纠纷。

（4）工程监理的失位。目前大多数的工程监理都存在着“监理工作，只要保证工程质量不出问题就可以”的错误思想，忽略了对施工设计图纸以及施工过程中放线的准确性的监督与跟踪管理，思想上不够重视。监理工作普遍存在形式到位、实际失位的现象，从而导致数据不准确不能及时发现，成为导致购房纠纷的又一诱因。

（5）仪器设备方面的原因。不可否认的是，当前不少房产测绘单位，特别是地方基层的房产测绘单位普遍存在管理不到位、仪器设备落后和软件的不规范等现象，从而造成在测绘过程中经常发生测量数据精度出现偏差；绘图、测算出现错误，最终导致测绘成果不合格。

2. 意见建议

(1) 加强测绘队伍的建设。各个测绘单位要采取“请专家进来”、“人机构培训”、“走出去学习”等多种形式，不断加强对测绘队伍的思想教育和系统性专业理论培训力度，加强测绘机构间的交流和学习，打造一支素质过硬、业务过关、作风扎实的专业人才队伍，不断提高房地产测绘行业从业人员的综合素质，提高测绘水平，避免测绘误差的出现。

(2) 做好预测告知。为避免预测房屋建筑面积结果与房屋竣工后实测的建筑面积不相符的情况，测绘部门必须告知实施预测房屋建筑面积结果，在通知书上注明所预测的房屋建筑面积是依据何时的图纸进行预测的数据，说明非实测建筑面积，告知进行实测的时限。这样，消费者可依据测绘部门核发的预测面积通知书将相关内容作为合同附件，写入购房合同中，减少消费者与开发商之间由于建筑面积“短斤少两”问题而产生的纠纷。

(3) 抓好测绘细节。产生购房面积纠纷的根源在于房屋测算计量没有对具体细节及一些特殊情况进行解决，或相关的测绘处理没能落实。要减少纠纷的产生，准确地测绘相关房屋面积，有必要注重房产测绘的细节。特别是要做好阳台、复式层中的内楼梯、消防连廊、架空层的楼梯和电梯等细节的测绘，做到精确计算，减少测绘过程的偏差。

(4) 加大仪器设备投入。要加大经费的投入，对落后的测量仪器进行升级改革，对常用的测量仪器进行定期检测。

(5) 加强对测绘单位及工作人员的监督管理。房产测绘行政主管部门要经常对测绘单位出具的测绘成果报告进行抽查检验，发现问题要及时处理。检查工作结束后要向社会公布，接受社会的监督。

(6) 加强对建设单位的监督与管理。要从建立规章制度方面入手，进一步加强对建设单位的监督与管理，加大对擅自更改施工设计图纸、建设方案等行为的处理力度。同时，探索建立“建设单位诚信黑名单”机制，从制度上对建设单位的行为进行约束，确保不因建设单位的原因导致出现测绘面积与实际面积数据不一致的问题，遏制购房纠纷的发生。

(7) 加强对施工设计图纸的检查。加强预测的准确性是解决问题的关键所在。在这个方面，施工设计图纸是关键节点，一定要重点把握。设计图纸的准确性直接影响到建筑面积预测的准确性。因此，要充分发挥工程监理的作用，要对预测图纸资料进行全面的检查，包括对规划总平面图、建筑平面图、建筑立面图、建筑剖面图、楼梯及阳台详图等方面的检查。要特别注意对相关细节的检查，同时要对整个建设过程实施严格、认真的监管，发现问题及时纠正，确保预测数据与实测数据的一致性。

(8) 尽量避免施工误差。施工误差大多数是因为施工人员责任心不强、素质不高，在具体的施工过程中未按相关规程操作引起的。为此，施工单位要加强对施工人员的培训、教育与管理力度，逐步建立一支素质高、懂规程、工作责任心强的专业施工作业队伍，避免在施工过程这一环节上出现偏差。

浅谈房产面积审核的若干问题
——以灌云县审核为例

张甜甜　司福生
（连云港市灌云县国土资源局）

摘　要　不动产登记是《中华人民共和国物权法》确立的一项物权制度，是指经权利人或利害关系人申请，由国家专职部门将有关不动产物权及其变动事项记载于不动产登记簿的事实。房产面积审核是不动产登记前期工作，规范面积审核有利于保障房地产市场有序经营，进一步规范商品房销售行为，提高商品房的销售面积的准确性，减少购房纠纷，维护广大消费者的权益。本文以灌云县不动产登记中心面积审核为例，立足现状，提出建议，切实做好商品房面积审核工作。

关键词　审核；房产面积；建议

住房问题既是民生问题又是发展问题。近几年，全国房价上涨较快，在当今“寸土寸金”的房价市场，为保障购房者能够买到规范面积的商品房，规范房屋面积测量是不可或缺的。总的来说，科学规范房产测量在当前有着重要的现实意义。

一、当前我国房产面积测算现状

国标《房产测量规范》(GB/T 17986.1—2000)2000 年 8 月 1 日实施。2002 年建设部发出了《关于建筑面积与房屋权属登记有关问题的通知》，对国标《房产测量规范》(GB/T 17986.1—2000)作了必要的补充和解释。由于我国幅员辽阔，南北建筑风格差异较大，各地各自出台具体实施细则，江苏省住房和城乡建设厅出台了《房屋面积测算技术规程》(DGJ 32/TJ 131—2011)。在实际的工作中，采用国标还是省标可谓仁者见仁智者见智，依据审核标准不一致，工作中常常对房产面积测算意见不一，因而不利于工作的顺利开展。灌云县不动产登记工作按照省厅和市局的要求，作为全市不动产试县，在 2015 年底前，房产面积测算依据采用《房屋面积测算技术规程》(DGJ 32/TJ 131—2011)，不动产登记实施后采用《房产测量规范》(GB/T 17986.1—2000)。现就立足实际，浅谈在房产面积审核过程中的若干问题。

二、审核过程中的四个问题

（一）车位计算

随着人们生活水平的不断提高和车辆价格逐渐降低，车辆已作为家庭必需品走进千家万户，车辆能够规范地停放就显得尤其重要。因而人们购房时，必然考虑挑选车位。那么地下停车位是否可以办理产权？审核过程中是否需要测算呢？国标《房产测量规范》(GB/T 17986.1—2000)没有明确涉及，是否办理产权，人们的反应可谓众说纷纭。一是产权不明确。仅仅是在地上划线，长期黄线脱落怎么认定产权；无维护结构，仅仅黄线作为结构划定；

无绝对排他性，四周无围栏，有些车主任意停放。二是《中华人民共和国物权法》第六章第七十四条规定："建筑区划内，规划用于停放汽车的车位、车库应该首先满足业主的需要。建筑区划内，规划用于停放汽车的车位、车库的归宿，由当事人通过出售、附赠或者出租等方式约定。占用业主共有的道路或者其他场地用于停放汽车的车位，属于业主共有。"因此通过买卖、附赠等方式专有停车位可以参与分摊并办理不动产产权。笔者认为，车位进行登记必须具备以下两点要求：一是建筑图经过行政部门审批，并按照审批图纸建设，划线权属清晰。二是购买车位者与开发商签订合法的销售手续。这样就可以进行车位产权登记，维护购买者的合法权益。

（二）阳台产权面积的划定

《房产测量规范》中一般规定：房屋建筑面积是指房屋外墙（柱）勒脚以上各层的外围水平投影面积，包括阳台、挑廊、地下室、室外楼梯等，具备上有盖、结构牢靠、层高 2.2 米（包含 2.2 米）的永久性建筑。全封闭的阳台按其水平投影面积计算全部建筑面积，未封闭阳台按其维护结构外围水平投影面积一半计算。随着建筑行业的快速发展，建筑的选材及外观也日益丰富起来。在工作中经常会遇到如下问题：一是阳台的维护结构选用玻璃、铁艺等材质作为外围，如何认定阳台外围？是以玻璃、铁艺作为投影外围还是以墙体大梁作为水平投影外围？二是错层设计越来越多的应用在建筑中，阳台错层如何计算面积？以阳台上盖为准还是以阳台底板为准？在实际工作中是个难点，很难把握。在审核中，阳台通常以墙体大梁为水平投影，以阳台上盖、底板共同遮盖部位为阳台测算面积。

（三）共有面积计算（以商住楼为例）

共有建筑面积的内容包括：电梯井、管道井、垃圾道、变电室、设备间、公共门厅、过道、地下室、值班警卫室等，以及为整幢服务的公共用房和管理用房的建筑面积，以水平投影面积计算。共有面积还包括套与公共建筑之间的分隔墙，以及外墙（包括山墙）水平投影面积一半的建筑面积。独立使用的地下室、车棚、车库，为多幢服务的警务室、管理用房，作为人防工程的地下室，都不计入共有建筑面积。在实际工作中，如何认定建筑面积是否为整幢服务、是否为独立使用、是否为多幢服务、是否作为人防工程有一定的难度。在审核过程中，通常做法以设计单位、开发企业开具证明，说明是否为共有建筑面积，人防工程则需要提供人防验收文件。性质确认后，根据住宅和商业的不同使用功能，按各自的建筑面积，将全幢的共有面积分摊成住宅和商铺两部分，然后住宅和商业部分再各自进行分摊。

（四）预测与实测的面积测算差异

预测面积测算是具有测绘资质的测绘单位，按照规划核准图纸上标注的尺寸，根据《房产测量规范》的要求对尚未竣工的房屋预先计算面积，是开发商售房的依据。实测面积是指房屋竣工后，有资质的测绘单位，依据《房产测量规范》，并参考规划图纸、变更图纸、竣工测量报告、现状建筑等测算出的面积，是办理不动产权证的依据。

然而，在实际工作中，预测面积和实测面积往往存在差异。在审核过程中，笔者总结了产生差异的四种原因：一是计算规则的改变，二是设计变更引起的面积差异，三是施工误差引起的差异，四是测绘人员计算引起的差异。因此，作为房产面积审核人员，要增强责任心和严谨的工作态度，实行二级审核制度，电子蓝图对照纸质蓝图审核，不动产测绘软件对照审核蓝图审核，要充分分析每个小区引起前后差异的原因，具体问题具体分析，有效避免错误的发生，更好地维护广大消费者的合法权益，提高测绘成果质量。

三、结语

综上四个方面提出的房屋测算遇到的问题及解决方法，是我们在审核过程中经常遇到。建筑设计的标新立异，丰富了建筑形态，在国标《房产测量规范》中未涉及的测算问题越来越多，这给面积审核带来了很大的机遇。只要我们立足国标《房产测量规范》，以规范作为指导，不断积累经验，解放思想，相信我们在实际工作中能够找到解决问题的有效途径。

浅谈南方 RESS 在不动产测绘中的应用

杨启迪　高中成
（连云港市灌云县不动产登记中心）

摘　要　在不动产登记工作中，宗地测量和房产测量是其中重要组成部分，而传统的测绘软件南方 CASS 和南方 BMF 虽然能进行各个方面的工作，但是将这两个软件相集成却是难上加难。于是南方 RESS 不动产权籍调查测绘软件随之产生，为不动产登记工作提供便利。本文将从实际使用流程方面，浅谈南方 RESS 软件在宗地测量和房产测量中的应用。

关键词　RESS 软件；不动产登记；应用

一、引言

目前，我国实施机构改革和职能转变的一项重大改革任务是建立和实施不动产统一登记制度，而工作的主要内容在于落实统一登记机构、统一登记簿册、统一登记依据、统一信息平台，逐步建立不动产权籍调查体系和工作机制，完善不动产登记制度。

在不动产登记工作开展之前，土地和房产部门各自开展了相对独立的测绘调查工作，各自的作业标准和行业标准也各不相同。例如国土部门有《地籍调查规程》，房产部门有《房产测量规范》，各规范的要求不一定相同。

地籍测量是土地管理工作的重要基础，它是以地籍调查为依据，以测量技术为手段，从控制到碎部，精确测出各类土地的位置与大小、境界、权属界址点的坐标与宗地面积以及地籍图，以满足土地管理部门以及其他国民经济建设部门的需要。在日常工作中，南方 CASS 就能胜任地籍测绘方面的工作，然而对宗地内包含的比较复杂的房屋面积计算却无能为力。

房产测量的基本内容包括：房产平面控制测量、房产调查、房产要素测量、房产图绘制、房产面积测算、变更测量、成果资料的检查与验收等。南方 BMF 能够满足房产测量需要的功能，但是无法明确表示该房屋所处的准确坐标位置，且无法和固定的宗地关联。

对此国家制定出台了《不动产登记暂行条例》，并发布了《不动产权籍调查技术方案》，对过程和规范进行了统一的要求。因此一个能综合处理土地和房产的软件就很有必要。南方 RESS 能兼具南方 CASS 和南方 BMF 的优点，同时满足其他方面的需要，在不动产登记工作中发挥了重要作用。

二、南方 RESS 软件的具体应用流程（以灌云县某小区为例）

（一）制作地籍测绘成果

首先点击“不动产”选项，新建一个不动产目录，存放这次项目的数据。

软件一开始的操作和南方 CASS 类似，可以先展外业测量点，在点的基础上绘制房屋、道路、植被等，操作方式也与南方 CASS 相同。接着沿着楼房外围绘制该小区某幢楼的宗地范围，可以直接用复合线绘制成闭合图形，点击“宗地/宗海”选项里的“复合线转为权属界线”命令，界面会跳出一个“宗地属性”的窗口，对照该宗地的实际属性填写完整。（图 1）

图 1 “宗地属性”窗口及宗地实际属性

再用复合线绘制该幢楼的自然幢边线，点击“定着物”里的“复合线转为自然幢边线”命令，对跳出来的窗口输入自然幢的信息。选择房屋边线点击“房产、土地业务互转”图标，出现逻辑幢信息，核对无误后点击“保存”。（图 2）

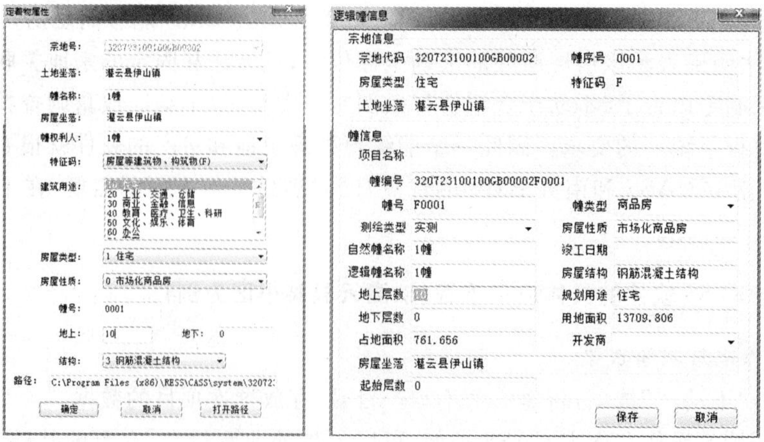

图 2 “定着物属性”与“逻辑幢”信息

（二）制作房产测绘成果

这时，软件自动跳成类似南方 BMF 的界面，在该界面可以进行房产面积分摊计算操作。首先在左侧找到自然幢窗口，在幢名称上右击，选择“创建楼层工作区”，弹出的窗口中设置需要绘制计算的楼层，并设置墙厚。在各楼层工作区内直接绘制或复制已绘好的房产平面图，根据需要选择房产成图工具栏里的工具，对每个图形内部定义，生成外墙。（图 3）

图 3　房产成图工具栏

整理分摊关系，计算房产面积。在计算前，系统会自动对图形经行各种检查，确保分摊结果准确无误。

面积计算完成后，在菜单栏找到“面积”选项，展开点击“生成不动产单元号”。南方 RESS 的优点在于，由于图形和土地结合，该软件能自动生成唯一的不动产单元编号，与过去相比，这样的生成方式能保证不动产单元编号的唯一性，方便后续工作的展开。

（三）生成房产测绘成果

点击“成果输出”选项，我们可以在下拉菜单中选择查看楼盘表，生成幢图、房屋分层分户图等成果，也可以生成幢报告、房屋面积测绘报告、等报表，完全满足房产测绘成果的需求。（图 4）

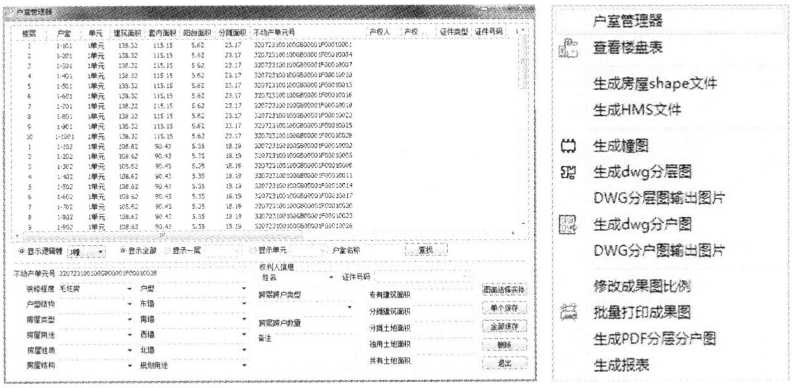

图 4　“户室管理器”窗口

（四）生成不动产测绘成果

此外，软件也可以生成输出各种不动产测绘成果。在房产绘图页面，点击“房产、土地业务互转”，软件重新跳转到类似南方 CASS 的界面。在这个界面点击“成果输出”，我们可以找到和 CASS 类似的选项，在该选项中可以生成界址点成果表、宗地图等。不只如此，点击“输出不动产报表”，在命令栏选择报表类型，直接生成完整的成果报告。（图 5）

图 5　报表类型

三、结语

比较传统的测绘软件南方 CASS 和南方 BMF，南方 RESS 不动产权籍调查测绘软件具有无法比拟的优势。第一，它能让土地和房产两方面的工作有序进行，从流程上“房随地走”，以宗地为依托，以地籍调查作为不动产权籍调查的基础，确保不会导致权利的交叉重叠。第二，地籍测量和房产测量相结合，避免了由于分开操作而导致地籍成果与房产成果不一致，影响数据整合。第三，唯一的不动产单元编码能够保证日后数据汇总工作顺利经行。并且，按照规范生成的不动产测量成果能够满足《不动产权籍调查技术方案》对于编写的要求，便于以后资料汇总。

浅谈不动产登记权籍调查之规范操作

王　练　王艳梅　刘昌健
（连云港市国土资源局徐圩分局）

摘　要　本文对不动产权籍调查如何规范的问题进行深入分析，根据不动产权籍调查流程进行阐述，并对如何规范操作进行详细说明，对开展不动产权籍调查具有一定的参考作用。

关键词　不动产登记；规范；权籍调查

一、背景

不动产权籍调查是不动产登记最重要的前置条件之一。国家已出台《不动产权籍调查技术方案（试行）》，连云港市也出台了《关于规范市区不动产权籍调查工作的通知》等文件，但根据连云港市情况制定一套切实可行的权籍调查规范来开展本市区内权籍调查工作，颇为重要。

二、权籍调查操作流程及规范

不动产权籍调查工作应当坚持便民利民原则，应利用已有房屋、土地调查测绘成果，对于权籍管理系统库内相关信息齐全的且与实地相一致的，不再进行权籍调查。

（一）申请

权籍调查由不动产权利人向办理部门提出书面申请，填写“不动产权籍调查申请书”，并提供相关不动产的权属来源证明文件、身份证明文件。权籍调查时应收的权属来源证明文件，原则上比照该类不动产申请登记时所列要求提交。

（二）收件和受理

办理部门应当在分局不动产权籍调查窗口接收当事人提出的权籍调查申请。受理人员应当对照申请书中载明的不动产类型、范围、对象、种类、数量等，认真审核申请人提交的房屋、土地、林木等不动产权属来源证明文件，保证提交的不动产权属来源证明文件齐全且与申请调查内容一致，并按照以下情况分别处理：

（1）申请材料齐全，符合法定形式的，应当予以收件并向申请人出具“不动产权籍调查收件单”，收件为复印件时，应核对原件，并将复印件盖此件与原件一致章。

（2）申请材料存在可以当场更正的错误的，应当告知申请人当场更正；申请材料不齐全或者不符合法定形式的，应当当场或者在4个工作日内向申请人出具“不动产权籍调查补正材料告知书”，一次性告知申请人需要补正的全部内容。逾期不告知的，自收到申请材料之日起即为受理。

（3）对于属于办理部门职权范围，申请材料齐全，符合法定形式，或者申请人按要求提交全部补正材料的，应当予以受理。不予受理的，办理部门应当自收件之日起4个工作日内向申请人出具“不动产权籍调查不予受理通知单”，并说明相应的理由。

（三）内业资料收集整理

权籍调查申请受理后，权籍调查人员应当调取已有房屋土地调查、测绘和各类登记资料成果，并收集拟调查不动产是否存在查封、冻结、抵押等限制性信息。

相关不动产权属来源证明资料和数据存于其他不动产行业主管部门或档案部门，办理部门也可以根据情况向房管、林业、农业、规划、档案等相关部门提出协助请求，从相关部门查询获取有关不动产权属来源证明文件及数据成果，办理部门应以分局名义向协助查询单位出具“不动产权籍调查资料协助查询单”。

（四）权属调查

权籍调查人员应当结合不动产权属来源证明文件，现场勘察核实不动产权属状况。对不动产权属来源资料合法，界址明确，经实地核实界址无变化的宗地，不再重新组织指界，可直接利用已有资料成果填写地籍调查表；土地权属来源资料中的界址不明确，或界址已经发生变化的，应当组织本宗地和相邻宗地权利人进行指界；无土地权属来源资料的，根据法律法规及有关政策规定，经核实为合法拥有或使用的土地，可根据双方协商、实际利用状况及地方习惯指界。指界过程中涉及违约缺席指界的，按照《地籍调查规程》（TD/T 1001—2012）中关于违约缺席指界的有关规定办理，其工作时间不计入权属调查工作期限。指界过程中发现存在土地权属争议问题的，权籍调查工作终止，办理部门应当及时将有关权属争议情况及争议处理的法定程序书面告知申请人。权籍调查人员应当根据现场勘察情况和指界情况，结合不动产权属来源证明资料，绘制宗地草图，编制宗地代码及不动产单元代码，填写“不动产权籍（地籍）调查表”，权属调查记事栏应注明地上物变化情况。权属调查工作应当自受理之日起 20 个工作日内完成，但利用已有资料成果不再重新指界的，权属调查工作应当自受理之日起 10 个工作日内完成。

（五）不动产测量

权属调查完成后，未涉及原有不动产测量成果变化且符合测量技术标准的，直接引用已有不动产测量成果形成宗地图、房产分户图，不再重新进行测量。权籍调查人员应当利用已有不动产测量成果填写不动产权籍调查有关表格。

不动产未开展过测量，或不动产发生变化需要进行重新测量的，申请人应当委托有资质的测绘单位开展相关不动产测量。从事不动产测量的测绘单位，应当符合测绘的有关要求，取得相应等级的测绘资质证书。

不动产测量工作原则上应当由一家测绘单位承担完成。测绘单位接受申请人委托开展不动产测量工作，应当按照有关规定与委托人签订不动产测绘合同或协议。

测绘单位应当依据国土资源部下发的《不动产权籍调查技术方案（试行）》（国土资发〔2015〕41 号）的有关规定，按照测绘合同的约定开展不动产测量工作，形成不动产测量报告、界址点成果表、宗地图、房产分户图及相应的矢量数据成果。相关报告成果的内容及要素应当齐全完整，符合有关行业测量技术标准的要求，满足直接导入不动产权籍空间数据库的入库标准。

测绘工作完成后，测绘单位应当将有关测绘成果提交给委托人。

（六）调查结果审核

权属调查和不动产测量完成后，办理部门应当按照《不动产权籍调查技术方案（试行）》

的有关要求,在5个工作日内对形成的权籍调查成果资料及测量结果进行审核,填写“不动产权籍调查成果审查表”。审查合格的,审核意见应签字,并盖有地籍审核专用章,审核后将调查表提交给申请人。

引用已有调查成果不再对不动产重新测量的,权属调查完成后,直接进行审核。

审核合格的权籍调查数据成果,方可导入不动产权籍调查数据库形成临时数据图层。不动产登记完成后,正式更新权籍调查数据库中的相关信息。

办理部门在成果审核过程中需要进一步核实了解测绘情况的,测绘单位应当予以配合,并与不动产登记中心做好衔接,协助做好权籍调查成果审查入库工作。

(七)成果归档

不动产权籍调查工作结束后,办理部门应当对权籍调查成果进行整理、立卷、组卷、编目和归档。

2.8　其他相关问题

(1)“不动产权籍调查收件单”、“不动产权籍调查补正材料告知书”、“不动产权籍调查不予受理通知单”按一式两份出具,一份送达当事人,一份留档备查。

上述文件原则上应告知当事人领取,当事人到场领取的,应在“送达证明”(附件7)上签收;当事人不到场领取的,可通过邮寄、留置、公告等方式送达,办理人员应当在“送达证明”上记载送达的有关情况。

(2)不动产测量成果中涉及房产测绘的,原则上在提交审查前还应当先经过房产实测成果审核。具体要求按照房产测量规范执行。

(3)权籍调查工作中发现原有宗地测绘、房产测量等成果不准确或确有错误的,应当在权籍调查相关表格调查记事栏中如实记载,并将有关情况及时告知申请人。

(4)关于共有、共用宗地土地面积计算问题。权籍调查时涉及两个以上权利人共有共用宗地,需要计算各自土地面积时,除各自独有(独用)面积按照有关要求测量计算外,共用部分可采取共同共有或按份共有,由共有土地权利人协商确定共有方式。共同共有土地的,不单独显示分摊土地面积,仅显示共同共有土地的总面积并标明为共同共有;按份共有土地的,分摊土地面积按照各自约定的份额分摊计算。

(5)建筑物区分所有权业主共有部分调查表的有关内容,应当结合通过房产实测成果审核的有关房产数据填写。

(6)办理部门应当与市不动产登记中心做好上下衔接工作,对于不动产登记需公告的,在权籍调查完成后进行公告,其工作时间不计入权属调查工作期限。市不动产登记中心完成不动产登簿后,应将登记结果及时反馈办理部门。

(7)确立规范后启用不动产权籍调查有关表格图例样式,办理部门应当按照不动产权籍调查有关工作程序及要求开展权籍调查工作,形成相应的调查成果资料。

三、结语

以上权籍调查规范依据充足,内容丰富详细,具有一定的实操性,对以后开展不动产权籍具有一定的参考作用,有利于连云港市不动产登记稳定有序开展。

浅谈数字地籍测绘在农村房地一体登记中的应用
——以灌云县试点村为例

孙谦让　高中成
（连云港市灌云县不动产登记中心）

摘　要　数字地籍测绘是融合地籍测量内外业的综合作业系统，它在完成地籍测量的同时建立地籍图形数据库，实现地籍管理自动化。文章介绍了数字地籍测绘的工作目标、工作内容及工作流程。

关键词　数字地籍；房地一体登记；数据入库

一、引言

为维护农村集体经济组织和农民的合法权益，稳步推进农村宅基地、集体建设用地和房屋确权登记发证工作，根据2014年中央五部委《关于进一步加快推进宅基地和集体建设用地使用权确权登记发证工作的通知》和《江苏省国土资源厅关于深入开展全省农村宅基地和农房统一调查登记发证试点工作的通知》相关要求，灌云县作为连云港地区的试点县，以伊山镇张湾村和朱韩村为试点村，开展灌云县农村宅基地和农房统一调查登记发证的试点工作。

二、数字地籍测绘的工作目标

伊山镇张湾村和朱韩村作为灌云县农村宅基地和农房统一调查登记试点村，两个村大约有1500户，通过对试点区的调查确定统一的调查规范和政策口径。全面查清试点村范围内宅基地和集体建设用地等每一宗土地的权属、位置、界址、面积、用途、地上房屋等建筑物、构筑物的基本情况，基本实现宅基地和农房统一调查规范、统一软件平台、统一数据管理、统一作业要求、统一质量标准、统一档案管理的目标，为下一步推进农村宅基地和农房统一登记发证工作总结经验、奠定基础。

三、数字地籍测绘的工作内容

（一）宅基地和集体建设用地调查

以集体土地所有权成果为基础，调查农村范围内的宅基地、集体建设用地的权属状况，获取每宗宅基地和集体建设用地权属、位置、用途等信息，测量宅基地和集体建设用地的地籍要素，填写权籍调查表、测绘地籍图，制作宗地图。

（二）农村房屋调查

在开展宅基地和集体建设用地的同时，调查房屋产权状况，测量房屋的房角点和房屋边长，量算房屋面积，并将房屋调查成果记载在房屋调查表中，实现农村房地一体。

（三）农村地籍调查数据库建设

充分利用已有的软硬件平台，参照城镇地籍数据库建设的相关技术规范，建设农村房地一体数据库，实现农村地籍调查成果的图形、属性、档案等信息一体化储存、管理与应用。完成农村房地一体数据库入库，将农村房地一体数据库整合到现有城镇不动产权籍管理数据库中，实现城乡房地一体数据，确保数据同一平台管理和应用，依法颁发不动产权证书。

四、数字地籍测绘的工作流程

（一）工作准备

1. 宣传动员

结合不动产统一登记的要求，通过县内相关媒介和多种渠道，加大宣传宅基地和集体建设用地使用权及农房等集体建设用地上的建筑物、构筑物确权登记发证工作的重要意义，争取干群的理解与支持，营造良好的舆论环境和工作氛围。

2. 已有资料的收集与整理

全面收集试点区域内土地、房产现有调查、登记资料，村庄布局点规划资料以及户籍人口相关信息。收集和填写的表册主要有：权籍调查表、调查（指界）委托书、调查（指界）通知书、违约缺席调查（定界）通知书、农村宅基地使用权和房屋所有权确认申请审核表、农村宅基地使用权和房屋所有权登记户主声明书、房屋质量承诺书、不动产登记申请书、询问笔录、不动产登记户主身份证明书等。

（二）控制测量

1. 图根控制点编号

图根控制点编号采用“T”+“阿拉伯数字”的方式顺序标示，顺序号从1开始。编号中允许缺号、跳号，但不允许重号。

2. 图根控制点的观测

图根控制点坐标可采用RTK方法进行测定，在测量时，应满足《全球定位系统实时动态测量（RTK）技术规范》（CH/T 2009—2010）的要求。采用江苏CORS网络系统进行RTK测量，保证两次独立观测，分两个时段进行，并通过已知七参数建立转换模型进行平面坐标转换。

（三）权籍调查

以调查工作小组人员为主体，在村组干部的配合下，完成试点村内的房地权属状况、界址调查，预编宗地代码，填写权籍调查表等相关调查表格，绘制宗地草图等外业调查任务，形成房地一体的农村地籍调查成果。

权属调查的基本步骤为：调查准备、发放调查（指界）通知书、外业权调（宗地界址调查、房屋调查）、内业整理、提交成果。

（四）权籍测绘

在权籍调查基础上，采用全野外解析法数字测图技术，以图根点为基础，采集地籍要素点坐标，形成1∶500比例尺地籍图，编制宗地图和房产平面图。

1. 地形测量

采用全站仪加便携电脑数据采集作业模式，实地采集，实时记录、编辑。全测区所有作业小组必须采用统一的系统配置文件和地形要求分层方案。

2. 图形绘制

根据权籍调查和权籍测量的数据结果，按照规定的数据标准，采用计算机辅助成图，制图软件采用南方 Cass9.1 成图软件。图形成果包括权籍图、宗地图、房产平面图、房产分户图。

3. 面积量算

(1) 宗地面积量算。采用解析法根据实测的坐标计算宗地面积。只有一个权利人的宗地应计算宗地面积和建筑占地面积，共有使用权宗地还应分别计算权利人独自使用面积和共有使用面积。

(2) 房屋建筑面积测算。房屋面积计算规则依据国标《房产测量规范》(GB/T 17986—2000)测算，房屋面积测量中的误差与限差要求见表1。

表1　　房屋面积测量中的误差与限差

精度等级	中误差	限差	适用范围
一级	$\pm(0.01\sqrt{S}+0.0003S)$	$\pm(0.02\sqrt{S}+0.0006S)$	一般地区的房屋
二级	$\pm(0.02\sqrt{S}+0.001S)$	$\pm(0.04\sqrt{S}+0.002S)$	隐蔽地区、毗连房屋和不规则房屋

注：表格内 S 为房屋测算面积，以平方米为单位。

(五) 成果资料整理

对权籍调查资料及测绘成果进行整理，进行数据汇总统计，编写技术总结、检查报告等文字资料。整理材料必须完整、齐全。要进行系统整理和编目，做到分类清楚、排列有序、编目完善。

(六) 数据入库

通过对地籍图数据的格式转换和处理，录入权属信息，实现图形、属性挂接，完成农村宅基地和农房统一的权籍调查数据库。

(1) 数据入库内容。数据入库内容包括权籍调查资料数字化数据、权籍测量图形数据、权籍测量属性数据、界址点坐标数据、房产测量数据、权籍调查表录入数据以及各类元数据。

(2) 数据入库流程，见图1。

(3) 数据汇交。检查库体结构和内容的完整性，图形分层的正确性，层间和层内图形拓扑关系的正确性，属性内容的正确性，图形和属性的逻辑一致性，数据字典和元数据描述的正确性等，将已入库数据汇交给县局，并导入县局不动产登记管理系统。

(七) 成果验收

在加强过程检查基础上，对测绘成果实行三级检查、一级验收制度。一级检查由作业员自己检查；二级检查是过程检查，是作业单位的专职质检员在小组自查互查基础上进行百分之百检查；三级检查是作业单位的最终检查，由作业单位进行内业、外业按一定比例抽查。在各级检查时，如发现重大或较多的质量问题，应退给上一工序处理。三级检查完成后编写检查报告。成果检查合格，交给委托方验收，由灌云县国土资源局组织验收。

五、结语

不动产统一登记制度实施以来，为切实提高登记效率，灌云县国土资源局紧密围绕农村

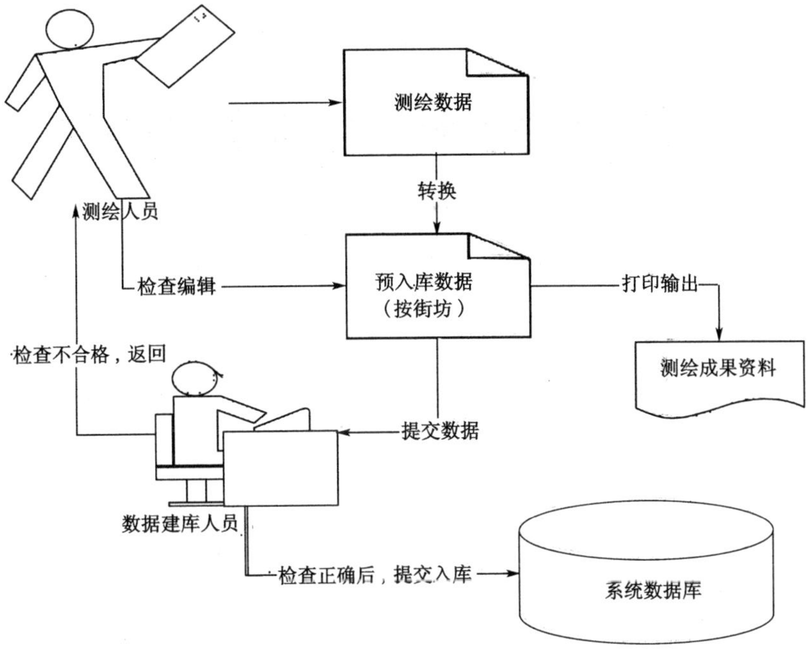

图1　数据入库流程图

集体土地确权登记发证工作，依据《地籍调查规程》等要求，以“权属合法、界址清楚、面积准确”为原则，重点完成试点村范围内宅基地、集体建设用地的权属调查和地籍测量，同步开展地上房屋及其附属设施的调查工作，建立农村数字地籍调查数据库，并通过农村日常权籍调查、不动产登记等工作，保持调查成果的现势性，满足国土资源管理及经济社会发展的需要。

城市地下车库和车位权属登记问题探究

房　晶　刘玉霞

（连云港市不动产登记中心）

摘　要　随着社会经济的发展，人们生活水平的提高，轿车的保有量不断增长，对停车位问题提出了很大考验。因住宅小区平面空间资源配置不能满足人们的空间需求，向纵深纵高空间拓展呈普遍现象。比如出现的地下停车位，对于其权属及登记，目前相关法律法规未有详尽解释，导致对此问题未能定纷止争，常有产权纠纷频现。如何规范管理和使用，保护权利人的合法权益并进行依法确权登记，文章就这一问题进行了探究。

关键词　地下车位；权属；登记

一、引言

为了节约解约用地，鼓励开发地下空间，全市现有新建高层建筑都配套大量未计容地下车位和车库，这其中权属有属于全体业主、人防工程还有开发商的。由于未明确地下车库的归属，因车库的位置、面积不同，价值差别很大。2014年南京星汉置业有限公司与小区业主委员会的地下停车库之争案件引发诸多争议。这部分地下空间车库和车位如何确权，如何颁发不动产权证书，目前法律没有规定，也没有具体操作细则。因此笔者围绕地下车库和车位实践如何确权登记作初步探讨。

二、地下车库和车位权利归属

针对地下车库和车位的权属界定存在一定的争议，目前主要有四种主流意见：

第一种认为归国家所有。根据《中华人民共和国人民防空法》第二条“人民防空是国防的组成部分”以及《中华人民共和国物权法》第五十二条“国防资产属于国家所有”等有关法律法规规定，人防资产作为国防资产的组成部分，产权性质应为国家所有。但是法律法规未禁止人防工程地下车位使用权的买卖，所以使用权要受到一定条件限制，即在遵循公共利益优先的原则下，不影响开发商行使收益权，就是市场经济法治下的“谁投资，谁收益”原则。所以开发商拥有使用权但无权出售地下车位，但是如果开发商在销售房子时把建造地下车位的成本加入，则使用权归业主共有，而国家在战时有权征用人防工程，修建战时可用于防空的地下室，是应当履行法定义务。既然法律规定人防防空作为国防的组成部分，建设单位修建的人防工程必然也属于国防资产的组成部分。因此，人防工程属于国家所有，不得转让。

第二种认为归开发商所有。针对非人防工程地下车位，根据“谁投资、谁所有、谁受益”的原则，开发商利用地下空间在于获得利益，是一种经济行为，认为利用权与土地所有权相分离，成为一项独立物权，空间利用权随着土地使用权出让而出让，地下车库就应当归属于投资的开发商所有，因此开发商享有地下车位的所有权，有权利出售或出租。

第三种为业主所有。占用业主共有道路或其他场地用于停放汽车的车位，属业主共有，这毋庸置疑。对于地下车位，依据主物与从物的一般原理，认为车库作为建筑物所有权的配套从物应当随房屋一齐转移。另外，作为地面建筑物的附属公共配套设施，地下车库成本应已计入了商品房成本中，也就是说建设费用已分摊到了商品房购房款中，业主有权利享有地下车库的所有权，按照地随房走、房地一致原则，地下车库土地使用权，相应地移转给业主，据此车库也应当确定为业主。

第四种为约定归属。通常情况下利益不是单一的存在，只有当事人才是自身利益的最佳判断者和维护者，约定方式解决车库的归属实际指法律对地下车库未加以明确规定或无司法解释依据遵循，而将这种判断留给当事人自己解决，采用私法意思自治原则，通过开发商与业主约定来确定权属。

三、地下车库和车位登记

城市小区地下停车位大致分为四类：车库、规划的停车位、占用公共道路的停车位和占用人防设施的停车位。相对停车位而言，车库一般具有独立的空间、以存放车辆为目的的附属建筑物，具有封闭性和构造、使用上的独立性等特点，因此车库的价值远远超过其他类型的停车位，成为影响商品房销售的重要因素之一。地下车库和车位应该是指在市区规划区国有土地范围内经依法批准建设的城市地下空间，界址明确、能够独立使用、可以按照不动产单元予以登记的情形。地下车库和车位与地上建筑物一样，具有建筑物所有权和土地使用权，因此应纳入登记范畴。

根据权利来源的不同，地下车位和车库登记分为首次登记和转移登记两种。经依法批准建设并明确载明权属的地下车库车位，可以向登记机构申请地下车库所有权首次登记及转移登记。按照车位构造不同，地下车库和车位分为结建和单建两种类型。结建是指同一主体结合地面建筑一并开发建设的地下车库和车位。单建是指独立开发建设的地下车库和车位，应当进行不同的登记和注记。根据城市规划建设要求，地下车库有计容积率（需补交土地出让金）和不计容积率（不需要补交土地出让金）两种情况，按照《不动产登记暂行条例》、《不动产登记实施细则》及《不动产登记操作规范》内容，地下车库可以与地面建筑物合并办理首次登记，也可以分开单独申请所有权首次登记。登记需明确权属性质、用途的认定，同时还要具有完备的权属界址点及面积认定方式。从测绘技术角度出发，车库一般是封闭性空间，面积测量相对容易，但车位目前多是划线车位，不具有传统封闭构造模式，因无实体墙界限分割，在使用过程中存在灭失的情况，而测绘的数据以什么为准，以什么定标，应确立必要技术手段定明确并无争议的标志，彼此相隔来独立登记。测量方法可采用常规测量和基于三维激光扫描仪测量来获取界址点坐标，相对而言后者比前者测量精度高。

在法律法规制度不健全前提下，地下车库和车位归属如何确定，产权如何登记方面，笔者结合工作实践认为：在物权法颁布后应当按其规定行事，未作详细的规定，在确定车库归属时仍应坚持“法无禁止即可为”、“谁投资，谁所有，谁受益”原则，同时也要强调开发商的社会责任感与公益感，根据实际情况按一定比例开发地下车库。对于占人民防空建设地下车位，则产权毫无疑问属于国家，由于开发商投资兴建，可获得使用权，待国家需要时，将会被无条件征用。因此，利用人防工程改造的地下车位，开发商可以出租业主使用权但不能办理产权。对于属于公共部分停车场，地下车库权属归全体业主共同共有。在人防和公共部门以外开发商投资建设并且符合规划竣工验收的车库和车位，这部分权属可以登记给开发商，开发商可以出售产权。登记申请时开发商需提交地下建筑工程规划、竣工验收、人防验收、车位预售许可证以及车位测绘报告和竣工测绘图等材料，登记机构赴现场实地核查无误后将地下车库和车位的首次权利登记给开发商，其中地下车库、车位可以与地面建筑物合并办理首次登记，也可以单独申请办理。开发商再和业主签订销售合同，最后由业主申请车库和车位转移登记。根据物权法规定，地下车库、车位应当首先满足本建筑区划内业主的需要，因此登记机构还需要申请人提交为本建筑区划内业主的证明材料。

在地下土地使用权如何登记上，过去通常按照土地分宗登记做法，将地下建筑物的建筑面积计入整体建筑总面积，然后按权利人拥有的地下建筑面积占整体建筑面积的比例分摊地面上的土地面积，人防和地下公共车库部分只在登记簿上备注权利属于人防及全体业主，实际不发证。不动产统一登记以后地下车库和车位的土地面积登记可以结合南京、常州、苏州等地已有经验基础上进行创新，将土地分隔为地上、地表和地下，分别设立土地使用权，也即所谓分层登记而不是采用过去分宗登记，地下部分以层、套、间为不动产单元进行登记，地下车库土地使用权面积按照地下空间建筑物垂直投影面积同等比例分摊，不参与地表土地使用权面积分摊，测绘图纸土地宗地图和车位分户图可以参照地表房屋样式，28位不动产登记单元编码编制采用行政代码＋地籍区＋地籍子区＋宗地特征码（地下车位单独设宗用GX，不单独设宗用GB）＋宗地号＋定作物代码，宗地顺序号采用地表宗的顺序号。这样既方便开发商独立核算成本，又可以明晰产权，方便登记工作开展。

四、结语

《中华人民共和国城市房地产管理法》和《城市房屋权属登记管理办法》只是对土地上的房屋权属登记做了规定，并没有涉及地下房屋的权属登记问题。市场上出售的地下车库分为有产权证和无产权证两种。只有当地下车库拥有独立的产权证时，才能作为不动产以抵押、转让，获得法律保障；无产权证的转让只转让使用权而不是所有权，这种情况最易发生法律纠纷。因此，主管部门亟待制定地下车库和车位产权登记制度，特别针对基于人防工程下的地下车位使用权作详细规定，完善地下空间法律法规，确保各方合法权益，维护社会稳定，让地下车库在法治轨道上运行。同时政府要积极建立地下车库和车位监管机制。规划部门从源头把控，明确地下车位和车库权属界限、属性、面积；物价部门核实车库的成本、价格，将是否计入公摊及成本情况向社会公布，避免开发商暗箱操作，保障业主合法权益；人空部门加强对人防工程选址审批和监管；建设部门对地下空间建筑和施工图纸进行审核验收；住房部门负责车位和车库面积的审核备案及预售；国土部门现场核实车库及车位用途，按照不动产登记要求登记车库和车位物权，维护各方的合法权益。通过多部门分工协作，齐抓共管，建立城市地下车库和车位信息库，纳入城市地下空间综合管理系统，缓解大城市车位供不应求导致的城市病。

不动产登记中建立楼盘表的分析

刘胜新

（连云港市不动产登记中心）

摘　要　楼盘表是不动产登记业务的核心基础数据，是不动产权籍信息系统中各子系统相互关联的纽带。楼盘表各项参数的采集录入规则应统一规范，便于不动产相关登记业务办理以及数据统计。本文主要介绍不动产登记中楼盘表的组成及其关联数据。本文分析发现，在不动产登记中，楼盘表的完善可以对现有资源实现有效利用，在不动产登记中具有重要作用。

关键词　楼盘表；信息；管理；数据

楼盘表的建立使用是权籍系统的一个重点，为了规范楼盘表建立的格式、名称、具体内容，统一楼盘表各项参数，更好发挥楼盘表在日常不动产登记业务、数据统计、信息发布等工作中的作用，根据相关规范要求和标准，现就楼盘表中的有关部分常用具体数据采集标准浅议如下：

一、项目信息

不动产登记是以土地为核心的不动产统一登记制度，楼盘表与该楼幢的地籍调查表相关联，项目信息主要由地籍调查表来记录。项目信息主要包含了单位信息、项目基本信息、土地使用信息。

（一）单位信息

单位信息即开发公司与社会单位的信息，包括了单位基本信息、法定代表人、所在楼幢地籍号等信息。

在填写开发公司信息时，应该填写公司全称、注册地址（有效证件上的地址）、营业执照号、法定代表人和代理人身份证明及联系方式等。开发公司和控股公司保持关联性，同一控股公司可能包括多个开发公司。

（二）项目基本信息

项目基本信息包含了项目名称、开发公司名称、总幢数、总建筑规模、总占地面积、建筑密度等信息，填写时将规划许可（验收备案资料）证对应的信息进行关联。一个项目可有多个规划许可（验收备案资料）证。

在填写项目基本信息时，项目名称一般便于记忆，要求简洁明了，不得使用括号、逗号、引号、空格等字符。

（三）土地使用信息

土地使用信息主要包括土地使用权类型、土地使用权年限、坐落、土地使用权面积等。其中土地使用权类型主要包括划拨与出让两种，出让是指国家将国有土地使用权在一定年限内有偿出让给土地使用者；划拨是指县级以上人民政府依法批准，在土地使用者缴纳补偿、安置等费用后将该幅土地交付其使用，或者将国有土地使用权无偿交付给土地使用者的行为。土地使用权出让最高年限居住用地为70年，工业用地50年，商业、旅游、娱乐用地40年，教育、科技、文化、卫生、体育用地为50年，仓储用地50年，综合或其他用地50年。

二、楼幢信息

楼盘表建立原则以逻辑幢为基本单位，每幢房屋应各自建立一个楼盘表。同一物理幢（自然幢）塔楼、裙楼共存的，裙楼上有两幢以上（含两幢）塔楼的，裙楼和每幢塔楼则分别各自建立一个（逻辑幢）楼盘表。

在楼幢信息描述中，应该规范填写（选择）项目名称、楼盘名称、幢号、开发公司、楼盘类别、楼幢性质、楼幢特点、预售许可证号、规划许可（验收备案资料）证号、开竣工年份、总层数、总面积等。

(1) 楼盘名称。楼盘名称一般便于记忆区分，要求简洁明了，不得使用括号、逗号、引号、空格等字符。楼盘名称相当于子项目，表示该项目中的某个组团、街区、庭院等（对于不分子项目组团街区等的小项目，楼盘名称应保持和项目名称一致），与项目基本信息存在逻辑关系，"项目名称＋楼盘名称＋幢号"要求具备唯一性。

(2) 幢号。楼盘中房屋的幢号一般应以公安部门确定的幢号为准。幢号一经确定，不得随意更改。

(3) 楼盘类别。根据房屋修建的主要目的，区分房屋楼盘类别：商品房、限价房、经济适用房、安置房、联合集资建房、自建房、廉租房、房改房、公租房。

(4) 楼幢性质（用途）：综合楼、厂房、办公楼、商业楼、教学楼、配套建筑、公益建筑、军事设施、仓储用房、普通住宅楼、花园洋房、联排别墅、独立别墅、公寓、文物、其他。

综合楼：房屋同时具有住宅和非住宅的普通楼幢，主要存在于临街建筑。

厂房：所有房屋用途为单一的工业用房的楼幢。

办公楼：房屋用途主要为办公用房的楼幢，也可以有少部分停车、仓储、商服用房等其他非住宅房屋。

商业楼：房屋用途主要为商服用房的楼幢，也可以有少部分停车、仓储用房等其他非住宅房屋。

教学楼：房屋用途为单一的教育用房的楼幢。

配套建筑：独立成幢的配套车库、岗亭、配电房、消防塔等。

公益建筑：独立成幢的公共厕所、纪念堂、寺庙、清真寺等。

军事设施：用于军事目的建筑物。

仓储用房：房屋用途为单一的仓储用房的楼幢。

普通住宅楼：房屋用途主要为成套住宅、集体宿舍、非成套住宅，除花园洋房、联排别墅、独立别墅外的纯住宅性楼幢，也可以有少部分停车等其他非住宅房屋。

花园洋房：2005年以后修建的多层（一般总层数在3层以上8层以下）建筑，要求配套齐全、环境优雅、设计良好、外形美观的商品住宅楼，也可以有少部分停车等其他非住宅房屋。

联排别墅：房屋用途主要为成套住宅，介于花园洋房和独立别墅之间，同一幢有多套别墅的楼幢，包括连排、坡地、叠加别墅等，也可以有少部分停车等其他非住宅房屋。

独立别墅：房屋用途主要为成套住宅，一幢只有一套豪华住宅的住宅楼，也可以有少部分停车等其他非住宅房屋。

公寓：包括各种以居住为主要目的纳入集中式管理的公寓楼，也可以有少部分停车等其他非住宅房屋，具体用途应参照规划许可确定。

文物：国家、省、市、地区确认的属于文物范畴的建筑物。

其他：不能归类于以上性质的楼幢。

(5) 楼幢特点：核心商圈、规划水岸、快速干道、公园、教育等。一个楼幢可以有多个楼幢特点。

(6) 宗地信息：申报不动产初始登记时，应填写经国土部门确认的唯一的不动产单元号，并填写以不动产单元号为关联的宗地信息。宗地信息应含土地使用权类型、权籍楼栋占地面积、土地用途、共有使用权面积、土地分摊系数、土地使用权终止日期。

三、房屋信息

房屋是楼盘表中的基本单元。建立楼盘表时必须录入的房屋基本信息包括土地信息、房屋面积(建筑面积、套内面积)、结构、用途、坐落四项基本信息，以及层号、室序号、单元号、房号、建成时装修程度、规划用途等信息，还应填写证载坐落、证载用途、证载结构、证载面积(在数据清理时，为使生成的楼盘表房屋与权证档案上记载的房屋所对应而填写的信息)。

(1) 房屋所占土地信息。楼幢申报不动产初始登记时，应填写以不动产单元号为关联的房屋所占土地信息。土地信息应含土地使用权类型、土地用途、共有使用权面积、土地使用权终止日期。

(2) 房屋面积：包括建筑面积、套内面积、分摊土地面积，独立宗地独用土地面积等，保留 2 位小数。

(3) 房屋结构：包括平层、错层、复式楼、跃层、其他等。

(4) 房屋用途：

① 住宅：成套住宅、集体宿舍、非成套住宅。

② 非住宅：办公用房、商服用房、停车用房、教育用房、医疗用房、宗教用房、仓储用房、工业用房、物管用房、其他用房。

(5) 房屋户型：① 一居室；② 二居室；③ 三居室；④ 四居室；⑤ 五居室；⑥ 其他。

(6) 建成时装修程度：清水房、普通装修、精装修。

(7) 房屋坐落：要求每一套房屋在同一时刻只能使用一个唯一的房屋坐落，每幢楼的房屋坐落标准应一致。

房屋坐落应分段填写，具体包括如下字段：区(县)、街道(镇、乡)、路街巷(村)、小地名、门牌号(组)、附号。在具体房屋应用时自动附加幢号、房号。

区(县)：填写行政区划的规范简称。

街道(镇、乡)：填写行政区划的规范简称。

路街巷(村)：填写县级人大地名办定义的大路，或者县级民政部门定义的街、巷(暂时未命名的可暂不填)，或者县级政府定义的行政村。小地名：对于知名楼盘，可用项目名或者项目＋楼盘名代替。农村具备特殊地名的，可用当地的小地名。

门牌号(组)：一般应以公安部门确定的门牌号为准，没有的可不填。农村没有编门牌号的，建议用村民“组”代替。

附号：公安部门专门制定了附号的，应以公安部门确定的门牌附号为准，没有的可不填。

(8) 层号：包括物理层号和名义层号。

(9) 室序号：指房屋所在楼盘表中列的位置。室序号按照楼盘表中门牌号顺序编制。

(10) 单元号：指的楼盘表中房屋所在单元的编号。

(11) 房号：楼盘表中每套房屋房号的标注应以公安部门确认的房号为准，只标明楼层、间号(例如：1-1、1-A)。

(12) 墙体归属：包括东南西北方向自墙、借墙、共墙。

(13) 户室权利人与户室图。楼盘表还应关联户室权利人信息，包括权利人姓名与权利人证件类型。

楼盘表是对土地和房屋的物理属性以及相互关系的表述，是表现房屋物理状态信息(包括每套房屋建筑面积、户型、层数、用途等)和权属状态信息而形成的一个二维变化的直观图表。我们在使用楼盘表的过程中用不同颜色来表现每间户室的不同权利状态，包括未设权利、权利抵押、权利预告、权利异议、已设权利、权利查封、预告抵押、地役权等。这样使得楼盘表中的信息一目了然，便于查阅与管理。

四、结语

楼盘表对房屋土地数据进行信息化管理，可以有效提高数据质量，通过不动产单元号唯一编码，楼盘表将各业务系统串连到一起，可以有效利用数据资源，方便数据管理。其内容还可以更丰富，范围可以更全面，应用可以更广泛，是当前不动产发展和信息化建设的必然要求。

论如何做好不动产登记权籍调查工作

孙　亮
（连云港市国土资源局海州分局）

摘　要　本文针对目前不动产登记权籍调查存在的问题，提出了五点建议。

关键词　不动产登记；权籍调查

随着不动产登记将房产证和土地证合二为一，把房屋和土地信息等统一记载于不动产登记簿，在进行不动产登记前，需要先进行不动产权籍调查。不动产权籍调查是不动产登记的基础工作，权籍调查成果资料经不动产登记后，具有法律效力。以地籍调查为基础、以宗地为依托，开展的土地、房屋、林木等定着物的权籍调查，可避免因调查基础不一而可能导致的权利重叠、信息不对称等问题，有助于依法保护权利人的合法权益。

不动产产权首次登记的；不动产界址、空间发生变化的不动产产权变更、转移等登记的；实施不动产统一登记前，已经分别办理土地、房屋或其他不动产权籍调查，但不动产界址、空间发生变化的；实施不动产统一登记前，已经分别办理土地、房屋或其他不动产登记，但未进行权籍调查或者无法提供权籍调查成果的，均需开展不动产权籍调查。

目前存在的问题：一是业务量大导致办理周期相对较长。二是因为不动产登记是新生事物，工作人员熟悉新的业务需要一个过程。三是因为程序复杂、业务多、范围广，也导致了权籍调查耗时较长。权籍调查程序主要包括权属调查、不动产测量、落宗、纠纷调处、成果审查入库、整理归档。权调要求内业核实和实地调查相结合，查清不动产单元的权属状况、界址、用途、四至（地籍上每宗地四邻的名称）等内容。四是因为调查成果标准要求高，权籍调查成果包括统一的不动产权籍调查表、不动产测量报告和不动产宗地图、房屋分户平面图，还需根据编码规则设定不动产单元号等。五是因为在开展权籍调查业务的过程中，发现房屋与宗地不一致的现象较多，纠错耗费时间较长。

对于下一步如何做好权籍调查工作，笔者认为应做好以下几点：

一、统一基础，做好调查工作的有效衔接

（1）坚持地（海）籍调查作为不动产权籍调查的基础。土地（海域）信息是不动产调查登记的重要载体和有机组成部分。应按照继承性、兼容性和统一性的要求，以地（海）籍调查为基础，以宗地（海）为依托，稳妥有序地组织开展土地、海域以及房屋、林木等定着物的日常权属调查和测量工作，避免因调查基础不一而可能导致的权利交叉、重叠、信息不对称等问题，依法保护权利人的合法权益。

（2）坚持已有地（海）籍调查成果作为调查衔接的主要依据。以现有地（海）籍调查成果为依据，充分利用房屋、林木等各类不动产调查、登记、审批、交易等资料，开展日常不动产权籍调查。权籍调查完成后，要与已有的地籍图、宗地图等地（海）籍成果进行有效对接，核实

权籍调查结果，适时更新地（海）籍图，满足不动产登记的需要。申请办理不动产转移、变更登记时，如宗地界址等未发生变化的，原有调查结果继续有效。

二、多规程并行，保持调查工作的连续稳定

（1）继续沿用现行的各类不动产权籍调查标准。继续执行现行的《地籍调查规程》、《海籍调查规范》、《无居民海岛使用测量规范》、《房产测量规范》、《森林资源规划设计调查技术规程》等标准规范，有序开展不动产权籍调查工作。涉及土地、海域的调查，按照《地籍调查规程》、《海籍调查规范》和《无居民海岛使用测量规范》等标准开展；涉及房屋等建筑物、构筑物的调查，按照《房产测量规范》等标准进行；其他不动产权籍调查，依据相关的国家标准及行业主管部门规定实施。在5年过渡期间，涉及耕地承包经营权的权籍调查，继续按照农业部门相关标准规定实施。

（2）协调一致避免现行调查标准间的技术差异。现行不动产权籍调查标准在数学基础、精度要求等方面存在差异，对于不一致的，原则上以《不动产权籍调查技术方案》（以下简称《技术方案》）的要求为准。

三、规范调查，坚持调查工作便民利民

（1）对不动产各项权籍实施一体化调查。不动产权籍调查应以不动产单元为基本单位，在地（海）籍调查的基础上，一并开展土地、海域以及房屋、林木等定着物的权属调查和测量。一个不动产单元的权籍调查事项应由一家调查机构主导完成，避免多家调查机构多次调查同一不动产单元。不动产权籍调查机构应进一步加强协作、提高效率、降低成本，通过建立健全“全程负责”、“一站式”服务等配套措施，方便业务申请和办理，更好地服务不动产权利人和行政职能部门。

（2）合理确定不动产权籍调查内容。依据《不动产登记暂行条例》，不动产是指土地、海域以及房屋、林木等定着物，不动产以不动产单元为基本单位进行登记。不动产权籍调查应以不动产登记申请人申请登记的不动产单元为对象，遵循“权属清楚、界址清晰、面积准确”的原则，根据申请调查或登记的不动产权利类型，合理确定不动产权籍调查的内容，包括土地、海域、房屋、森林和林木等。

（3）规范不动产权籍调查程序。按照准备工作、权属调查、不动产测量、成果审查入库、整理归档等程序完成权籍调查。权属调查是权籍调查的核心。应在全面查清不动产单元权属状况，做好指界工作的基础上，开展不动产测量等相关调查工作。对于存在不动产权属争议的，应依法解决后，再行完成权籍调查。

四、严格要求，规范调查成果

（1）规范提交不动产权籍调查成果。为满足不动产登记机构对不动产登记成果的管理，建立不动产登记信息管理基础平台，调查机构应提交规范统一的不动产权籍调查成果。以不动产单元为单位，按照《技术方案》要求的不动产权籍调查表、不动产测量报告和不动产权籍图等成果样式提交纸质成果和相应的电子数据。

（2）确保不动产单元代码的唯一与完整。《不动产登记暂行条例》明确规定不动产单元应具有唯一代码。不动产单元代码（即不动产单元号）是规范和完善调查登记成果的重要信

息，应在宗地代码编制工作的基础上，按照《技术方案》要求，充分吸纳和兼容房屋等代码的编制规则，设立不动产单元，编制统一的不动产单元代码，满足划定和标识不动产单元的要求，确保不动产单元代码的唯一性。

（3）认真审核确认不动产权籍调查成果。不动产权籍调查成果一经登记，具备法律效力。不动产登记机构或授权机构应对不动产权籍调查结果进行审核把关，确认的内容包括调查机构的资质、质量管理措施的落实、调查内容的完备性等。在前期行业管理中已经产生或部分产生并经行业行政主管部门或其授权机构审核确认且符合不动产登记要求的成果，应当继续沿用，不再重新组织权籍调查。

（4）建立不动产权籍调查数据库和管理系统。应以现有的地籍数据库为基础，建立不动产权籍调查数据库和管理系统，实现对不动产权籍调查成果的图形、属性、档案等信息的一体化存储、管理与应用，并结合日常不动产登记等业务对数据库进行及时更新和系统维护升级，满足不动产权籍调查的信息共享和成果应用。不动产权籍调查数据库应当接入不动产登记信息管理基础平台，与不动产登记的属性信息相关联。

五、强化组织管理，保障调查工作的顺利实施

（1）加强组织领导，协同做好工作。要准确把握不动产登记的要求，高度重视不动产权籍调查工作。建立协调配合机制，抓好工作落实。因地制宜，制定工作方案和实施细则，组织做好本地区的不动产权籍调查工作，全力保障不动产登记工作的开展。

（2）明确机构和人员、加强业务培训。不动产权籍调查目前由海州分局承担，建议下一步进入市场化管理。应按照《技术方案》的要求开展调查工作，通过全面、系统的业务培训，使得现有土地、房屋等各类不动产权籍调查人员、机构能够逐步综合承担不动产权籍调查工作，满足不动产登记的需要。采用公开、公平、公正的市场竞争方式，规范不动产权籍调查行为。

平台建设

连云港市本级不动产登记信息平台的设计与实现

高光军[1]　唐旭堃[2]　张志刚[1]
（1. 连云港市国土资源信息中心；2. 南京国图信息产业有限公司）

摘　要　连云港市不动产登记信息平台建设继承于连云港市国土资源"一张图"工程土地登记系统。设计实现过程中，既需要满足连云港市不动产登记业务的要求，也需要继承"一张图"对数据共享、权力阳光、社会服务的要求。最终实现为不动产登记机构、不动产审批和交易主管部门、其他相关部门、社会公众四类服务对象提供不动产登记支撑、共享、公开、查询服务。本文结合实际项目阐述了连云港市不动产登记信息平台的总体设计、硬件环境、数据库设计与数据整合以及平台功能的设计与实现等。

关键词　不动产登记；信息平台；数据整合

一、引言

建立和实施不动产统一登记制度是一项重大改革任务。2013 年 11 月 20 日国务院第 31 次常务会议明确提出，整合不动产登记职责、建立不动产统一登记制度，基本做到登记机构、登记簿册、登记依据和信息平台"四统一"。建立不动产登记信息平台，是不动产登记各项制度落实和信息共享查询的基础；可实现不动产审批、交易和登记信息在有关部门间依法依规互通共享，提供不动产登记信息依法公开查询服务；有利于方便群众办证，提高办证效率，消除"信息孤岛"，促进不动产登记信息更加完备、准确、可靠；可建立健全社会征信体系，保证不动产交易安全，保障群众合法权益。

二、平台总体技术构架

不动产登记信息平台建设充分利用原有信息化成果，集成整合土地、房屋、海权、林权等数据资源，统一信息标准、统一办理过程、统一图表卡册、统一登簿发证。实现为不动产登记机构、不动产审批和交易主管部门、其他相关部门、社会公众四类对象服务，提供登记业务支撑、信息实时互通共享、信息共享交换、信息依法查询服务。（图 1）

三、平台环境设计

（一）网络环境设计

市本级不动产登记相关业务涉及多种网络相互连接。① 市局内部局域网。不动产登记系统部署在市局内部局域网，市局所辖分局、市不动产登记中心各自内部局域网利用国土业务网接入，实现互联互通。② 国土资源主干网。内部局域网通过国土资源业务网连接省国土资源厅和国土资源部网络，实现数据上报。③ 部门数据交互中转网段。内部局域网通过部署网闸、前置机和防火墙等网络安全设备、架设专线实现与住建、海洋、林业及金融机构的安全连接和数据共享。④ 外部网络。不动产登记数据和业务管理系统主要部署在市局内部网络环境中，不动产登记公开查询系统部署在外部网络中。内部网络拓扑图见图2。

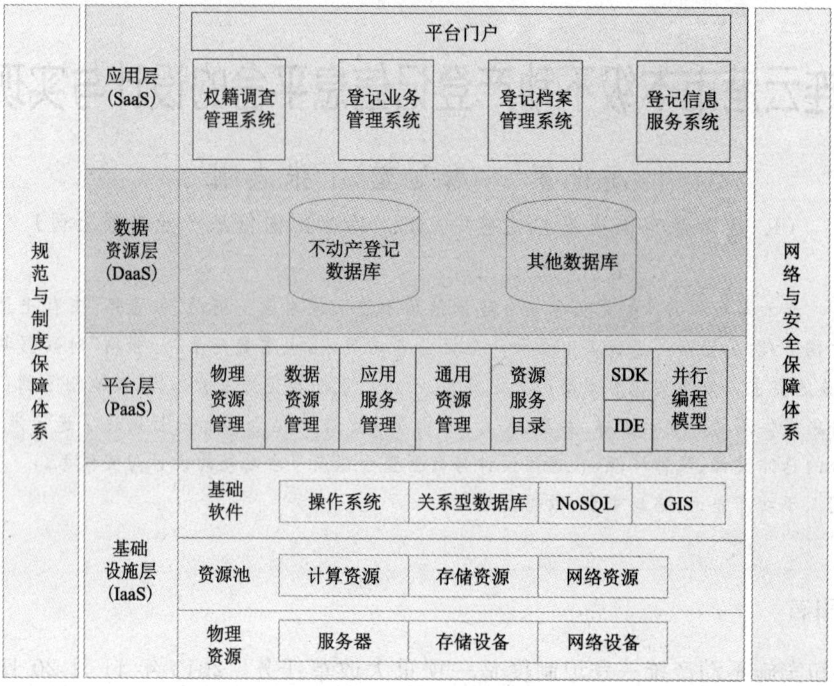

图1　不动产登记信息管理平台总体技术架构图

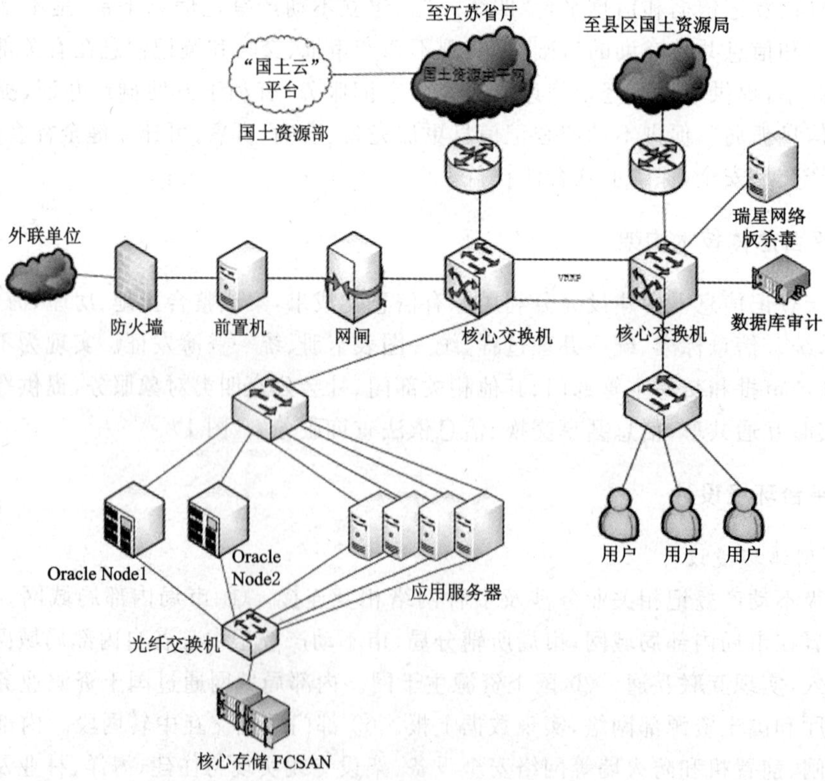

图2　内部网络拓扑图

（二）主机与服务器系统

不动产登记数据和业务管理系统数据类型复杂，数据量大，同时还需要为多方面提供服务，数据访问较为频繁，访问量大，数据处理负载大。因此，配置多台中高性能服务器，为各类应用提供数据访问服务，相关服务器也可以使用虚拟化解决方案。硬件配置清单见表1。

表1　　硬件清单

位置	类型	用途	数量	备注
内网	数据库服务器	数据库服务器集群 RAC	2	
	GIS应用服务器	ArcGIS Server 应用服务器	3	
	Web应用服务器	应用服务器（部署不动产登记业务管理系统）	2	

（三）存储环境设计

不动产登记数据库主要数据存储采用数据存储网络（FC SAN＋IP SAN）技术和相应的数据管理技术，同时根据需要还可提供联机分析处理能力（OLAP）。既提供各种数据的存储场所，也为各种数据的综合利用提供必要的技术支持。

不动产登记数据库中数据均存放在FCSAN（核心存储系统）上。相关扫描附件材料、影像数据和备份文件等可以存放于IP SAN存储中。根据对数据量的统计，可采用不同的存储方案。（表2）

表2　　存储方案的比较

数据存储	数据量
FCSAN（核心存储系统）	＞3T
IP SAN	＞10T

（四）信息安全体系建设

根据《关于国土资源信息安全等级保护工作的指导意见》和《关于进一步加强国土资源信息系统安全工作的通知》等文件要求，开展信息系统安全等级保护工作，建立信息安全体系。

(1) 物理安全。充分考虑物理位置的选择、物理访问控制、防盗窃和防破坏、防雷击、防火、防水和防潮、防静电、温湿度控制、电力供应、电磁防护等要素；网络通信线路有必要的冗余和备份。

(2) 网络安全。网络建设合理规划网络安全区域，安全区域间指定严格的访问控制策略；采用防火墙、入侵检测等安全防护措施对安全区域进行防护；对网络设备及其用户进行标识和鉴别；对网络设备的运行状况、网络流量、用户行为进行安全审计。

(3) 系统安全。操作系统遵循最小安装原则，仅安装必要的组件和应用程序；定期更新操作系统，并及时安装各种安全补丁程序；严格限制操作系统默认账户和匿名账户的使用，定期更换账户口令，口令应符合复杂性要求；严格设置操作系统访问控制策略，禁止所有不需要的访问权限；采用防病毒、漏洞扫描等安全防护措施对操作系统进行安全防护。

(4) 应用安全。系统功能设计符合相关安全标准，编码符合安全规范；具备访问控制功能，指定安全访问策略，严格管理远程访问权限。同时依据印章治安管理办法以及国家密码管理局相关要求，结合不动产登记信息化要求，建立电子印章平台和数字签名验证服务器，通过电子印章+CA认证的方式解决不动产登记业务处理过程中签字、盖章的安全、合法性问题，包括电子文件安全和权威性、信息处理合法性等问题；实现不动产登记信息化系统中用户合法身份认证、签字盖章，安全、合法有效；可追溯、不可否认，从而提高办公效率，提升信息化处理水平。

（5）数据安全。所有提交的数据资料严格按照有关数据资料管理规定进行分类存档管理；设立信息安全管理工作的职能部门，配备专职安全管理员，负责数据安全工作，并与关键岗位人员签署岗位安全协议和保密协议；根据国家保密有关法律法规，组织完成数据安全定级工作，明确制度、分清职责、分级管理、逐级落实；采用数据加密、数字签名、数字证书及内容防篡改等技术，防止敏感数据被非法访问、修改和破坏，保证数据的完整性；同时应用较为科学的数据备份体系解决系统应用过程中的数据 7×24 小时安全问题。

（6）安全管理。按照国家信息安全等级，制定系统安全承建方案、测试方案，以及网站整体安全管理策略等；制定安全事件应急预案，明确应急组织机构和人员、工作流程和内容、应急保障措施、监督管理等；指定安全事件上报机制，明确上报责任人、上报时限、上报流程等要求。

四、数据库设计及数据整合

原各类不动产登记由不同部门负责，各登记部门信息系统不同、数据参数格式各异，存在各类不动产登记数据标准不统一、缺乏统一的空间参考、数据质量参差不齐等问题。要实现统一登记，就必须全面清理和整理不动产登记历史资料，基于统一数据空间参考、统一数据标准、统一数据质量、统一数据管理模式的建库原则，对土地、房屋、海权、林地等各类登记数据进行整合，对不动产登记数据库进行总体设计。

（一）数据库建设标准

1. 数据分层与属性

不动产登记数据库空间要素按国土资源部下发的《不动产登记信息管理基础平台建设总体方案》中的《不动产登记数据库标准（试行）》中的要求进行空间数据分层与命名，主要分为行政区划、地籍分区、不动产单元、栅格数据四类。

2. 数据编码规则

不动产单元编码是不动产权籍数据管理的基础。不动产单元以宗地为基础，在宗地统一代码编制的基础上进行不动产单元编码。宗地统一代码采用五层 19 位层次码结构，按层次分别表示县级行政区划、地籍区、地籍子区、土地所有权类型、宗地号。

不动产单元代码编制采用三层 28 位层次码结构，按层次分别表示宗地统一编码、特征码、不动产单元流水号。

3. 数据基础

（1）坐标系：采用“1980 西安坐标系”，3°分带，中央经线 119°15′。

（2）高程基准：采用“1985 国家高程基准”。

（3）地图投影：采用“高斯－克吕格投影”。

4. 数据库内容

不动产登记数据库内容包括不动产单元数据、权利人数据、权利数据、登记业务数据和其他数据，以不动产单元为单位进行组织。不动产登记数据库按照实际管理需要划分为基础类数据、专业类数据和管理类数据三大类。基础类数据库包括基础地理数据、遥感影像数据等国土资源及“数字城市”建设的基础数据，以及为整合各类不动产数据提供基础的地籍调查数据等；专业类数据为房屋、林地土地承包经营权等不动产的权籍调查数据；管理类数据包括各类不动产的登记发证数据、档案管理数据、元数据及系统运维数据等。

（二）数据整合

根据数据的存储介质及规范化水平，市区各类不动产登记数据主要有三种情况：

（1）建成土地、房产等管理系统，存在电子数据的部分，先标准化、规范化后，再依据《不动产登记数据库标准(试行)》，建立映射关系模型，对已有的登记信息补充完善后，转换形成不动产登记数据库。

（2）对于启用土地、房产等管理系统之前，已有不动产登记电子档案或部分电子数据的，首先对已有的登记信息通过提取、转换、补录等技术方法，建成符合土地、房产等现行标准的标准化、规范化的数据集，再整合不动产登记数据库。

（3）对于较早时期的登记信息，只有不动产登记纸质档案的部分，按现行的土地、房产等登记数据库标准录入数据建成对应数据库，再整合成不动产登记数据库。

不动产统一登记数据整合流程总体分为准备阶段、规范化梳理、数据整理、整合落宗、数据入库等五个阶段。总体整合流程见图 2。

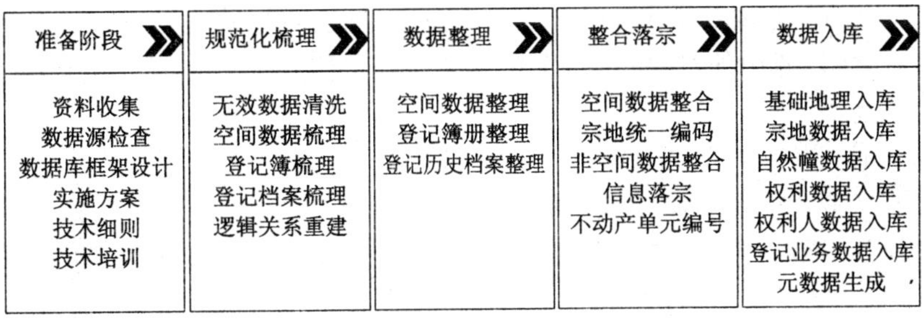

图 2　数据整合流程

五、平台建设的思路与设计

（一）基于多源数据的平台数据兼容模式设计

过渡阶段不动产数据的主要特征就是“多源性”。一方面表现为数据来源的多样性，另一方面表现为不同的数据也具有不同的存储、交换模式，同时在登记过程中，多源数据对同一客观存在进行共同描述而相异表述的情况，所以登记时存在需要对多源数据进行兼容并整合利用的需求。

宏观地看登记业务，登记业务实质是对实体存在的不动产本身的产权信息的登记审批行为。业务操作时，针对不同类型的业务，登记人员将该业务中所需要使用的不动产信息进行受理、审核，并在审核通过后进行登簿发证。而在不动产登记业务中，之前各业务分别提取的多源不动产信息不能进行抛弃，同时在不动产登记中还需要对之前的多源不动产信息进行整合利用。

不动产统一登记之前，土地登记、房产登记等业务系统的设计中，主要采用的是业务管理的软件设计模式,强调业务之间的逻辑树关系。进入不动产登记后,由于不动产数据的多源性,使用逻辑树模式的软件设计无疑产生了交互困难的情况。

因此不动产登记信息平台的设计中,加入了产权层和实体层的管理概念。其中,不动产实体本身可以作为实体层,每次业务中针对不同业务类型从不动产实体中抽取的房屋及产权信息构成了产权层,而对房屋及产权信息进行业务审批的过程则构成了业务层的内容。(图 3)

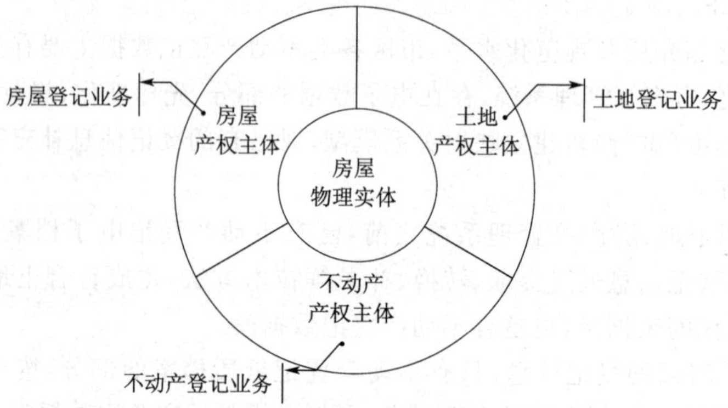

图 3　业务层、产权层、实体层原理示意图

无论什么登记业务,其实都是对房屋实体的一次产权描述,因此这些业务都可以说是建立在房屋实体上的。通过对每次业务的产权信息唯一化,可以将不同类型业务的数据描述实现对照统一,建立通用的对照关系,实现不动产登记信息平台对多源数据的兼容管理及使用。

(二) 基于过渡阶段数据特征的部门联合监管设计

不动产数据整合前的过渡期数据的多源性特征,在进行兼容管理后构建的统一对照体系,可以展现出不动产单元与多部门之间的特殊联系。依靠对照后,不同部门数据的互相可读性,除了初步的共享以及进一步的交易辅助审批之外,还可以深化扩展关于多部门联合监管方面的功能尝试。例如和房产部门之间,对于拆迁、政策性限制交易等登记中没有明确条款的登记内容,房产交易部门可以通过推送房屋限制记录,不动产登记部门在进行登记时通过对照体系完成对限制登记所挂接房屋的解析,完成和房产部门的联合控制的效果。

同时,对于目前比较难以控制的土地预查封情况,连云港市不动产信息平台试图设计和土地交易备案的联合监管的设计,从供地层面完成对土地的预查封工作。

(三) 涉密网物理隔绝模式下的在线申请模块的扩大化研究

业务在线申请办理功能,在连云港国土资源"一张图"工程中就已经完成了初步实现。不动产登记信息平台设计中也同步设计增加该功能。基于涉密网完全物理隔绝的保密要求,使用加密设备的人工中间件摆渡是唯一的可行方案。由于人工摆渡的时效性问题,外网在线申请系统无法实现内网登记系统中直接调取登记、权籍信息之类的功能。而完全依靠人工填写相关的登记数据的填写量又过于巨大,使在线申请便民的要求流于表面。

因此在在线申请模块的设计中,连云港市不动产信息平台设计时,充分利用不动产单元号、原证号等关键字,完成在导入过程中对登记、权籍信息的读取工作,尽力使在线申请人员只需要填写权利人、金额、期限等主要信息，使在线申请与实际内网业务人员操作类似。

同时从登记安全与便民回馈等角度出发，在设计中也要求对不能登记的情况设置反馈机制。

由于物理隔绝存在，在线申请模块实质是分为外网的填报反馈模块和内网的接收创建模块。在进行内网创建模块设计时，从通用性角度出发，对中间件的通用性、可读写性等都进行了通用设计，使之除了满足在线申请要求外，也能普遍适用于大批次的登记业务导入创建工作。

六、平台功能实现

（一）不动产登记权籍调查管理系统

不动产登记权籍调查管理系统实现了基于同一平台的各类不动产调查和登记数据的整合与统一，实现了不动产统一登记数据的整合管理和应用，是基于地图框架平台、数据中心平台和三维管理平台进行定制开发而成。系统除拥有上述三个平台提供的通用性功能外，还包括数据管理、数据交换、数据处理、数据检查、成果管理、房地一体化管理、变更管理、服务管理、数据查询统计、三维不动产数据管理、运维管理等功能模块。（图4、图5）

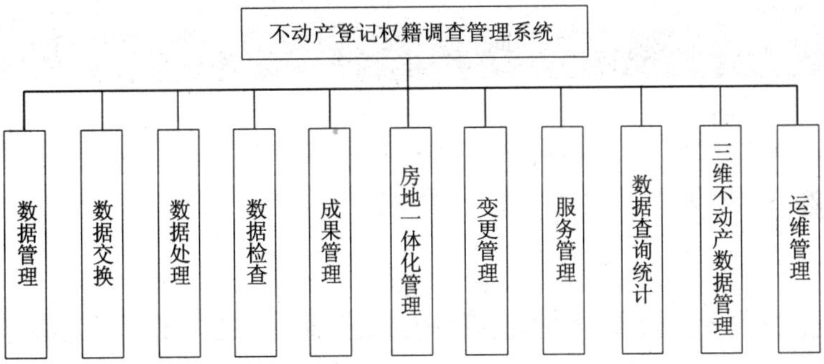

图4　不动产登记权籍调查管理系统功能模块图

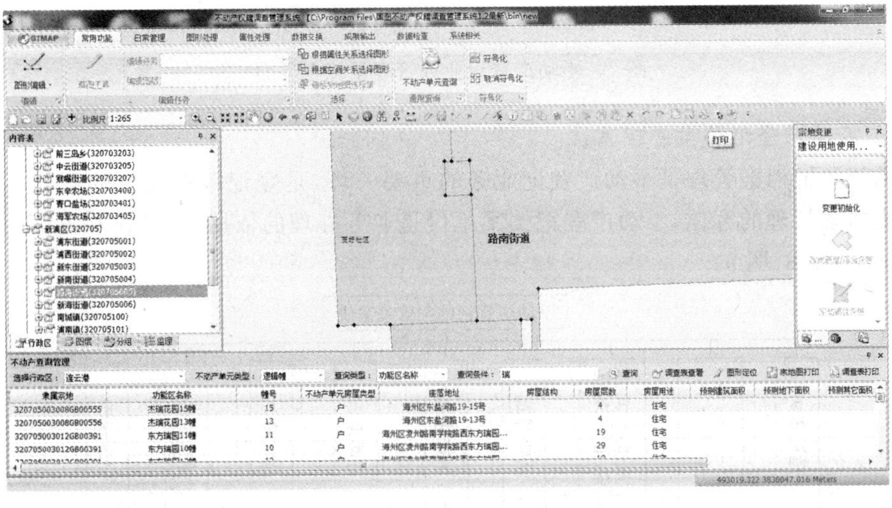

图5　不动产登记权籍调查管理系统主界面

（二）不动产登记业务管理系统

不动产登记业务管理系统基于 B/S 模式，是不动产登记信息平台建设的核心，负责全部不动产登记业务的办理。以统一电子政务平台的建设思路，统一运行支撑平台、统一办公门户、统一身份认证，贯通不同岗位和不同登记业务，实现不同岗位和不同登记业务的协同办理，实现不动产登记全部业务办理和管理事务在同一平台上进行。（图 6、图 7）

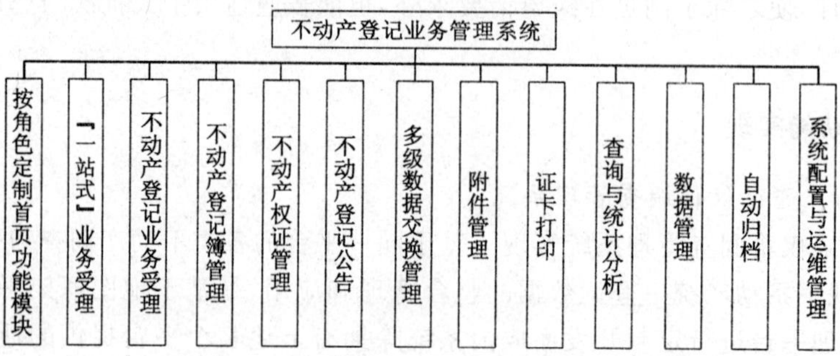

图 6　不动产登记业务管理系统功能模块图

图 7　不动产登记业务管理系统主界面

（三）不动产登记档案管理系统

不动产登记档案管理是不动产登记业务的重要一环，是登记审批业务的延伸。作为不动产登记档案管理的客体，不动产登记档案不仅是业务办理的依据，更是权利人证明权益的法律凭证。（图 8、图 9）

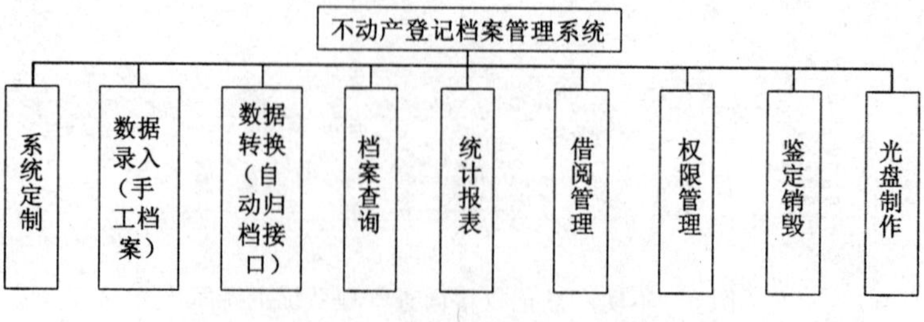

图 8　不动产登记档案管理系统功能模块图

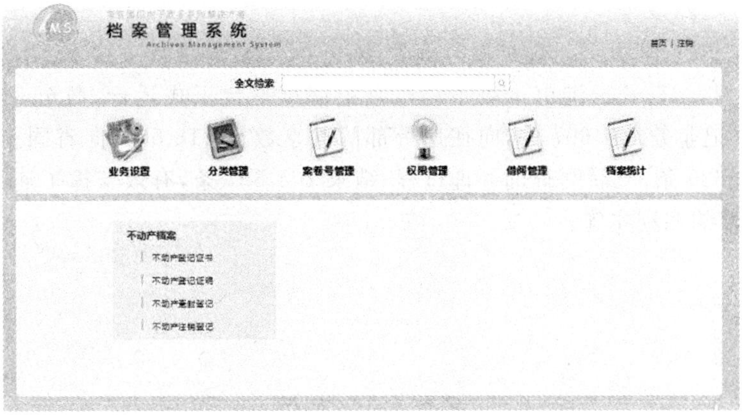

图 9　不动产登记档案管理系统主界面

（四）不动产登记信息服务系统

不动产登记信息服务系统对不动产登记机构之外的不动产审批和交易主管部门、其他相关部门、社会公众等服务对象提供信息实时互通共享、信息共享交换、信息依法查询服务，分为内网共享和外网服务两个模块。（图 10、图 11）

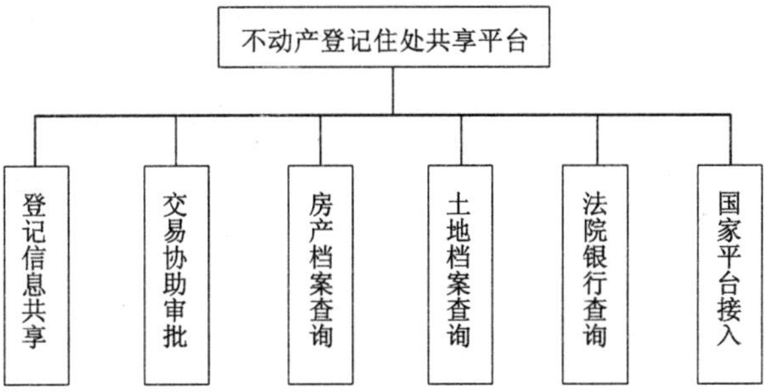

图 10　内网信息共享平台功能模块图

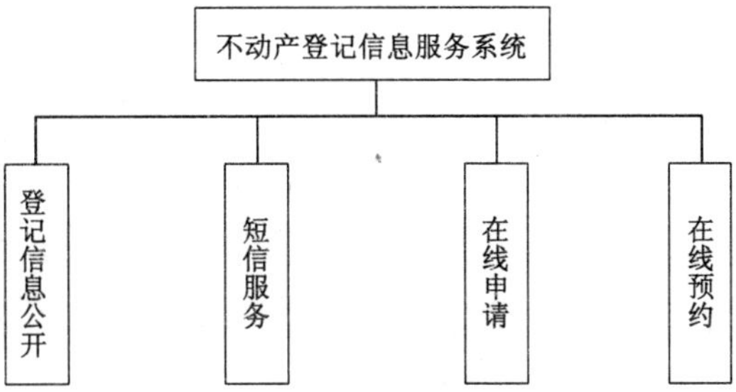

图 11　外网信息服务系统功能模块图

内网信息共享平台主要服务于不动产审批和交易主管部门、其他相关部门等服务对象具有业务信息共享、部门联合监管、交易辅助审批、多部门档案共享、国家平台接入等服务。

外网信息服务系统模块则对社会公众提供登记信息公开、进度查询、短信通知、在线业务办理、在线预约、微信服务等功能。

七、结语

2016 年 5 月 3 日，连云港市本级不动产登记信息平台正式运行，截至 2017 年 3 月 31 日，完成不动登记业务 104 697 件，向住房等部门共享数据 118 504，向省国土资源厅、国土资源部报文 93 629 条，互联网查询办理过程、结果 104 697 条，有效支撑了连云市本级不动产统一登记工作的顺利实施。

县级不动产统一登记信息平台建设模式探索
——以连云港市赣榆区为例

孙　磊　张善强
（连云港市赣榆区国土资源局）

摘　要　根据不动产统一登记制度实施的总体要求，不动产信息平台是不动产登记各项制度落实和信息共享查询的基础。如何推进不动产信息平台建设是各地不动产登记机关考虑的重点。本文提出以地籍数据为基础和宗地统一编码为索引进行不动产数据整合模式，以及不动产统一登记信息平台的基础设计，并以连云港市赣榆区不动产信息平台建设为例，对这一思路进行了验证。

关键词　县级；不动产；信息平台；整合；设计

一、引言

2013年11月20日召开的国务院常务会议明确提出，整合不动产登记职责、建立不动产统一登记制度，由国土资源部负责指导监督全国土地、房屋、草原、林地、海域等不动产统一登记职责，基本做到登记机构、登记簿册、登记依据和信息平台"四统一"。开展不动产统一登记是推进国家治理体系和治理能力现代化的必然要求、也是市场经济发展和市场化改革的必然要求、又是全面深化改革的重要基础，同时涉及千家万户老百姓的切身利益。因此，建立和实施不动产统一登记制度非常必要，是大势所趋。不动产信息平台是不动产登记各项制度落实和信息共享查询的基础，通过建立信息平台，实现不动产审批、交易和登记信息在有关部门间依法依规互通共享，提供不动产登记信息依法公开查询服务，有利于方便群众办证，提高办证效率，消除"信息孤岛"，促进不动产登记信息更加完备、准确、可靠，建立健全社会征信体系，保证不动产交易安全，保护群众合法权益。研究建立不动产登记信息管理平台具有重要意义。

县级不动产登记是实现国家、省、市、县四级数据实时共享、互联互通的基础。本文在分析现有数据的基础上，提出以地籍数据为基础和宗地统一编码为索引的不动产数据整合模式，以此为基础建设不动产信息平台，并通过连云港市赣榆区不动产信息平台建设对该思路进行了实践。按照不动产统一登记制度设计，赣榆区不动产信息平台主要面向四类服务对象，提供登记业务支撑、信息实时互通共享、信息共享交换、信息依法查询服务。

二、不动产数据整合

不动产登记所涉及的现有土地、房屋、林地、土地承包经营权等均是由不同的部门进行登记，其数据标准不一，业务办理流程不一，基于各自独立的系统进行管理。因此，建立统一的不动产登记信息管理基础平台，需要从数据整合、业务流程整合以及信息系统整合等方面进行设计。以土地为核心构建不动产统一登记体系，其中核心思想是各类使用权登记必须以相应的土地所有权登记为基础，地上附着物登记以相应土地使用权登记为基础，后续登记必须与前期登记信息相吻合。在不动产登记数据整合方面，以地籍数据为基础，以宗地统一编码为索引，采用松耦合集成扩展其他类型不动产登记数据的方式，有利于加快整合不动产数据及系统平台，具有现实的可操作性。数据整合模式主要有集中数据整合模式和日常更新整合模式两种方式，两种方式相辅相成，缺一不可。

（一）集中数据整合模式

集中数据整合一般以工程项目的形式实施，在短期内完成，其成果作为后续工作的本底数据。数据整合主要分为工作准备、规范化梳理、数据整理、整合落宗和数据检查入库五个阶段。通过将现有的分散存放、格式不一、介质不同的不动产登记信息进行规范整合，依据《不动产登记数据库标准（试行）》整合建设不动产登记数据库，为不动产登记信息管理基础平台运行提供数据支撑。（图 1）根据数据的存储介质及规范化水平，各类不动产登记数据主要有 3 种情况：

（1）对于已建成土地、房产等管理系统，存在电子数据的部分，先依据土地、房产等现行的相关标准进行标准化、规范化后，再依据《不动产登记数据库标准（试行）》，建立映射关系模型，对已有的登记信息补充完善后，转换形成符合《不动产登记数据库标准（试行）》要求的不动产登记数据库。

（2）对于启用土地、房产等管理系统之前，已有不动产登记电子档案或部分电子数据的，首先对已有的登记信息通过提取、转换、补录等技术方法，建成符合土地、房产等现行标准的标准化、规范化的数据集，再依据《不动产登记数据库标准（试行）》，经整合后建成符合《不动产登记数据库标准（试行）》的不动产登记数据库。

（3）对于较早时期的登记信息，没有电子数据只有不动产登记纸质档案的部分，依据现行的土地、房产等登记数据库标准录入数据建成对应数据库，再依据《不动产登记数据库标准（试行）》，经整合后建成符合《不动产登记数据库标准（试行）》的不动产登记数据库。

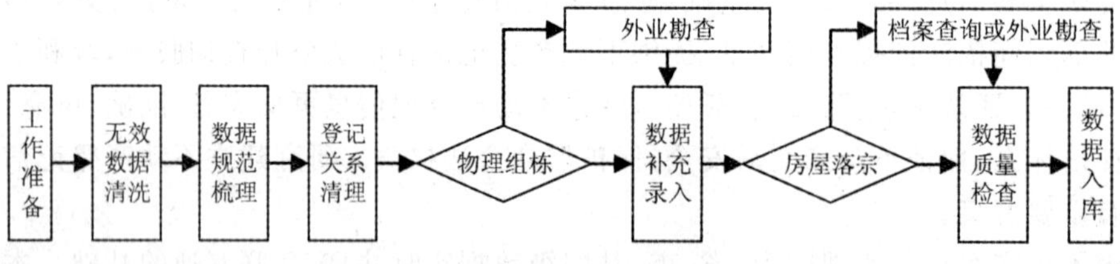

图 1　集中整合技术流程图

（二）日常更新整合模式

集中、主动式的数据整合工程虽然能够在短期内实现区域内各类登记数据的整合集成，但数据整合的质量很难完全符合登记业务办理需要，特别是历史遗留数据问题，还要在日常登记运行中逐步解决。日常数据更新是以集中数据整合后的数据库为底库，对日常工作中涉及的登记数据进行变更和维护，通过日积月累的滚动更新，逐步提高房地数据整合的质量。日常数据的滚动更新是统一审核工作模式下的主要整合方法，也是一项长期的工作。

（三）数据整合实例

以连云港市赣榆区为例，数据整合转换了房屋楼盘表、土地登记结果信息、宗地统一编码、房屋落宗等。其中房屋楼盘表由逻辑幢和户室信息组成，利用原有房产测绘系统及房产登记系统中相关数据进行批量转换。由于停用原土地登记系统，在部分业务办理时需在不动产登记系统中匹配原土地证信息，所以在不动产登记数据库中设计了土地登记成果中间库，用于存储原有土地登记结果信息，如土地证、他项证、抵押、查封等信息。在第一阶段建设中，只需转换现势的土地登记结果信息，以满足数据匹配及发证需要，历史的土地登记信息在阶段二数据整合中批量转换，用以在系统中记录历史关系。以上是属性数据，矢量数据方面，房屋数据中没有带GIS坐标的数据，而国土地籍库中数据完整性、现势性也较差，因此采用转换、补充两条路线进行整合。

三、不动产登记信息管理基础平台设计

不动产登记信息管理基础平台，主要面向市县不动产登记机构、不动产审批和交易主管部门、其他相关部门、社会公众四类服务对象，提供登记业务支撑、信息实时互通共享、信息共享交换、信息依法查询服务。

（一）平台架构

建立不动产统一登记平台，需要实现市、县两级业务联动，与同级国土、住建、农业、林业等部门业务协同，以及提供社会公开查询和特定部门信息共享服务。同时，通过完善技术标准和相关规范，建立长效的数据更新、共享服务等机制。总之，不动产登记信息管理平台建设是一系列政策、机制、数据及管理、技术、规范、应用和服务的总和。

（1）基础设施层。基础设施层也称基础设施即服务层（IaaS），是将计算资源、存储资源、网络资源等物理资源进行整合，按照云服务模式和云架构建立共享资源池，提供可扩展的计算、存储和虚拟化管理与服务。

（2）平台层。平台层也称平台即服务层（PaaS），负责对物理资源、数据资源、应用服务、通用资源等进行统一管理、监控与调度，负责提供应用开发和部署的环境。

（3）数据资源层。数据资源层也称数据即服务层（DaaS），由不动产登记数据、其他数据等组成，负责数据的统一组织与管理，对应用层的不动产登记信息系统、信息共享和查询服务系统、信息分析系统提供数据支撑。

（4）应用层。应用层也称软件即服务层（SaaS），面向各类用户，通过网络提供不动产登记信息的查询、分析、交换、共享服务和登记业务办理服务等。服务对象包括省各级不动产登记机构，国土资源、住建、农业、林业等部门，公安、民政、财政、税务、工商、金融、审计、统计等部门，以及权利人、利害关系人等。

（二）平台组成

不动产登记机构负责各类不动产的登记业务，其信息平台主要包括不动产登记数据库、不动产登记信息系统、不动产登记信息服务系统和相关技术规范。其中数据库建设和不动产登记信息系统是建设重点。

1. 不动产数据库

不动产登记信息管理基础平台涵盖了土地、房屋、林地等各类不动产的登记，传统上这些不动产都是由各登记部门分散登记，各自归档登记资料，但是由于各登记部门信息系统不同、数据参数格式各异，从而存在着各类不动产登记数据标准不统一、缺乏统一的空间参考、数据质量参差不齐等问题。要实现统一登记，就必须全面清理和整理不动产登记历史资料，基于统一数据空间参考、统一数据标准、统一数据质量、统一数据管理模式的建库原则，对土

地、房屋、林地等各类登记数据进行整合，按照国家规定的数据库标准和数据整合建库技术规程，结合数据库建设的扩展要求，对不动产登记数据库进行总体设计。

不动产登记数据库内容包括不动产单元数据、权利人数据、权利数据、登记业务数据和其他数据，以不动产单元为单位进行组织。不动产登记数据库按照实际管理需要划分为基础类数据、专业类数据和管理类数据三大类。基础类数据库包括基础地理数据、遥感影像数据等国土资源及“数字城市”建设的基础数据，以及为整合各类不动产数据提供基础的地籍调查数据等；专业类数据为房屋、林地、土地承包经营权等不动产的权籍调查数据；管理类数据包括各类不动产的登记发证数据、档案管理数据、运维管理数据及其他数据等。（图 2）

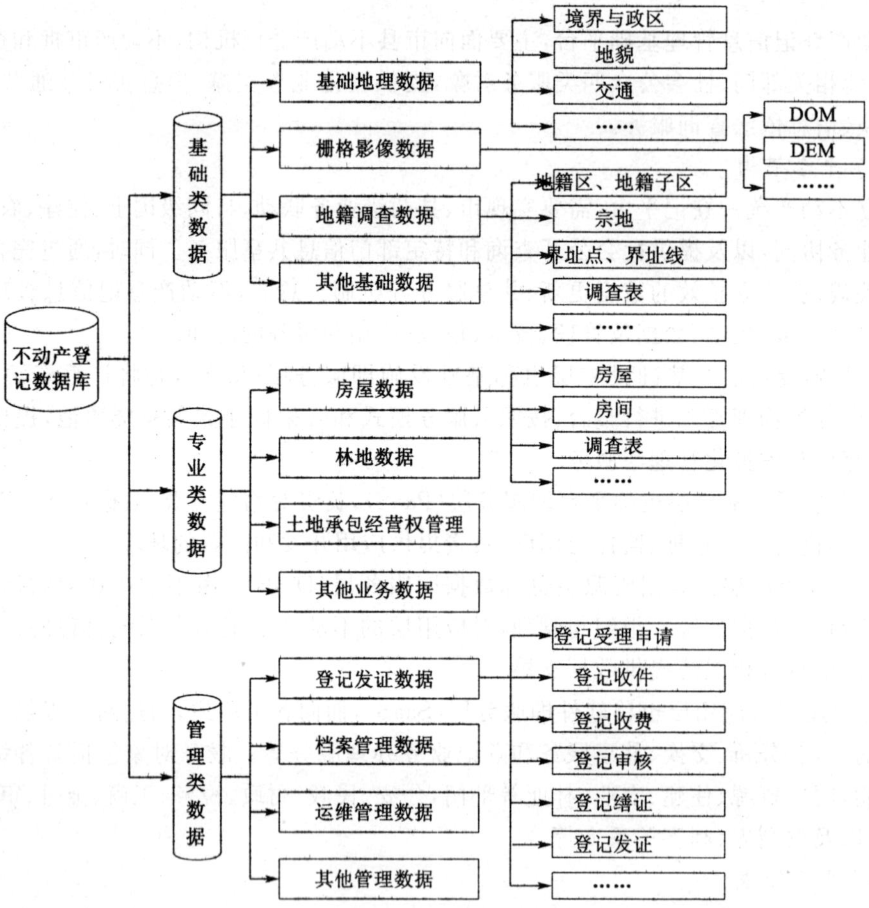

图 2　不动产登记数据库内容

2. 不动产登记信息系统

(1) 不动产权籍调查管理系统

不动产权籍调查管理系统可以实现对不动产调查、测绘和登记等各类成果的维护管理。基于统一平台对各类不动产数据进行整合，实现各类不动产相关要素信息的采集、加工、交换、入库、制图等处理功能，以及不动产统一登记所需基础数据的高效管理和应用，包括空间数据浏览、转换、更新、检查、查询统计和成果输出等功能模块。并提供 WebGIS 服务、数据汇交服务和数据查询服务，实现对不动产空间数据的快速发布、浏览、查询和信息交换。

(2) 不动产登记业务管理系统

不动产统一登记业务管理系统是信息系统建设的核心,负责各类不动产登记业务的统一办理,满足不动产登记业务的申请、受理、审核、登簿、缮证、归档等全流程信息化管理,并将登记相关信息实时纳入不动产登记数据库,实现不动产登记数据库的实时更新。系统应基于统一电子政务平台的建设思路,统一运行支撑平台、统一办公门户、统一身份认证,贯通不同岗位和不同登记业务,实现不同岗位和不同登记业务的协同办理。此外,系统还应预留与房产交易等系统协同的数据交换接口,进行交易信息及其附件材料的获取。根据赣榆区的数据特点和原有登记系统的情况,以房地先统一为切入口,利用不动产登记权籍调查系统进行房地数据匹配,工作人员根据数据匹配关系进行收件,收件时将原房屋登记、土地登记所需材料一次性收齐,然后工作人员在不动产登记系统中逐级审批,审批后颁发不动产权证。

(3) 不动产登记信息协同共享系统

由于不动产登记数据的特殊性及基于国土资源专网的保密性,采用前置机(数据提供方和数据使用方为实现本单位信息系统数据与对方信息信息系统数据交换而设置的中间设备)的方式进行不动产数据的推送和共享。在前置机上部署不动产登记信息协同共享系统,实现信息实时互通共享、信息共享交换、信息依法查询服务、信息综合分析等职责,形成纵向上各级不动产登记机构之间、横向上与相关部门之间的信息互通共享机制。不动产登记信息协同共享系统功能包括不动产登记共享数据抽取、不动产登记共享数据推送服务、不动产登记共享数据前置交换机服务、不动产审批与交易部门数据获取、数据质量检查、共享数据管理、共享数据安全管理等内容。不动产登记信息共享系统提供数据推送和数据前置交换机等服务方式,以便住建、农业、林业、海洋等部门通过网络进行实时数据协同,实现业务联动。

(4) 不动产登记档案管理系统

满足不动产登记相关档案管理要求,具备数据录入、整理编目、检索查询、统计报表、借阅管理、系统设置、销毁管理、全文检索等基本功能。实现档案管理系统与不动产登记业务管理系统之间的融合,完成流程审批后业务数据的自动归档。

四、特点与不足

(一) 主要特色

(1) 短信提醒领取证书。收件流程转至可发证节点时,系统自动调用运营商接口给权利人发送领证短信,支持同时多个号码发送。减少群众来回跑腿多次咨询的情况,同时提高发证窗口办事效率,避免到期未领证书的积压,力求实现业务"日清日结"。

(2) 业务系统与档案系统互通互联。由窗口受理人员对权利人的材料进行初审、收件后,档案扫描人员按照档案扫描的标准对材料进行扫描数字化,杜绝二次扫描,审核人员直接调用档案扫描件进行审核。一方面减少扫描人员的工作量,节约人力物力,另一方面减少服务器磁盘资源占用,节约硬件成本。

(二) 存在不足

人工计算收费。目前收费由人工计算开票,存在一定风险。

（三）后期设想

(1) 接入法院点对点系统。国土部门与人民法院建立网络对接，推进信息共享和网络执行查询机制建设，方便法院部门查询查封限制信息，让数据代替人跑路。

(2) 接入银行查询系统。为银行提供查询系统，对在该行进行抵押的全部信息予以查询，保障银行权利。

(3) 开通微信查询办件进度。办事群众足不出户，便可通过微信了解自己的不动产登记业务办理进度。

(4) 自动计算费用。将收费项目进行前移，让办事人员提前了解收费项目及需缴纳费用，做到一目了然。根据各个流程的特点，平台自动计算收费金额，在收件单中显示收费项目及费用总额。

五、结语

不动产统一登记涉及各行各业，包括了机构整合、各类数据整理、政策推进等各项工作，在过渡期内，以地籍数据为基础和宗地统一编码为索引，采用松耦合集成扩展其他类型数据的方式，有利于加快整合不动产数据，是建立统一不动产产权产籍“一张图”的前提。在系统建设时需要充分考虑当地数据情况，依情况定制不动产登记平台。本文提出的不动产登记信息数据整合及管理基础平台建设思路，可为我国实施以土地为核心的不动产登记体系和建立不动产登记信息管理基础平台提供参考。

构建不动产登记业务监测平台

杨　林

（连云港市东海县不动产登记中心）

摘　要　东海县国土局在现有登记系统的基础上，开发构建了业务监测平台，围绕不动产登记数据进行日常监测分析，能够对特定权利人和不动产进行有效限制、对办件数据进行业务规则验证，提高了工作效率，减少了出错几率。本文对这一监测平台进行了系统描述。

关键词　不动产登记；业务监测规则检查

2016年4月29日，东海县国土局不动产登记业务实现首证颁发。东海县国土局的不动产登记业务主要使用南京国图公司开发的不动产登记系统（以下简称登记系统）完成，在此基础上，我们又自行开发构建了业务监测平台，围绕登记系统形成的不动产登记数据进行日常监测分析，力求在工作中查漏补缺、减少出错几率，保障登记申请人的合法权利，降低工作人员的工作强度和职业风险。

一、存在的问题

登记系统在对业务数据的管理上，较为全面地适应了各种登记类型，较为精确地保证了图数一致，有效支持了不动产登记业务的顺利开展，但也存在一些需要改进或关注的问题，对某些业务情形暂未提供相关功能进行处理，具体描述如下：

（1）登记系统的登记限制逻辑。目前确定为必须先对特定不动产按照法定流程实施查封、异议等登记并完成登簿行为，才能在之后的物权转移、变更时予以提示和限制，事实上在日常工作中，对于某些登记状况正常的房屋、宗地，也往往存在着预先标注和提示限制的必要，例如不动产被划入征迁范围、确知权利人将会实施恶意交易行为、权属已登记但存在瑕疵、需要配合相关部门处置特定标的物等情况。

（2）实施查封登记时，有时仅凭被查封人名称和粗略的宗地信息即快速予以受理登簿，未能将查封行为与准确的坐标图形（不动产单元）挂接。此时该不动产的后续转移和变更，在特定条件下将有可能被顺利完成，登记系统不能匹配和获知，更无法对其进行提示和限制。

（3）登记系统没有分析和检核不动产坐落的逻辑含义，其数据管理体系中也没有包含小区概念。这将导致在以往房屋、土地登记中形成的大量非标准坐落将会继续出现在不动产登记业务数据中，后果虽不至影响产权的实质归属，但不利于建设标准规范的不动产统一登记数据库。

（4）登记系统未能提供足够的数据验证功能。系统只对部分必填内容是否为空进行了表单验证，没有设定对众多字段进行业务规则验证，导致后续各环节必须针对多个内容逐一进行人工检查，才能确保登记内容的完整性和正确性。

二、构建业务监测平台

针对以上问题，我们开发构建了业务监测平台，作为解决方法。

在不动产登记业务体系日趋成熟、登记系统功能基本稳定之后，我们认识到，需要总结和分析登记系统的功能缺失，并用技术手段予以补充解决。主要的解决思路是：在登记系统没有做出相应修改时，依据特定的业务监测规则，使用第三方软件对登记系统形成的不动产登记数据进行持续分析，并实时地将检查结果展示给收件、审核人员，以求在错误结果登簿之前，及时进行修正。

由此，我们设计开发了业务监测平台的基本功能，并发放到东海县不动产登记中心进行试运行，平台的目标是围绕登记系统形成的不动产登记数据，对其进行日常监测分析，将结果及时提示给工作人员。

平台开发工具选用 C#，在服务端和客户端两个部分，同时完成了 WinForm 和 WebForm 的代码编写，数据库为登记系统本身所使用的 oracle11g，检查的数据内容来源于登记数据库，检查结果存储于监测平台独立管理的表空间中。

三、业务监测平台的功能设计与运行架构

（一）针对具体业务情形实现的主要功能

（1）自动搜索办件内容。对于登记系统中收件但尚未登簿的所有办件业务进行搜索，以便逐一核对办件内容是否违反我们预先设定的规则。

（2）检查权利人行为限制状况。不动产登记业务人员已经依据合理原因，将需要进行限制的权利人名称、证件号、限制原因等内容，预先录入“权利人限制列表”。平台将自动比对，如果发现某个办件的相关内容出现在“权利人限制列表”中，则将具体限制情况写入检查结果表。

（3）检查不动产坐落限制状况。不动产登记业务人员已经依据合理原因，将需要进行限制的不动产坐落、限制原因等内容，预先录入“坐落限制列表”。平台将自动比对，如果发现某个办件的相关内容出现在“权利人限制列表”中，则将具体限制情况写入检查结果表。

（4）检查查封状况。对于没有将查封行为与准确的坐标图形（不动产单元）挂接的不动产查封登记业务（也包括原土地查封登记、房屋查封登记的结果），不动产登记业务人员要将被查封人名称、坐落、面积、产权证号等信息录入“查封限制表”，以供监测平台比对检查。

（5）检查坐落标准。我们将全县大多数商品房（房改房）小区的名称、标准坐落门牌号、检查规则等预先录入“小区标准坐落表”。平台依据规则自动比对，发现办件中不动产的小区名称或坐落出现在“小区标准坐落表”中，但不满足“乡镇名＋道路名＋门牌号＋小区名＋楼幢户室”结构，或者道路名、小区名不正确的，则将具体情况写入检查结果表。

（6）检查内容完整性，即对办件数据进行业务规则验证。例如土地、房屋用途在大类上存在不一致，面积、金额等出现异常数值，申请人名称出现非中文字符等情况，都会由监测平台写入检查结果表。

（二）业务监测平台的运行架构

监测平台分为服务端和客户端两个部分。

服务端程序运行在服务器上，无须人工操作，会在后台自动定时运行，对于当天及前推

三天内(或手工设定具体期间)所有业务,循环进行检查,即按照设定规则发现问题并将其记录于检查结果表,供客户端调阅查看。

客户端程序发放到所有收件、审核人员,运行在各自的业务电脑上。客户端程序功能较为单一,也不必进行业务逻辑的处理,只是调用和显示检查结果表,同时也提供了查看检查规则的功能。在收件之后、登簿之前的任一环节,业务人员都可以及时发觉检查出的错误,从而进行修改,或者退回上一环节纠正。

客户端没有直连数据库,而是采取在服务端部署和发布 WebService 服务、在客户端进行调用和显示方案。这种设计一是出于数据安全考虑,二是运行效率会更高。

四、业务监测平台运行界面简介

(一) 监测平台服务端

图 1 是平台服务端的运行界面,软件截图时间是 2017 年 3 月 24 日。目前我们设定为 20 分钟定时检查一次(也可以手动改变定时检查频率),在收件之后、登簿之前,20 分钟的检查频率应该可以确保涵盖所有办件。

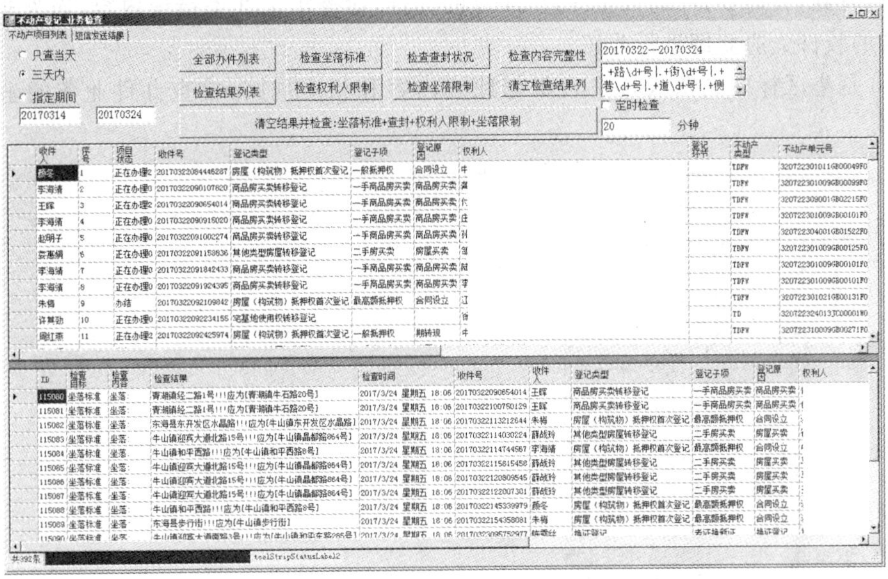

图 1　平台服务端界面

可以看到,平台列举了 3 月 22 日之后(即三天内)的办件,显示在上方列表,同时对办件进行检查,结果显示在下方列表。最上方的多个按钮和参数输入框是为了手动测试而用,服务端程序在运行时无须人工值守,将会自动循环检查权利人限制、坐落限制、内容完整性等。

被平台客户端调用的 WebService 属于 Web 服务端资源,本身没有运行界面,在此不作展示。

(二) 监测平台客户端

图 2 是平台客户端的运行界面,软件截图时间是 2017 年 3 月 24 日,其内容对应到服务端检查的结果。

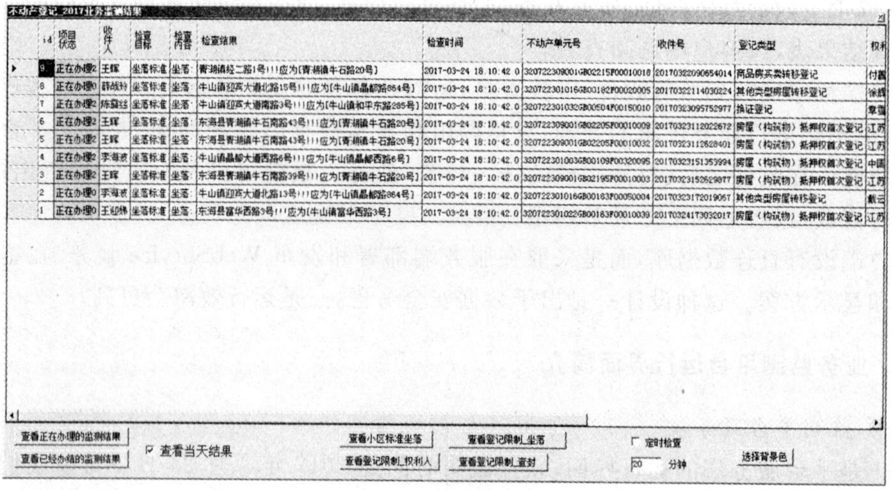

不动产登记_2017业务监测结果

	id	项目状态	收件人	检查目标	检查内容	检查结果	检查时间	不动产单元号	收件号	登记类型	权利
▸	9.	正在办理2	王辉	坐落标准	坐落:	青湖镇经二路1号!!!应为[青湖镇牛石路20号]	2017-03-24 18:10:42.0	320722309001GB02215F00010018	20170322090654014	商品房买卖转移登记	付
	8	正在办理0	薛战玲	坐落标准	坐落:	牛山镇迎宾大道北路15号!!!应为[牛山镇晶都路864号]	2017-03-24 18:10:42.0	320722301016GB00182F00020005	20170322114030224	其他类型房屋转移登记	徐
	7	正在办理2	陈舜丝	坐落标准	坐落:	牛山镇迎宾大道南路3号!!!应为[牛山镇和平东路285号]	2017-03-24 18:10:42.0	320722301032GB00504F00150010	20170323095752977	换证登记	章
	6	正在办理2	王辉	坐落标准	坐落:	东海县青湖镇牛石南路43号!!!应为[青湖镇牛石路20号]	2017-03-24 18:10:42.0	320722309001GB02205F00010009	20170323112022672	房屋（构筑物）抵押权首次登记	江苏
	5	正在办理2	王辉	坐落标准	坐落:	东海县青湖镇牛石南路43号!!!应为[青湖镇牛石路20号]	2017-03-24 18:10:42.0	320722309001GB02205F00010032	20170323112628401	房屋（构筑物）抵押权首次登记	江苏
	4	正在办理2	李海波	坐落标准	坐落:	牛山镇晶都大道西路6号!!!应为[牛山镇晶都西路6号]	2017-03-24 18:10:42.0	320722301003GB00109F00320095	20170323151353994	房屋（构筑物）抵押权首次登记	中国
	3	正在办理2	王辉	坐落标准	坐落:	东海县青湖镇牛石南路39号!!!应为[青湖镇牛石路20号]	2017-03-24 18:10:42.0	320722309001GB02195F00010003	20170323152629877	房屋（构筑物）抵押权首次登记	江苏
	2	正在办理0	李海波	坐落标准	坐落:	牛山镇迎宾大道北路13号!!!应为[牛山镇晶都路864号]	2017-03-24 18:10:42.0	320722301016GB00183F00050004	20170323172019067	其他类型房屋转移登记	戴云
	1	正在办理0	王迎伟	坐落标准	坐落:	东海县富华西路3号!!!应为[牛山镇富华西路3号]	2017-03-24 18:10:42.0	320722301022GB00183F00010039	20170324173032017	房屋（构筑物）抵押权首次登记	江苏

图 2　平台客户端界面

可以看到，针对 3 月 22 日至 3 月 24 日的办件，检查出了 9 条错误内容，均为非标准坐落，相应的收件人应立即进行改正。

图 3 是小区标准坐落表。平台根据此表内容和相应规则，检查办件业务的坐落是否标准。

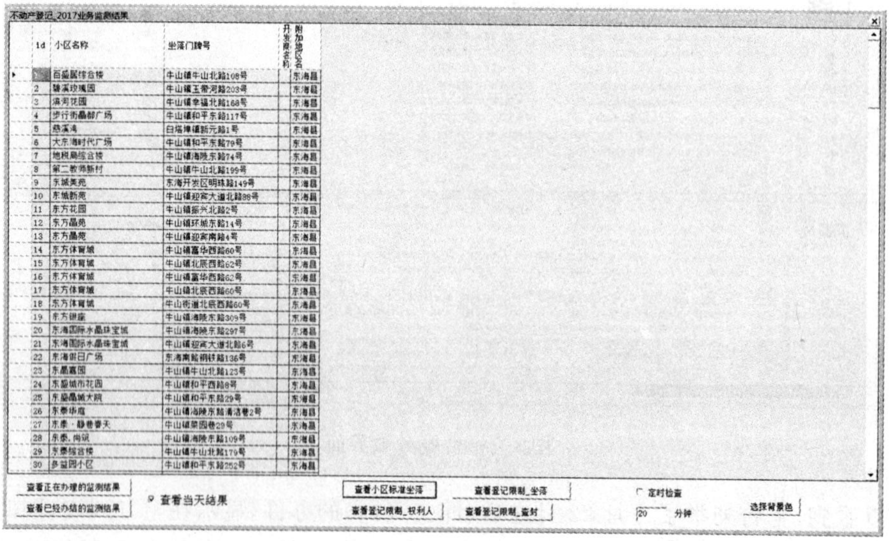

不动产登记_2017业务监测结果

	id	小区名称	坐落门牌号	开发商名称	附加地区名
▸		百盛居绿合楼	牛山镇牛山北路108号		东海县
	2	臻溪玫瑰园	牛山镇玉带河路203号		东海县
	3	淮河花园	牛山镇幸福北路168号		东海县
	4	步行街晶都广场	牛山镇和平东路117号		东海县
	5	慈溪湾	白塔埠镇新元路1号		东海县
	6	大东海时代广场	牛山镇和平东路79号		东海县
	7	地税局综合楼	牛山镇海陵东路74号		东海县
	8	第二教师新村	牛山镇牛山北路199号		东海县
	9	东城美苑	东海开发区明珠路149号		东海县
	10	东城新苑	牛山镇迎宾大道北路88号		东海县
	11	东方花园	牛山镇振兴北路2号		东海县
	12	东方晶苑	牛山镇环城东路14号		东海县
	13	东方晶苑	牛山镇迎宾南路4号		东海县
	14	东方体育城	牛山镇富华西路60号		东海县
	15	东方体育城	牛山镇北辰西路62号		东海县
	16	东方体育城	牛山镇富华西路62号		东海县
	17	东方体育城	牛山镇北辰西路60号		东海县
	18	东方体育城	牛山街道北辰西路60号		东海县
	19	东方御庭	牛山镇海陵东路309号		东海县
	20	东海国际水晶珠宝城	牛山镇海陵东路297号		东海县
	21	东海国际水晶珠宝城	牛山镇迎宾大道北路6号		东海县
	22	东海假日广场	东海南路桐轶路136号		东海县
	23	东晶嘉园	牛山镇牛山北路123号		东海县
	24	东盛城市花园	牛山镇和平西路8号		东海县
	25	东盛晶城大院	牛山镇和平东路29号		东海县
	26	东泰华庭	牛山镇海陵东路清洛巷2号		东海县
	27	东泰·静巷燊天	牛山镇菜园巷29号		东海县
	28	东泰. 尚境	牛山镇海陵东路109号		东海县
	29	东泰综合楼	牛山镇牛山北路179号		东海县
	30	多益园小区	牛山镇和平东路252号		东海县

图 3　小区标准坐落表

图 4 将需要监测和提示的查封限制列表和不动产坐落限制表进行合并展示。可以看到，无论是对于已被查封但没有挂接图形的土地使用者，还是发生了尾欠出让金、房地范围不一致等情况的位于特定坐落的不动产，都进行了精确限制，如果不动产登记人员受理上述范围的业务，就会得到提示。

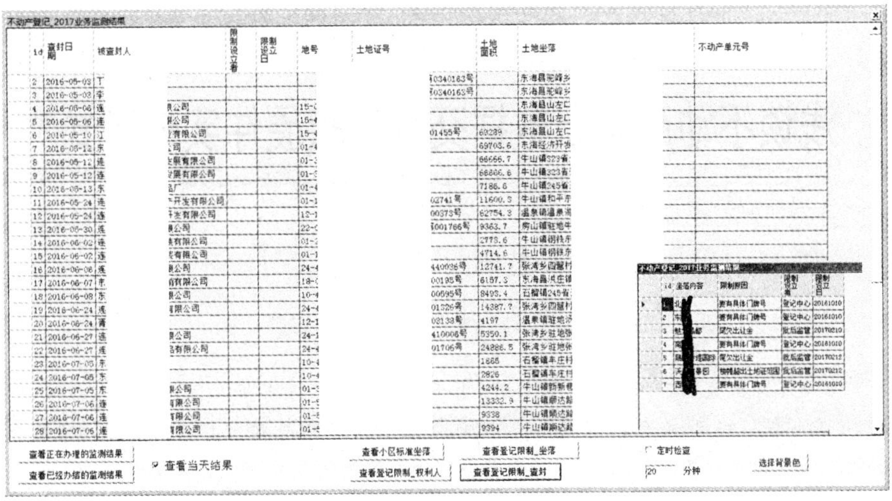

图 4　合并表

五、结语

业务监测平台自 2017 年 2 月试运行以来，每天都持续不断地将所有收件内容按照设定规则进行检查和提示。对于一些数量繁多但规则简单的业务内容，不动产收件、审核人员依据监测平台的检查结果，能够迅速发现和纠正错误，不必逐项进行人工比对，因而提高了工作效率，可以将主要时间和精力用于研究复杂业务和疑难事项上。同时，对于在登记过程中出现的新情况、新问题，只要能够将其归纳总结成检查规则，就可以让监测平台自动发现和处理，这也是依靠技术手段、而不是依赖人力解决问题的优势所在。

当然，监测平台毕竟是第三方软件，其运行状态游离于登记系统之外，平台对于发现的问题办件，只能起到提示作用，不能直接进行阻断。如果能改进登记系统，在登记系统中设定规则将特定的业务情形进行分类处理，对于保障数据一致性和提高操作便利度来说会更为有效。

浅谈不动产登记数据交互的软硬件实现方式

——以连云港市市区涉房业务为例

张志刚　李自力

（连云港市国土资源信息中心）

摘　要　目前不动产登记工作已在全国铺开，由于不动产登记业务涉及国土、住建、农业、林业、海洋等多个部门，要实现统一登记，必须确保不动产审批、交易和登记信息在有关部门间依法依规互通共享。本文以连云港市市区涉房业务为例，介绍了不动产登记数据交互的软硬件配置和实现方式。

关键词　数据交互；不动产登记；软硬件

一、背景

2007年颁布实施的物权法确立了不动产统一登记制度，但是由于历史和机构体制原因，不动产登记一直分散在国土、住建、农业、林业、海洋等不同的部门，各部门依据不同的法律履行登记职责，发放不同的不动产权利证书，随着中国经济社会的快速发展，特别是市场经济对归属清晰、权责明确的产权制度要求越来越高，原有的不动产分散登记体制已不能适应社会管理和社会经济活动的要求。

2013年国务院第31次常务会议专题研究，明确提出建立不动产统一登记制度，实现登记机构、登记依据、登记簿册和信息平台"四统一"。2014年11月24日《不动产登记暂行条例》正式发布，自2015年3月1日起施行。按照国土资源部、住房和城乡建设部《关于做好不动产统一登记与房屋交易管理衔接的指导意见》要求，对于房屋交易管理部门与不动产登记机构分设的，要确保业务衔接顺畅，消除"信息孤岛"，实现信息互通共享。

二、相关要求

（一）交互形式

《关于做好不动产统一登记与房屋交易管理衔接的指导意见》指出，不动产登记信息管理基础平台与房屋交易管理信息平台要相互对接，通过交换接口、数据抄送等形式，实现实时互通共享。

（二）交互内容

不动产登记，是指不动产登记机构依法将不动产权利归属和其他法定事项记载于不动产登记簿的行为。不动产登记涵盖不动产首次登记、变更登记、转移登记、注销登记、更正登记、异议登记、预告登记、查封登记、其他登记等。

针对涉房业务，不动产登记业务范围主要涵盖在建工程、期房、现房、存量房等房屋所有权、抵押权等权利的首次、变更、转移、注销、更正、异议、预告、查封等登记内容。

指导意见明确提出，房产管理部门要实时将依法办理的房屋转让、抵押等相关交易信息提供给不动产登记机构，不动产登记机构应当依据相关交易信息进行登记。在完成房屋登记后，不动产登记机构也要实时将各类登记信息提供给房产管理部门，有效防范一房多卖、已抵押房屋违规出售等行为的发生，确保交易安全。

按照《江苏省住房和城乡建设厅关于切实做好房屋交易和产权管理工作的指导意见》(苏建房管〔2016〕80号)、《市政府办公室关于印发〈连云港市不动产统一登记工作方案〉的通知》(连政办发〔2015〕128号)等文件要求，房产交易部门与不动产登记部门应实时共享房屋权利人数据、房屋物理状态数据、房屋交易与权利状况数据、房屋登记簿记载的数据、其他应共享的数据。

三、软件接口

(一) 接口选择

信息系统间数据交互的模式主要包括 socket 方式、FTP/文件共享服务器方式、数据库共享数据方式以及 message 方式等几种。

socket 方式是比较简单的交互方式。服务器提供服务，通过 IP 地址和端口进行服务访问。客户机通过连接服务器指定的端口进行消息交互。目前我们常用的 http 调用，JAVA 远程调用，webserivces 都是采用的这种方式。

FTP/文件共享服务器方式适合对于大数据量的交互。系统 A 和系统 B 约定文件服务器地址、文件命名规则、文件内容格式等内容，通过上传文件到文件服务器进行数据交互。地方不动产登记信息平台接入部平台进行登记信息上报，采用的就是这种方式。

数据库共享数据方式指系统 A 和系统 B 通过连接同一个数据库的同一张表进行数据交换。当系统 A 提供数据，请求系统 B 进行处理时，系统 A 使用 Insert 语句向共享表插入数据，系统 B 通过数据库 trigger 触发或者数据库镜像策略，自动读取数据进行处理，保证了数据的一致性。不动产统一登记开展前试点的土地登记动态监管系统采用了该模式进行数据上报。

message 方式则是指系统 A 和系统 B 通过一个消息服务器进行数据交换。系统 A 发送消息到消息服务器，如果系统 B 订阅系统 A 发送过来的消息，消息服务器会消息推送给 B。双方约定消息格式即可。目前市场上有很多开源的 jms 消息中间件，比如 ActiveMQ，OpenJMS 等。江苏省国土资源厅三级公文交换平台的建设采用了消息中间件进行设计开发。

连云港市不动产统一登记信息共享平台开发的主要目的是建设不动产登记信息系统与土地、房产、林业、海洋等多个部门信息系统进行双向数据交互的统一平台，交互数据涉及双向的信息共享、业务控制、相关流程办理、备案等多方面的工作任务，对数据的实时性、正确性、完整性、可追溯性和数据传输的安全性都有很高的要求。经过详细的考量、论证，最终确定使用数据库共享数据方式来进行信息共享平台的建设。

为保证数据的实时性与安全性，不动产统一登记数据交互平台采用了触发更新与定时同步的双保险策略。在业务办理时，根据业务事件对前置库进行更新，同时每 10 分钟完成一次全库数据同步，避免出现数据丢失或数据不同步的情况。

(二) 数据结构

以不动产登记部门推送到房产管理部门的若干数据表为例，说明双方交互的数据结构，见表1、表2。

表1　　不动产单元号对照表

序号	字段名称	字段代码	字段类型	字段长度
1	丘地号	QDH	VARCHAR2	50
2	坐落	ZL	VARCHAR2	400
3	幢号	ZH	VARCHAR2	28
4	自然幢号	ZRZH	VARCHAR2	15
5	逻辑幢号	LJZH	VARCHAR2	15
6	单元号	DYH	VARCHAR2	200
7	层号	CH	VARCHAR2	200
8	房间号	FJH	VARCHAR2	15
9	不动产单元号	BDCDYH	VARCHAR2	50

表2　　登记业务证书、证明信息

序号	字段名称	字段代码	字段类型	字段长度
1	不动产业务号	YWH	VARCHAR2	32
3	房产业务号	FCYWH	VARCHAR2	32
4	证书、证明号	BDCQZH	VARCHAR2	100
5	证书编号	ZSBH	VARCHAR2	32
6	丘号	FD	VARCHAR2	32
7	不动产单元号	BDCDYH	VARCHAR2	10
9	权利类型	QLLX	VARCHAR2	2
10	权利性质	QLXZ	VARCHAR2	4
11	证明权利或事项	ZMQLHSX	VARCHAR2	2000
12	权利其他状况	QLQTZK	VARCHAR2	2000
13	其他	QT	VARCHAR2	2000
14	附记	FJ	VARCHAR2	2000
15	证书状态	ZSZT	VARCHAR2	1

四、硬件架构

（一）网络拓扑

在数据交互系统建设过程中，考虑到各部门数据共享的权责明晰，采取了双前置机交互模式。不动产登记部门和房产管理部门分别部署前置机及中间数据库，负责推送交互数据到本部门前置机数据库，并向对方软件接口开放数据库读取权限。双方前置机之间架设光纤线路进行数据传输。网络拓扑见图1。

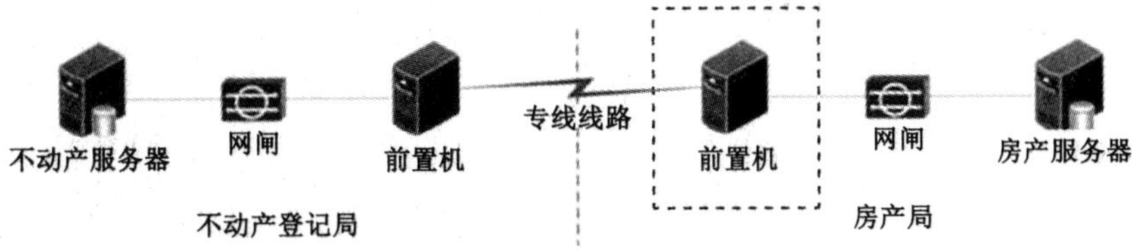

图1 网络拓扑

（二）隔离网闸

随着信息社会的形成，网络安全问题日益重要，不动产统一登记的信息安全更是关系到国计民生。《国土资源部办公厅关于做好不动产登记信息安全工作的通知》明确指出：不动产登记信息量大面广，涉及个人隐私和商业秘密，关系百姓切身利益。在不动产登记职责机构整合以及不动产登记信息管理基础平台建设过程中，必须从源头上防止登记资料丢失、数据泄密等信息安全问题的产生。

不动产登记部门和房产管理部门的业务内网是两套独立运行的网络，既要达到互联互通的效果，又要考虑信息安全和各部门业务内网必须物理隔离的要求。经过考察，采取了物理隔离网闸的模式来提供信息安全保障。物理隔离网闸是使用带有多种控制功能的固态开关读写介质连接两个独立主机系统的信息安全设备。由于物理隔离网闸所连接的两个独立主机系统之间，不存在通信的物理连接，只有数据文件的无协议"摆渡"，且对固态存储介质只有"读"和"写"两个命令，所以从物理上隔离、阻断了具有潜在攻击可能的一切连接。

物理隔离网闸的优势有：

(1) 实时信息交互。保障双方网络之间快速、实时、可信的信息交互。

(2) 有效的网络隔离。除了特别指定允许的数据交换之外，完全隔离其他各种网络通讯。

(3) 防止敏感信息泄漏。通过应用层信息过滤功能，可以过滤敏感信息、防范敏感信息泄漏。

(4) 防止非授权访问。只有授权的特定数据应用能通过网闸，而在这之外的应用一律禁止，杜绝非授权访问事件的发生。

(5) 防范网络攻击。对进出网络的原始数据进行攻击检测和过滤。

(6) 有效的身份认证。基于用户、IP 地址、端口等对用户进行访问控制。

五、结语

不动产登记业务数据与房产交易数据实时交互，使得不动产统一登记与房屋交易管理有序衔接，确保了相关业务办理的连续性，一定程度上解决了"土地"和"房屋"两张皮的局面。通过计算机软硬件的自动处理，避免了手工操作和纸质单据传递可能导致的信息错误和泄露，保障了数据的准确性和安全性。对于能够通过实时互通共享取得的信息，办事群众无须重复提交，起到了便民的效果。

档案管理

浅谈国土资源档案信息化管理

顾宁红　朱膺翰

（连云港市国土资源信息中心）

摘　要　文章首先剖析了国土档案的特性以及信息化管理的意义，接着分析了国土资源档案信息化管理建设中存在的问题，最后提出国土资源档案信息化管理的实现策略。

关键词　国土档案；信息化管理；国土资源

国土资源档案是国土资源管理部门在对国土资源进行开发、利用时形成的具有保存和利用价值的各种文字、图表、电子文件（文档）、照片、声像等不同形式和载体的历史记录，可分为土地管理类、地质矿产类、地质环境类、不动产登记类、国土资源执法监察与行政复议诉讼类等。这些档案资料也是土地确权、土地利用规划、耕地保护、不动产登记、矿产资源保护利用、行政执法和法规监察等国土资源管理基础工作的可查依据，是国家档案不可缺少的一部分，对国有土地资产的管理、进行土地资源的保护等工作至关重要。随着时代的变化，经济的飞速发展，国土资源的利用和开发工作也与日俱增，伴随而来的是国土档案数量的急速增加。人们对于档案利用的需求也是日渐增多的，以往的国土档案管理方式大部分都是以人工操作来进行，在档案数目激增、需求日益复杂的今天，利用效能严重滞后，传统的管理方式根本不能适应现代国土档案管理的要求，检索效率低下，信息不能共享、更新频率过慢等问题的出现，都表明国土档案的管理要跟上时代的步伐，要借助现代化信息技术的手段来满足社会对于国土档案各个层面、各个方位的利用需求。

一、国土档案的特性及信息化管理的意义

国土档案是国土资源管理机关工作全部过程的一种记录，是保有长期查档借阅、使用价值的信息资源。国土档案较之其他类别的档案有其特殊的性质。

（一）国土档案的特性

1．种类繁多，库藏量相对较大

国土档案数据的显著特性就是新增档案多，保管年限长。尤其伴随着社会的不断发展，国土管理部门在土地变更、土地整理、违法用地处理等土地管理活动中产生的相关土地资料数量激增，在土地上产生的不动产资料、资产档案数量也同步激增，这些资料通过立卷归档之后，年均增量就可达上万卷，更多的可能达几十万卷。并且数据载体种类也不固定，有时还包括一些影音资料，例如照片、录像等，形成了多种类的国土档案。

2．年度跨越大，需动态跟踪

国土资源管理工作是系统工程，一部分国土业务需要一段时间完成，一般会跨越年度。像土地详查、土地利用情况调查、土地复垦、农用地转用审批、土地利用总体规划等工作，这些工作要求都比较精确而且情况有时都不尽相同，需要工作人员有较高的专业技术水平，部

分工作一年内很难完成，多则需要数年时间。土地档案中的地籍档案，其中所记录的数据的一些基本状况，根据自然环境因素的变化和人为因素的作用，土地质量、权属、用途等也会产生变更，而不动产籍档案所体现的就是现势性，也就是必须进行动态跟踪管理，所以导致产籍档案变更次数频繁。

3. 利用率高

在国土管理工作的过程中，国土档案有着连通上下的作用，是各行业执法办事的重要依据。还有一部分原因，就是我们的生活和城市的发展、企业的生产都是离不开土地的，这样就让我们的国土档案有了非常重要的社会价值，为国家和地方经济发展规划提供了数据，让决策更加的合理和未来的经济结构更加的人性化，从而促使能够在今后进行更好的可持续发展。关于土地现状、土地评估、人口承载、不动产存在形式等档案，能够成为政府不同部门进行土地开发利用的短期规划依据，也可以根据分析得到长期的规划方向；在土地权属确认以及土地、房产税（费）收取上，国土档案能够为国家政府部门提供主要依据；另外，国土资源档案在企业改制、资产评估、招商引资等社会经济活动中也发挥着重要的作用。再有一些案件的处理过程中也要依据土地档案进行一些责任的划分，大到国家层面，小到人民群众，每一位公民人都可能利用国土档案。

（二）信息化管理的意义

1. 提高档案利用效率

由于国土档案中涵盖着行政区域内国土的各种翔实信息，并且这些信息会被各方所利用到，在制定一些发展规划时需要利用到各种国土档案的数据，国土业务办理中进行一些执法时也需要查阅档案以确定各方权责，社会上的群众办理不动产买卖等行为都需要进行对国土档案的利用。由于利用的范围比较广，涉及面比较多，这就导致了查阅的工作量也是很可观的，用传统的手工方式进行查阅和管理，会导致工作量特别繁重，在数量多种类杂的档案中找出所需的资料，既浪费时间又浪费体力，使得工作人员的精力大多用于这种机械式的重复工作上。如果进行信息化管理就可以提高效率，把工作人员的时间节省出来，进行一些研究性的提高工作。

2. 与其他相关部门配合，实现资源共享

在现实工作中，国土管理工作已初步达到了全方位电子政务的业务水平，这就对与之相关的国土档案管理提出了新的要求。只有国土档案管理也实现信息化管理的水平，才能够更好的与其他有关部门进行配合。在电子政务的环境下，会源源不断的产生网络形式的数据、信息，这就督促档案工作改变原有的管理方式，加强信息化层次与之配合。现在是大数据时代，原来的档案管理手段已经有一些落后，完成信息化建设也能使得档案信息共享更方便，让档案工作从保管变成利用管理。

3. 更好地对库存档案进行保护

国土档案性质类别不同，所对应的保管年限也不尽相同，有一些保管年限时间比较长久，甚至永久保存的档案，由于以前的技术有限，保管的也不尽完善，维护的也不够细致，可能造成了一定的破坏，资料需要运用才能发挥价值，频繁查阅翻阅也会对档案造成一定的损伤，进行了信息化管理后我们可以对库存档案进行更好地保护，在不需要原件的时候直接运用数字化电子件，尽量减少对原件的翻阅，这样能够增加库存档案的完整性。

二、国土资源档案信息化管理建设中存在的问题

(一) 档案管理者的信息技术水平不高

近几年,国土资源档案管理工作越来越受到社会重视,大部分的国土资源管理机构开始着手于其信息化建设,进行国土档案的数字化管理。但是有部分工作人员的信息技术水平不能够达到运用自如,更习惯于传统的管理方式,需要一段时间来学习。除此以外,在国土档案信息化管理建设中可能还存在一些认识上的偏差,由于档案信息化前期工作要投入大量的人力、物力、财力,产生的经济效益不显著或无,导致很多人意识不到这项工作的重要性,所以也不能够引起足够的重视,这也是信息化建设的一个大路障。

(二) 资金投入缺乏

在档案信息化这一过程中,需要有配置较高的计算机硬件设备、软件及数字档案室来进行,有一部分地区国土档案管理机构的库房房龄长,存在库房容易量小、"八防""三分开"等要求达不到、电子设备老化等现象,这就造成了起步难、行进难等一系列问题,主要是在档案信息化建设理念上没达到深入人心。目前的国土档案管理软件或多或少存在一些小缺陷:① 大多数档案系统是独立的,没有与国土业务挂接;② 大多数是对已经归档的档案进行后续的管理,如何自动化与业务相结合的在线式归档的使用有待加强;③ 档案软件不能及时更新,大部分档案软件都是委托外公司研发,而随着时间流逝业务进行,会产生新的问题,升级更新不及时。

(三) 档案信息化存在失真风险

国土档案信息化管理要先将国土档案数据录入计算机系统才能够进行利用,进行这一步骤需要进行扫描等一系列录入程序,运用不同的录入设备,需要将原有的纸质档案进行拆分。由于一些档案原件一般留存一份,保管周期也较为长久,比较脆弱,容易受到客观因素的影像,导致原件受损。国土档案信息化管理的初始工作十分繁重,由于库存档案数目庞大,经常年累计,存量国土档案一般都选择委托给专业的数字化处理公司进行业务运转,这就可能出现这些专业的公司对档案重视程度不够,安全意识缺乏,导致原件损坏、数据流失。

三、国土资源档案信息化管理的实现策略

(一) 进行观念上的转变,健全各项规章制度

增强对档案法以及档案法实施办法等法规的宣传。加强国土人对档案工作重要意义的理解,让从事国土档案工作人员明白自己工作的重要性,将以往按经济利益衡量工作重要与否的观念进行转变,意识到国土档案工作的真正价值,建设高标准、高素质的国土档案馆(室),更好地配合其他部门以提高工作效率,提升国土公共形象及社会服务水平。及时制定和修订国土档案实施细则,明确在电子政务环境下的管理制度,才能够更好地进行工作。

(二) 重视人才,提高档案管理人员业务素质

档案信息化管理系统的稳定利用,需要有一群热爱档案信息化的人才。如果一套合适的系统得不到良好的运用,不被人们所运用,那么前期的任何投入都失去了价值。因此,要对国土档案人员进行信息技术方面的培训,调动人员积极性,把专业档案管理知识通过信息技术更好的运用,应抓好不同层次、不同人才的运用,让年轻人多学习老前辈的严谨作风,让年轻人帮助老前辈接受新技术,运用培训和互助的方式,使国土档案人员尽快掌握档案立卷

归档工作流程和档案目录输入进一步规范，提高档案工作效率。

（三）进行档案筛选工作，加强信息化公司的选择

在进行国土档案数字化之前，应对库存档案进行一定的整理和分类，因为国土档案数量庞大，对一些不是十分常用并且时间久远、存在很大损坏风险的档案我们可以进行归类，减少数字化费用的负担，也是对老旧档案的一种保护，能够提高我们的工作效率，也可以通过排查工作使我们的数字化进程进行一个部署，可以分阶段进行规划，保证工作进度。在信息化业务公司的选择上，我们要做好认真考察，告知一些涉密档案泄露问题的严重性，通过筛选后，有一些十分重要的内容由国土内部人员进行录入，这样就能一定程度上减少风险。

四、结束语

提高国土资源档案信息化水平是十分重要的，将转变我们传统的国土资源档案利用方式，提高工作效率，从而更好地为相关的业务人员提供便利，也从传统的利用变为更有价值的数据分析。总的来说，在这一转型时期，机遇和困难并存，只要我们能够寻求新的突破，从内因和外因多方面进行加强，就能更好地服务社会，为国土资源的可持续发展与合理利用提供保障。

不动产登记档案管理之浅见

谭媛媛

（连云港市不动产登记中心）

摘　要　《不动产登记暂行条例》规定，不动产登记簿由不动产登记机构永久保存。不动产登记簿损毁、灭失的，不动产登记机构应当依据原有登记资料予以重建。由此可见，不动产登记档案是不动产登记工作的原始依据，是不动产登记工作开展的基础和基石，其重要性不言而喻。笔者从档案整合、档案接收整理、档案分类管理三个方面对不动产登记档案管理中的问题进行阐述。

关键词　不动产；不动产档案；不动产档案管理

2015年3月1日《不动产登记暂行条例》正式实行，不动产统一登记工作在我国已全面铺开。不动产登记档案是不动产登记部门在不动产权属调查、登记、转移、变更等工作中形成的真实记录。构成了不动产登记档案信息资源的基本组成部分。在“大数据”的背景环境下，完整、准确、安全的不动产登记档案信息资源是审查和确定产权、保障所有权人合法权益的重要依据，是进行城市规划和建设必不可少的基础材料，是反映城市不动产现状的缩影，也是衡量一个城市管理和不动产管理水平的重要标志之一，在国土资源保护、地籍调查、住房保障、法院诉讼、国家税收、户籍管理、个人信用管理等领域发挥重要作用。笔者就当前不动产登记档案如何有效实施管理谈谈自己的看法。

一、不动产登记档案的管理要求

不动产登记档案记载了不动产产权的归属和沿革，反映了不动产的权利状况，具有专业凭证性、复杂多样性、动态连续性、流通增量性等特点。故而不动产登记档案不同于一般的档案，最大的区别就在于不动产登记资料依法应由不动产登记机构保存、管理。

（一）法定依据

《中华人民共和国物权法》第十六条规定：“不动产登记簿是物权归属和内容的根据。不动产登记簿由登记机构管理。”第十八条规定：“权利人、利害关系人可以申请查询、复制登记资料，登记机构应当提供。”《不动产登记暂行条例》第十一条规定：“不动产登记簿由不动产登记机构永久保存。不动产登记簿损毁、灭失的，不动产登记机构应当依据原有登记资料予以重建。”“行政区域变更或者不动产登记机构职能调整的，应当及时将不动产登记簿移交相应的不动产登记机构。”根据上述法律条文规定，不动产登记簿、不动产登记资料均应当由登记机构保管、利用。

（二）不动产登记特殊性

《不动产登记暂行条例》第八条第一款规定：“不动产以不动产单元为基本单位进行登记。不动产单元具有唯一编码。而不动产单元编码的形成则是需要将不动产登记中的权利人、坐落等元素一一对应，建立关联，实现一宗地或者一宗海范围的全部不动产单元以不动产单元号为基本单位编入一个不动产登记簿。”

（三）不动产登记资料的安全保密性

依据《不动产登记暂行条例》第二十三至三十五条的规定，不动产登记信息不仅要实现中央、省、市、县四级实时共享，还要与住建部门、农业、林业、海洋部门的交易、审批信息互通共享，要与国土资源、公安、民政、财政、税务、工商、金融、审计、统计实现共享，倘若登记资料不由登记机构保管，则这些信息的互通共享则无法实现。此外，《不动产登记暂行条例》第二十六条规定：“不动产登记机构、不动产登记信息共享单位及其工作人员应当对不动产登记信息保密；涉及国家秘密的不动产登记信息，应当依法采取必要的安全保密措施。”既然国家把对不动产登记信息保密的义务施加给不动产登记机构，则不动产登记资料应由不动产登记机构保管。

二、不动产登记档案的整理要求

不动产登记档案是不动产登记簿记载相关信息后，各类不动产申请登记的原始凭证以及登记机构的内部调查审核文件经收集、整理、归档而形成的。不动产原始登记凭证包括：不动产权利登记申请审批表；不动产登记申请表、不动产权属来源证明材料、相关不动产登记原因证明材料、相关不动产权籍调查成果等资料、申请人及代理人身份证明材料、授权委托书；不动产权属证书；以及不动产登记机构审核材料。

（一）整理和交接档案移交前的整理和交接

档案整理、移交质量的好坏，直接影响后续的登记管理、档案利用工作。原先分散在各个登记部门的不动产登记档案，管理模式、管理规范不同，管理水平参差不齐，要将这些档案整理、核对、装订、登记、造册、交接，是一项耗时、费力的庞大工程，且十分重要。因此，这项工作需要强有力的组织领导、详细可操作的整理移交方案和一批责任心强的工作人员。

笔者认为，要做好这项工作，首先要有强有力的领导机构，负责协调、审定相关工作方案并负责监督实施。其次，要事先调研，分别对不同类别档案制定详细、操作性强的实施方案。要明确现有问题和可能出现的问题，并提出解决办法。再次，先易后难，分步实施。先整理交接权属清晰、资料完整的登记档案，再处理疑难问题。最后，建立疑难问题档案会商、处理机制，确保档案移交顺利进行。

（二）档案接收后的整合入库

档案接收后的集约化整合工作，也是一项细致、艰巨的系统性工作，大体分五步完成。第一步，做好分类工作。按不动产类型分土地、房屋、草原、林地、海域等档案类型。第二步，补建（录）不动产电子登记信息。根据登记簿或实物档案资料，录入对应电子信息，与登记机构登记系统对接，导入不动产登记信息平台。第三步，编写实物档案库位号，并利用条码或二维码等物联网技术与电子登记信息形成唯一关联。第四步，档案信息化。对每卷实物档案进行扫描，建立影像档案上传数据库，并与登记系统形成链接，方便档案查询利用和登记部门业务查核、比对。第五步，装订、检查、入库。

（三）档案馆库容量压力巨大

就目前的房屋登记档案而言，相较其他类型不动产登记档案，数量最多，库房面积最大，却普遍存在档案馆库面积不足、库容紧张等问题。如果将分散在各个部门的不动产登记档案整合到一起，这个问题将更加突出。近年来，已有部分城市建设符合远期规划的档案馆库。比如,江苏省各省辖市城建档案馆,建设标准及库房面积都很高。笔者建议,不动产登记职责整合到位后,登记机构应当首先将建设大面积、高标准档案馆库列入议事日程,以解决即将面临的库容压力。

三、不动产登记档案分类和管理方式

(一)档案分类

整个不动产登记机构以不动产登记工作为中心编制分类方案,明确文书、照片、光盘、实物等类别,按保管期限及登记类型的不同分别给予不同的目录号。为方便不动产登记档案的整理、保管、利用,将不动产登记档案按保存期限的不同划分为永久、长期和短期三类。涉及权属类登记的为永久,抵押档案为长期三十年,预告登记及抵押预告登记、地役权档案、查封档案、异议档案、查询档案为短期十年。

(二)不动产登记档案的管理方式

不动产登记档案管理应实现以计算机技术为核心、现代信息处理技术为基础的数字化管理,实现不动产档案信息收集、整理、查询、利用管理的现代化。档案信息管理系统中采用目录进行管理,把全文信息、图像信息集成于目录数据中进行管理,以目录数据为检索入口,从而实现档案图文信息的全文检索。

1. 登记档案数字化

(1)目录管理。对归档的不动产权属文件材料进行分类编目,编制检索工具。因为采用计算机系统进行登记发证,目录管理就实现了从簿式目录、卡片式目录向电子目录的转变,只要定义好电子目录与图像库、数据库记录的连接条件,便可根据需要检索到要求的资料。

(2)档案数字化。这是指将传统的以纸张、录音带、录像带为存储介质的各种原始档案资料,通过扫描(数码摄像)、压缩、转化等手段转换成图片文件、声音文件和视频文件,再运用分级存储管理技术将图片、声音、视频等文件和索引字段存储于大容量的存储介质上,并可通过各种方便的查询手段迅速地检索出所需要的档案。扫描建档过程与目录管理实现无缝衔接,扫描图像的存储宜选择数据库方式的高性能、大容量的存储系统。

(3)档案管理网络化。建设档案管理信息系统,包含系统管理、数据管理、数据服务、应用服务、网络化应用等功能。

① 系统管理,主要进行系统的维护管理功能;具体包含服务配置、权限管理、安全管理、基础性管理功能。

② 数据管理,主要进行图形数据管理功能;具体包含元数据管理、目录管理、数据维护、版本管理、数据检测等功能。

③ 数据服务,主要进行测绘数据信息、登记档案数据共享交换服务;具体功能包括数据查询、数据共享与交换。

④ 应用服务,主要对各项数据进行分析等功能;具体包含数据统计、市场分析功能、不动产状态的虚拟三维展示功能。

⑤ 网络化(包括局域网和互联网)应用,是不动产登记档案利用的重要形式,只有实现档案管理网络化,才能真正体现档案数字化的真正优势。同时,及时为公安、民政、财政、税务、工商、金融、审计、统计等各项工作提供服务,要加强不动产登记有关信息互通共享。

2. 登记档案的整理

（1）不动产登记档案应按照不同的类别来确定装订方式。不动产登记档案中的永久档案以及长期档案以卷为保管单位，编写页号，编制目录，按封面、目录、单个不动产单元权属登记内容、备考表的顺序装订；不动产登记档案中短期档案则以袋为保管单位，将一个不动产单元预告登记及预告抵押、查封、异议、地役权、查询登记的内容按顺序装入定制的档案袋中，由于保管时间相对较短，不再编写页号、编制目录。照片、光盘、实物档案按相应的专门档案整理方法整理。

（2）档案号的编制，宜结合登记信息平台进行。权属类的永久性不动产权登记档案可按目录号加年度号以及流水号进行编制。不同定作物类型分别存储，即房、地、农、林以及海洋等的不动产权登记档案分别存储。

（3）每卷电子档案则按不动产单元号进行链接，以其业务链关系合并存放，例如该套房屋产权链上对应三手业务（首次登记、变更登记、转移登记）的档案资料，其他定作物的档案合并方式与房屋类似。也就是说永久性不动产权登记电子档案采用合档模式，即同一个不动产单元的不动产权登记链上的多手业务应存放在一个档案。

四、结语

综上所述，不动产档案不仅仅是反映城市不动产现状的缩影，衡量一个城市管理和不动产管理水平的重要标志之一，更是审查和确定产权、保障所有权人合法权益的重要依据。随着我国法治进程的不断推进，法治理论已经深入人心，人们比以往更注重用法律手段和途径来力主自己的合法权益。特别随着近年来不动产市场的火爆，不免使不动产所有权的纠纷日益增大，这就需要不动产有关管理部门建立完善的不动产登记档案管理体系，在社会的建设、法制管理上发挥作用。

不动产登记档案管理模式探讨

李　萍
（连云港市赣榆区国土资源局）

摘　要　不动产登记档案是唯一能够合法证明权利人与房屋土地之间权利关系的原始凭证，随着不动产登记工作在全国范围的实施，不动产档案工作也面临新的抉择。连云港市赣榆区不动产登记中心在工作中积极探索，力求进一步创新不动产登记档案管理模式。笔者结合工作实践，就当前不动产登记档案管理的特点、现状和管理方法谈谈自己的看法。

关键词　不动产；档案管理；探讨

2015年3月1日《不动产登记暂行条例》正式实行，不动产统一登记工作在全国全面铺开。不动产登记档案，是指不动产登记部门在不动产权属调查、登记、转移、变更等工作中形成的真实记录。其内容形式包括文字、数据、图表、声像等；载体形式包括纸张、胶片、磁带、磁盘、光盘等；记录形式包括书写、印刷、感光记录、磁记录、光学电子记录等。赣榆区于2016年5月16日实行了不动产统一登记，截至目前，已经归档和待整理的不动产登记资料约1.9万卷。由于不动产档案登记制度确立的时间比较短，体系还不够完善，工作中如何更好地服务社会，成为当前的重要工作之一。

一、加强不动产登记档案管理的必要性

（一）加强登记的法律依据

我国物权法明确表明，确立不动产所有权和内容的依据关键要靠不动产登记簿。《不动产登记暂行条例》规定：不动产登记簿由不动产登记机构永久保存。不动产登记簿损毁、灭失的，不动产登记机构应当依据原有登记资料予以重建。由此可见，不动产登记档案是不动产登记工作的原始依据和基础，其重要性不言而喻，可以很好地支撑不动产登记工作有序发展。

（二）物权登记离不开档案

不动产登记档案是针对不动产物权进行登记申请、管理、查询等一系列活动形成的信息记录，它包括不动产物权的原始信息资源、登记机关就登记信息而形成的材料集合和不动产登记簿。利用不动产登记档案，不动产管理机关可以对不动产产权形成有效的管理，同时也是不动产所有者主张所有权的凭证。一旦没有不动产登记档案存在，物权的管理就处于混乱状态，不动产者的所有权就会受到侵害。因此，不动产登记机关必须充分发挥职责，加强对不动产登记档案的完善和管理，有利于营造健康有序的不动产市场秩序。

（三）便民服务离不开档案

国家对不动产登记档案建立和管理，这是行政机关必须履行的职责，更是广大行政机关坚持为人民负责原则的诉求，有利于服务于群众，调和因不动产而形成的各方权益。不动产

登记档案的主要作用就在于提供物权依据支持不动产所有权，防止发生纠纷和矛盾，从而对不动产权利人的物权进行保护。由于不动产涉及的领域比较广，这就需要对不动产登记档案建立整套合理性系统和管理体系，以便于行政机关最终彰显维护人民权益的效能。

二、不动产登记档案的特点

（一）专业凭证性

不动产登记档案记载了不动产产权的归属和沿革，反映了不动产的权利状况，专业性要求高。如房屋面积的丈量、土地界线的认定、房地产平面图的测绘等，都必须由具有专业资质的部门出具报告。不动产权属状况的记录和管理都是唯一能够合法地证明权利人与房屋土地之间权利关系的原始凭证，为实施产权管理和产权保障提供可靠的法律依据。

（二）复杂多样性

体现在三个方面，一是构成复杂多样，由土地、房屋、草原、林地、海域等五大方面构成，涵盖了不动产登记的所有形式；二是形式复杂多样，传统纸质档案与现代电子档案相结合，原始档案资料以纸质为主，现代电子档案以图像文件为主；三是信息构成复杂，空间地理信息与属性综合信息相融洽，既含有与地理分布有关的数据，也包括权利属性、自然状况等基本信息。

（三）动态连续性

不动产登记中的房屋土地登记与老百姓的日常生活息息相关，现代社会市场经济的高度发展，也促进了房地产市场的交易剧增。从土地的划拨、流转，房屋的买卖、过户、继承，甚至是房屋的司法拍卖，一宗土地、一处房产的来龙去脉全部体现在不动产登记档案中，自始至终反映房屋产权的真实情况。在房地产市场中，产权转移频繁更替，甚至存在一次买卖的过户办理尚未完成时而下一次的买卖转移已促成的现象，因此具有动态常规性、连续必然性。

（四）流通增量性

不动产登记档案信息，通过房地产市场交易的流通，不断扩大不动产登记信息的使用范围，决定了不动产登记业务量不断增加，从而导致不动产登记的不断扩容。永久保存的不动产登记档案，必然要求高质量的保存条件。

（五）唯一确定性

相对于动产而言，依自然性质不动产位置的变化可能对它的价值产生很大的改变，具有唯一性。不动产档案是对不动产自然状况和权属状况真实的记录和反应，因此，具有与不动产相对应的唯一性。以上特点决定了不动产登记档案信息资源模式要有利于保障不动产登记档案的专业性，全面管理复杂多样的不动产登记档案，管理模式要适应其动态连续性，保障不断增长的不动产登记档案的保存和管理。

三、不动产登记档案管理的难点

（一）档案合并移交的问题

在现有的不动产登记档案管理中，因部门整合或者专门管理档案人员调离原有岗位的情况，致使不动产登记管理档案在移交、备案和承接档案过程或者环节出现档案遗漏、混乱无序的状态，这势必不利于档案的管理和查阅，也势必对不动产权利的物权造成潜在的纠纷或者麻烦。这就需要不动产登记档案管理工作要与时俱进，富有时代性和现代性，建立专门性的不动产登记电子档案系统，依靠这个电子系统对不动产登记档案进行管理，从而解决档案存储和管理问题。

（二）实物档案分散存储问题

由于不动产涉及的范围和领域比较广泛，这就使得不动产登记档案工作量大，存在档案存储管理难度大、档案存储空间小等问题，这不但不利于档案保管和管理，而且不利于为不动产所有者提供有效的凭证保护其合法权益。目前赣榆区不动产登记档案由于条件限制，还没能集中保存。为了加强管理，需要对不动产登记档案方面建立完备的档案移交、查阅和备案制度，为不动产登记档案管理提供制度保障。

四、加强不动产登记档案管理的举措

（一）注重档案设施建设和档案管理人员的素质提高

赣榆区不动产登记中心先后投资30余万元对原有档案室进行了扩建和改造，配备现代化密集架式档案柜，同步配备了消毒、消防、除湿、空调、温湿度自动记录仪等先进仪器和设备；高标准设置了查档接待窗口、档案阅览台灯方便群众查阅，计算机、扫描仪等先进设备和技术档案数字化管理中得到了充分广泛的应用，目前正在创建省五星级数字化档案。

为进一步提高档案的规范化和科学化管理水平，赣榆不动产登记中心把责任心强、政治素质高、服务意识强的同志放在档案管理岗位上。同时，组织档案管理人员参加上级业务主管部门举办的各类档案培训班和经验交流会，进一步提高了档案管理人员的业务素质和工作能力，为更好地做好不动产档案管理奠定基础。

（二）完善制度建设，规范档案管理业务流程

建立健全一整套完善不动产档案工作管理制度，是做好不动产登记档案工作的有效保障。赣榆区不动产登记中心通过制定档案管理“四化”制度，确保档案归档及时，内容完整，保存规范，权责清晰。一是登记档案归集要求标准化。明确了登记档案资料归集的责任岗位、归集范围、格式要求，操作步骤等，有效解决了收集过程中杂乱无章、分类不准、内容归依错位等现象。二是登记档案立卷装订规范化。登记档案立卷采用一件一卷原则，做到统一卷内目录编制，统一材料排列顺序，统一装订格式。保持卷宗装订的整齐美观，方便翻阅。三是登记档案数字化处理精细化。以保证扫描的图像清晰可读、最大程度展现档案原貌为前提，从扫描、图核、质检等多个环节入手严把质量关，力争形成质量高、效果好、安全稳定的数字档案信息。四是登记档案保管利用制度化。遵循合法、便捷、安全的原则，根据信息公开的范围、条件、方式等，建立健全分级控制、层层把关的不动产登记资料安全保密及查询利用制度。

（三）三档并存、分级查询，提升档案利用水平

为提高不动产登记信息的现代化管理水平，通过数字化平台，为档案管理提供全面、准确、权威的不动产档案查询系统。赣榆区不动产登记中心通过先进的扫描设备，从受理登记开始，对全部不动产登记档案资料实行数字化扫描，实现了实物档案、电子档案和数码档案的三档并存。同时，在档案管理系统中设置了三个不同级别、功能的信息查询窗口。一是单位和个人通过公开查询窗口，根据不动产登记号或房屋坐落，查看房屋的自然状况、权利限制状况，对个人保密的信息通过密级设置可绕过密级页。二是为权利人、利害关系人、司法

部门执行人员专门设立查询窗口。符合条件的查询人员只要提供其身份证明、权利证明以及相关证明材料，便可以在此窗口查看与申请查询事项相关的包括房屋权利状况、自然状况、权利限制、图像资料以及其他房屋登记信息的详尽情况。三是专门为内部受理人员受理登记业务需要而设置的产权信息核查窗口。该窗口可以根据不同权利状况做出业务限制、提示或者建议，提醒业务人员做出正确受理决定。目前，初步形成的“三档并存、分级查询”的档案管理模式，在国土资源保护、地籍调查、住房保障、法院诉讼等领域发挥了重要作用。

五、结语

随着物权法的深入人心，不动产登记成为广大人民群众维护合法权益的重要手段，各类不动产所有权的权属纠纷日渐凸显，因此，建立完善的不动产登记档案管理体系已刻不容缓，它将成为调解权属矛盾纠纷的重要依据，在全面构建和谐社会中起到不可估量的作用。

国土资源档案数字化的建设与设想

孙　磊　柏春晓

（连云港市赣榆区国土资源局）

摘　要　档案是一个单位信息资源的核心部分之一，也是单位知识资源管理的基础，在单位信息化建设中具有重要作用。国土资源档案作为国土资源各项工作的真实记录，具有重要价值。国土资源档案管理工作是国土资源管理的一项重要的基础性工作，是国土资源管理服务大局、服务经济、服务民生的有力支撑。详实、准确的国土资源档案是国土资源管理工作的科学依据。本文从档案数字化的角度阐述了档案数字化的技术性要求及安全性的管理。

关键词　国土档案；数字化；安全；设想

一、引言

随着国土管理现代化的不断推进，尤其是不动产统一登记，对档案的依赖越来越大，对档案管理的真实性、实时性、安全性和利用便利性的要求越来越高。为适应国土资源信息化建设和电子政务建设的需要，进一步加强档案信息资源建设，促进档案信息资源共享，规范纸质档案全文数字化工作，根据国家档案局《纸质档案数字化技术规范》、《电子文件归档与管理规范》（中华人民共和国国家标准 GB/T 18894—2002）和江苏省档案局《档案数字化转换操作规程》等有关标准规范，本文结合国土资源管理工作实际，对国土存量档案数字化、增量档案电子化及档案数字化管理工作进行分析和探讨，以进一步推动国土系统档案数字化、信息化、网络化进程。

二、档案数字化主要工作内容

（一）档案数字化概念

档案数字化也就是档案信息化，是指利用数据库技术、数据压缩技术、高速扫描技术等技术手段，将纸质文件、声像文件等传统介质的文件和已归档保存的电子档案，系统组织成有序的档案信息库。通过数字化处理的档案信息提高了计算机检索速度；节省了档案存储空间，缓解了库房紧张的压力；减少了档案原件（特别是珍贵档案）由于频繁使用而造成的磨损，从而充分发挥了信息共享的优势，丰富了网上信息资源的内容和数量，同时也加强了档案信息资源的开发与利用。通过网络进行档案的查询、计算机检索、阅读电子档案，成为迎接档案信息服务新环境的挑战。不仅提高了国土资源档案的管理水平，也提高了档案的工作效率，同时增强了档案业务部门的服务水平，为档案内部管理及面向客户服务提供了高效率的全面服务。

（二）档案数字化内容

档案数字化包含存量档案数字化和增量档案电子化两方面的工作内容。存量档案数字化指实物档案数字化加工和电子档案迁移，增量档案电子化指档案的实时录入和与上游系统的对接。档案存量数字化是档案增量电子化的前奏。国土资源存量档案数字化指在国土资源专项业务活动中形成的具有保存和利用价值的包括保管期限为永久、30 年和 10 年的文字、图表、声像、电子文件等不同形式和载体的历史记录。

根据目前业务管理情况，档案数字化方式主要分为两种：一是后置数字化，即在收件后，首先进行扫描，扫描的结果直接进入业务系统，以供审核、审批；在完成业务审批整个流程后将完整的资料移交档案室，由档案室整理为档案后再进行后续数字化到归档的完整流程；二是前置数字化，即在收件后直接移交到档案室，档案管理人员对每卷实物档案进行扫描，建立影像档案上传数据库，并与业务系统形成链接，业务部门根据上传的影像档案进行审批审核，在审批后将相关审批结果直接推送到档案系统，自动编页号和插入数据库，同时对审批审核资料进行补充扫描整理。

三、档案数字化工作的技术要求

纸质档案数字化是指采用扫描仪或数码相机等数码设备对纸质档案进行数字化加工，将其转化为存储在磁带、磁盘、光盘等载体上并能被计算机识别的数字图像或数字文本的处理过程。纸质档案数字化的基本原则是使档案信息资源准确、方便、快捷地提供利用，使可以公开的档案信息资源得到共享，以满足社会对档案利用的需求。

纸质档案数字化的基本环节主要包括：档案整理、档案扫描、图像处理、图像存储、目录建库、数据挂接、数据验收、数据备份、数字化成果管理等。纸质档案数字化的各个环节均应进行详细的登记，并及时整理、汇总，装订成册，在数字化工作完成的同时建立起完整、规范的记录。

纸质档案数字化按照《纸质档案数字化技术规范》执行；照片档案数字化、录音档案、录像档案按照相关技术规范执行。

四、档案数字化工作的生产管理

档案数字化工作的全过程要严格按照《档案数字化外包安全管理规范》执行，确保档案实体和信息的安全。针对工作中的实际，主要有以下几点做法：

（一）加强对档案业务外包服务的监督管理

要按照国家关于档案数字化外包工作的有关要求，严防档案安全的关卡，杜绝在档案业务外包时出现档案安全漏洞的问题。在决定外包时，需要对档案外包服务商进行全面的了解和调查，多方面考虑对方是否够专业，提供的服务是否能够满足国土资源档案的需求。要做好涉密和内容敏感档案的挑选、鉴定、解降密工作，严禁涉密档案数字化服务外包。要从人员管理、场地管理、档案出入库、档案拆装等方面来加强监督管理工作。

（二）加强档案信息保密安全管理工作

各级国土资源档案管理部门要建立档案信息管理系统安全保密防护体系，推进系统安全等级保护和分级保护工作。要按照《电子档案移交与接收办法》的要求加强电子档案管理，确保电子文件和档案的长期安全。要加强档案安全保密教育，建立健全保密检查常态机制，会同有关部门加强安全保密检查。严格执行安全保密规章制度，经常开展自查，做好安全保密审查。

1．场所

数字化加工场所需设在本单位内部，按临时保密要害部位进行管理，应在生产加工场所安装监控摄像头和录像设备，全程摄录加工现场情况并归档备查。“纸质档案数字化流程交接单”应及时整理、汇总，装订成册，在数字化工作完成的同时建立起完整、规范的记录。

2．制度

档案数字化过程中应实行保密管理领导责任制，明确职责、强化意识。制定与信息涉密等级相应的管理制度，建立档案数字化安全保密制度，定期对制度实施情况进行检查。

3．人员

所有参加档案数字化工作的人员上岗前应进行保密制度审查与考核，并对档案数字化加工人员进行安全保密教育，人员应保持相对稳定。现场工作人员不得以任何形式将各项档案资料带出指定工作现场，不得以任何形式进行泄漏、传播；不得无故查看及讨论档案内容；不许私自携带任何存储设备进入或离开工作现场。

4．设施

加强对涉密信息系统、涉密计算机和涉密载体的安全保密管理，按照涉及国家秘密的信息系统分级保护要求，严防文件、档案在传输过程中失泄密。对涉密档案、重要档案的存储介质进行检验和认证，确保长期可用。数字化加工使用的计算机应屏蔽所有USB接口并加装封条，并与相关设备组成专用网络，与其他网络实行物理隔离，不应安装具有无线功能的相关设备。任务完成后，应当继续按涉密计算机使用和管理，或者拆除硬盘。使用的硬盘、移动硬盘、U盘、光盘等存储介质，按涉密载体进行管理，不应在非涉密计算机及网络上使用。严格执行档案安全保密管理制度，对上网文件、档案进行严格审查，严防把涉密文件、档案传输到非涉密网络上。

5．外包

应按相关档案及保密有关的法律法规、制度标准要求，选择具有一定规模、管理制度健全、经验丰富、具备相关资质要求的承建单位。要加强档案数字化外包安全管理，与数字化服务机构签订安全保密协议。承建单位不得选择境外公司或有外籍人参与的公司。涉密文件不得交由外包公司进行数字化。

五、档案电子数据备份要求

加强安全技术研究与防范工作，加紧建立档案信息管理系统安全保密防护体系及档案灾难恢复机制，确保电子档案的长期保存和利用。要做好档案数字化后数据的备份保管工作，确保数字化数据真实、完整、安全。验收合格的完整数据应及时进行脱机的物理备份。备份载体可选择移动硬盘、一次性写光盘，一式两套，一套封存保管，一套提供利用，有条件的单位可备份第三套，用于异地保管，存放在异地备份中心。备份载体上应做好标识，以便查找和管理。备份数据也应进行检验，检验的内容主要包括备份数据能否打开、数据信息是否完整、文件数量是否准确等。

六、档案数字化工作设想

（一）规划

档案数字化建设是提高档案管理现代化水平的必由之路，是国土资源信息化建设的重要组成部分。各级国土资源管理部门要将档案数字化建设纳入到信息化建设规划中，加大资金和人才投入，投入专项资金购置设备。加快档案数字化基础设施建设，推进档案数字化建设进程。要加快以档案目录数据库、纸质档案全文数据库和多媒体数据库为主要内容的档案信息化建设步伐，实现文件目录机检目标。

有条件的地区可以开展示范数字档案馆建设，建成一批具有国际先进水平的数字档案馆。采用大数据、智慧管理、智能楼宇管理等技术，提高档案馆业务信息化和档案信息资源深度开发与服务水平。在有条件的地区开展电子档案单套制（即电子设备生成的档案仅以电子方式保存）、单轨制（即不再生成纸质档案）管理试点；探索电子档案与大数据行动的融合；加快档案信息资源共享服务平台建设。实施数字档案资源融合共享服务工程。建立开放档案信息资源社会化共享服务平台，制订档案数据开放计划，落实数据开放与维护的责任；优先推动与民生保障服务相关的档案数据开放；积极探索助力数字经济和社会治理创新的档案信息服务；拓宽通过档案网站和移动终端开展档案服务的渠道。

（二）数字化

按照机关档案“增量电子化，存量数字化”的原则，各级国土资源管理部门要加快存量档案数字化、增量档案电子化。结合国土资源“十三五”规划，对历史形成的存量档案，逐步完成重要档案数字化扫描加工工作，争取全面实现国土资源管理的存量档案数字化。积极开展传统载体档案的数字化工作，需利用档案系统对业务工作中产生的增量档案做好电子全文归档工作，及时完成增量档案数字化，以确保实体档案的齐全、完整和档案信息的真实、安全。

（三）步骤

按照“全面启动、稳步推进、试点先行”的原则，首先对档案数字化程度较高的单位，已形成的原生电子文件和经过扫描的归档纸质文件数据先行入库，增量档案实时入库；其次为档案数字化正在进行的单位，进入档案管理系统完成归档的电子档案实行入库，增量档案一次性入库；最后为实行传统手工方式管理档案的单位，与纸质档案相配套的经过数字化扫描后形成的电子档案实行入库。选择档案工作基础较扎实的单位作为典型示范，先行推进。有条件的单位可自行完成纸质档案的扫描、数据录入等工作，没有条件的单位外聘档案专业人员协助完成纸质档案的扫描、数据录入等工作。

对档案人员应每年组织一次相关法律知识和档案业务知识的学习或培训，提高档案人员的综合素质和业务能力。

七、结语

随着国土资源管理体制改革的不断深入和政务公开，对国土资源档案利用的频率逐渐加大，对国土档案数字化管理工作的要求也越来越高。因此，要充分认识做好档案工作数字化的重要性，切实履行档案管理职责，把档案工作与国土资源工作同规划、同部署、同落实，不断提升国土资源档案工作水平与服务能力。

关于不动产登记档案管理的几点思考

朱秀芬
（连云港市东海县房山镇国土资源所）

摘　要　文章从加强不动产登记档案管理的意义入手，介绍了不动产登记档案管理的现状，分析了加强不动产登记档案管理的难点，最后提出了规范不动产登记档案管理的建议。

关键词　不动产登记；档案；思考

建立和完善不动产登记管理制度是党和国家当前一项重大的改革任务，各级政府重视、广大群众关注，国务院第三十一次常务会议明确要求：落实不动产统一登记制度，就是要实现登记机构、登记簿册、登记依据和信息平台“四统一”。国土资源部也提出了从2018年底前，在全国范围内建立起涵盖土地、房屋、林权、海域等全方位的不动产登记制度，努力实现信息共享、查询公开。而要实现这一目标，基础和关键就要是进一步加强不动产登记档案的管理。作为一名长期工作在乡镇所的基层人员，立足东海不动产登记档案管理现状，对加强不动产登记档案规范化管理进行了一些浅显的思考。

一、加强不动产登记档案管理的意义

不动产登记档案是依据《中华人民共和国宪法》、《中华人民共和国民法通则》及国家有关物产权属方面的法律法规，由国家授权的不动产登记机关制作的不动产物权公示证明的文件载体。不动产登记档案作为一种国家行为的直接结果，主要是以簿册的形式记载特定不动产的物权归属状况。在经济社会的发展条件下，不动产登记档案具有保障物产权利人及善意第三人的合法权益、保证交易安全、维护交易秩序的重要作用。

一是加强登记的法律依据。我国物权法明确表明，确立不动产权利和内容的依据关键要靠不动产登记簿。基于不动产登记簿涉及所有权问题，就显得尤为重要，这就需要专门机关对不动产进行登记造簿，形成登记簿专项管理。不动产登记簿要有专门的机关进行永久性管理，如果出现不可抗力或者除外的一些原因导致不动产登记簿损失的情况，专门机关要给予重新建构。另外一旦有不动产纠纷问题存在的事实情况，涉及利害关系人和权利人合法权益的可以到管理不动产登记簿管理的专门机关，针对登记簿上的登记信息和内容提供证件给予查阅或者复印原材料等。由此可见，物权法对不动产登记簿的规定为建立不动产登记档案提供了法律依据，也是支持不动产所有者对不动产主张私有财产权利不可侵犯的法律保障。

二是物权登记离不开档案。不动产登记档案是针对不动产物权进行登记申请、管理、查询等一系列活动形成的信息记录，它包括不动产物权的原始信息资源、登记机关就登记信息而形成的材料集合和不动产登记簿。利用不动产登记档案，不动产管理机关可以对不动产产权形成有效的管理，同时也是不动产所有者主张所有权的凭证。一旦没有不动产登记档案存在，物权的管理就处于混乱状态，不动产权利就会受到侵害。因此，不动产登记机关必须充分发挥职责，加强对不动产登记档案的完善和管理，营造健康有序的不动产市场秩序。

三是便民服务离不开档案。对不动产登记档案的建立和管理，是行政机关必须履行的职责，更是广大行政机关坚持为人民负责原则的诉求，有利于服务于群众，调和因不动产而形成的各方权益。不动产登记档案的主要作用就在于提供物权依据支持不动产权利，防止发生纠纷和矛盾，从而对不动产权利人的物权进行保护。由于不动产涉及的领域比较广，这就需要对不动产登记档案建立整套合理性系统和管理体系，以便于行政机关最终彰显维护人民权益的效能。

二、东海县不动产登记档案管理现状

东海县于 2016 年 4 月 29 日挂牌成立了不动产登记局，全面启动了土地、房屋等不动产登记工作，初步建立了不动产登记档案管理架构，在一定程度上维护了广大不动产权利人的物权。由于东海县的不动产档案登记制度确立的时间比较短，体系还不够完善，也还存在不少影响不动产登记档案规范管理的问题。

一是权责划分亟须明确。2015 年 4 月 13 日，国家下发了《关于地方不动产登记整合的指导意见》，东海县于 2016 年 4 月 29 日挂牌成立了不动产登记局，然而由于分散在各部门的不动产登记档案数量多、跨度大，且部门间职责目前还存在重叠和交叉，登记档案统一管理难度较大。

二是归档标准仍不统一。统一登记前不动产登记分散在国土、房管、林业等多个部门，由于各部门档案归档标准各异，档案管理机制不同，档案管理信息系统不一，各部门档案管理水平发展不平衡，很大程度上影响了东海县不动产统一登记制度改革进程。

三是信息平台尚未建立。不动产登记档案包括土地、房产、林业、农业、矿产等业务档案，面广量大，全县立卷归档达几十万卷，而且其载体也包括文字、图、表等多种形式，大部分依然是纸质存档管理，短期内登记档案难以完全实现数字化，更无法实现资源共享。

三、加强不动产登记档案管理的难点

一是在现有的不动产登记档案管理中，存在着因部门整合或者专门管理档案人员调离原有岗位的情况，致使不动产登记管理档案在移交、备案和承接档案过程或者环节出现档案遗漏、混乱无序的状态。这势必不利于档案的管理和查阅，也势必对不动产权利的物权造成潜在的纠纷或者麻烦，最终不利于社会的和谐。

因此，这就需要对不动产登记档案方面建立一整套的管理体系，首先，不动产登记档案的管理阶层，要建立完备的档案移交、查阅和备案制度，为不动产登记档案管理提供制度保障；其次，要分门别类地对不动产登记档案进行整合，对于缺失的要加强督促管理人员进行完善；最后，利用互联网信息平台，以现代化管理手段武装不动产登记档案管理，以便于提高管理工作的效率。

二是由于不动产涉及的范围和领域比较广泛，这就使得不动产登记档案工作量大，档案存储管理难度大、档案存储空间小等问题存在，这不但不利于档案保管和管理，而且不利于为不动产所有者提供有效的凭证保护其合法权益，最终可能激发潜在的社会矛盾而破坏和谐稳定的社会秩序。

这就需要使不动产登记档案管理工作要与时俱进，富有时代性和现代性。首先，建立专门性的不动产登记电子档案系统，依靠这个电子系统对不动产登记档案进行管理，从而解决档案存储和管理问题；其次，加强对不动产登记档案管理人员进行现代化管理技能进行培训，以提高管理人员的专业管理素养和服务于广大人民群众的服务意识，从而使档案管理部门职责真正体现，其威信得到维护，最终为广大不动产权利人的合法权益保驾护航。

四、规范不动产登记档案管理的建议

不动产登记档案是不动产登记簿记载相关信息后，各类不动产申请登记的原始凭证以及登记机构的内部调查审核文件经收集、整理、归档而形成的，包括：不动产权利登记申请书、申请人、代理人身份证明材料、授权委托书；相关不动产权属来源证明材料、登记原因证明材料、不动产权属证书；不动产界址、空间界限、面积等不动产权利设立、变更、转移、消灭或限制的具体依据，以及申请人提交的和法律规定其他资料。根据东海县实际情况，建议不动产登记档案整合分三个阶段实施：第一阶段理顺关系，摸清分散档案的情况，清理档案资料；第二阶段整合现有档案，规范电子文档，建立电子文档数据库，逐步移交档案，逐步实现集中统一管理；第三阶段全面规范档案管理，建立完整数据库，实现不动产档案以传统管理为辅、信息化管理为主的转化。当前重点要从以下几方面入手：

（一）完善不动产登记档案归档制度

根据不动产登记档案数量大、形式多样、具有动态性和现势性的特点及查询、利用率高的特殊情况，将不动产登记档案的归档时限，根据内容的不同，灵活定为随时归档，只要材料齐全且已审批完毕，即可随时立卷移交档案室。既避免了大量不动产登记材料的容易散乱、丢失，又保持了入库不动产登记档案的现势性，可及时提供查询利用。

（二）强化不动产登记档案管理方式

首先，上级不动产登记档案的管理部门，要建立完备的档案移交、查阅和备案制度，为不动产登记档案管理提供制度保障；其次，不动产登记档案管理应实现以计算机技术为核心、现代信息处理技术为基础的数字化管理，实现不动产档案信息收集、整理、查询、利用管理的现代化。档案信息管理系统中采用目录进行管理，把全文信息、图像信息集成于目录数据中进行管理，以目录数据为检索入口，从而实现档案图文信息的全文检索。要加强对档案资源信息的二次开发，建立多种形式的档案信息体系，以现代化管理手段进行不动产登记档案管理，加强不动产登记有关信息互通共享，真正体现档案数字化的优势。

（三）强化不动产登记档案的分类

整个不动产登记机构以不动产登记工作为中心编制分类方案，明确文书、照片、光盘、实物等类别，按类别不同分别给予不同的目录号。为方便不动产登记档案的整理、保管、利用，将不动产登记档案按保存期限的不同划分为永久、定期和短期三类。涉及权属类登记的为永久，抵押档案为定期，地役权档案、查封档案、异议档案、查询档案为短期。乡镇宅基地确权档案一并纳入系统管理。

（四）逐步建立自助查询档案系统

面对庞杂的服务类型和与日俱增的查档利用量，为进一步提高档案查询服务质量，不动产登记部门应改变传统的服务理念，创新服务技术手段，在缩减办事群众等候时间、提高办事效率的同时，权衡处理不动产档案信息利用的合法安全与保护群众个人隐私之间的关系，通过身份证和人脸识别等自动检测鉴别系统，实现实时查询个人住房信息，并支持打印查询结果，供不动产权利人本人自助式完成查档利用，缓解窗口接待压力，为优质服务打下良好的基础。

（5）严格不动产登记档案信息管理。要全面落实不动产登记资料依法查询制度，除权利人、利害关系人和有关国家机关可以依法查询登记资料外，不得随意查询。查询不动产登记资料的单位和个人要履行保密义务，未经权利人同意，不得泄露查询获得的不动产登记资料。不动产登记机构、不动产登记信息共享单位以及有关工作人员应当对不动产登记信息保密，除正常办理不动产登记业务外，不动产登记机构工作人员不得随意调取、查阅与办理业务无关的登记信息，也不得泄露不动产登记信息。违反国家规定泄露不动产登记信息的，要严肃处理；对造成信息安全事故或者给他人造成损害的，要依法追究法律责任。

五、结语

一直以来，由于不动产登记职责较为分散，国土、住建等多个部门都有不动产管理权限，这就使得不动产档案管理工作开展难度大，且出现管理机制不同、管理标准不一等各种现象，随着不动产统一登记制度改革进一步推进，优化不动产登记档案管理工作思路就极为重要。在新常态下，不动产登记制度从以往的分散登记逐步转化为统一登记的管理思路，其涉及多个部门、多元内容，更是涉及多个层面的革新和优化，而不动产登记档案恰是整个不动产登记制度最好的记录和反映。